面向东南亚
汉语国际教育改革创新的

教师卷

理论与实践

MIANXIANG DONGNANYA

HANYU GUOJI JIAOYU GAIGE CHUANGXIN DE

LILUN YU SHIJIAN

何山燕　主编

中央民族大学出版社

China Minzu University Press

图书在版编目（CIP）数据

面向东南亚汉语国际教育改革创新的理论与实践. 教师卷 /
何山燕主编. —北京：中央民族大学出版社，2021.6

ISBN 978-7-5660-1672-0

Ⅰ.①面… Ⅱ.①何… Ⅲ.①汉语—对外汉语教学—
教学改革—研究 Ⅳ.①H195.3

中国版本图书馆 CIP 数据核字（2019）第 098942 号

面向东南亚汉语国际教育改革创新的理论与实践（教师卷）

主　　编	何山燕
策划编辑	赵秀琴
责任编辑	于秋颖
责任校对	肖俊俊
封面设计	舒刚卫
出版发行	中央民族大学出版社
	北京市海淀区中关村南大街 27 号　邮编：100081
	电　话：(010)68472815(发行部)　传真：(010)68932751(发行部)
	(010)68932218(总编室)　　　　 (010)68932447(办公室)
经 销 者	全国各地新华书店
印 刷 厂	北京鑫宇图源印刷科技有限公司
开　　本	787×1092　　　1/16　　　印张：17
字　　数	260 千字
版　　次	2021 年 6 月第 1 版　　2021 年 6 月第 1 次印刷
书　　号	ISBN 978-7-5660-1672-0
定　　价	76.00 元

序

广西民族大学文学院的对外汉语本科专业（现称"汉语国际教育"专业）创办于1998年，到今年（2018年）已经整整20年了。在此期间，随着汉语国际推广规模的扩大，尤其是东南亚国家对汉语师资的需求，该专业不断成长壮大：由最初只有一个越南方向，发展到如今的越南、泰国、印尼三个方向；由最初一届只招收50人左右，发展到最多一届招收120人左右。在规模逐步扩大的同时，教育质量也在稳步提高：2006年，该专业被评为广西壮族自治区首批优质专业；2010年，获得教育部、财政部20万元经费支持，成为国家级特色专业建设点；2013年，入选校级重点学科。在对外汉语本科专业的基础上，2004年文学院开始招收语言学及应用语言学专业对外汉语教学方向的研究生，并很快成为广西民族大学研究生招生的热门方向，历年报考人数在全校各专业方向中名列前茅。2009年，文学院又获批成为汉语国际教育专业硕士授权点，开始同时招收中外研究生。由于专业特色鲜明，办学成绩突出，在中国科学评价研究中心、武汉大学中国教育质量评价中心推出的《中国大学及学科专业评价报告》中，我校汉语国际教育本科专业的排名一路上升，至2017—2018年度在全国292所开设该专业的院校中已排名第11位。在2017年的教学成果评比中，文学院的汉语国际教育专业先后获得了广西民族大学的特等奖和广西壮族自治区的一等奖。这些成绩的取得，当然离不开全体教师在讲台上的长年劳作和在科研上的辛勤耕耘。今天，在迎来该专业创办20周年之际，我们从征集的教师论文中挑选了一部分，编成本集，以为纪念。下面，我们就本书做几点说明。

一、汉语国际教育专业具有跨学科性质，我们充分发挥了广西民族大学作为综合性大学的优势，授课教师并不限于文学院，还有来自国际教育学院、东南亚语言文化学院、艺术学院、传媒学院的教师加盟。本书选编论文以质量为首要标准，不拘一格，择善而从。全书共收入论文25篇，大部分为首次发表，作者来自各有关学院，具有广泛的代表性。

二、全书根据论文内容，大致划分为行业标准与人才培养研究、语篇问题与课程建设研究、偏误分析与教学策略研究、国别化与文化传播研究、语言对比与习得研究五个板块，涉及汉语国际教育的方方面面，但大多围绕东南亚汉语教学而展开，充分体现了广西民族大学汉语国际教育专业面向东南亚办学的鲜明特色。

三、全书所收论文，视野开阔，选题多样，新见迭出，亮点纷呈。整体上看，呈现出以下几个特点。

其一，既有宏观论述，也有微观探讨。如《从"汉语标准"走向"标准汉语"——关于汉语国际推广中的语言文字标准问题》《关于外国学生学习汉语的难点问题》，均从汉语国际推广的全局着眼，分别提出了"什么是推广标准"和"什么是学习难点"这样发人深思的重大问题，高屋建瓴，振聋发聩。而《越南学习者汉语"了"的习得研究》《再论"去+VP"与"VP+去"》则从小处入手，分别探讨了外国学生如何习得汉语的一个词和外国学生容易混淆的两种句式的界定与区别问题，条分缕析，鞭辟入里。

其二，既谈语言教学，也谈文化传播。汉语国际推广的核心任务与内容是汉语言文字教学，因此全书大部分论文都以此为题，但汉语国际推广中的中华文化传播问题也并没有被忽略，如《全球化背景下的汉语国际教育与中国文化传播——基于"中华才艺"课程的实践与分析》《汉语国际教育中书法教学的切入点》和《关于汉语国际教育专业广西地方文化课程开发的一些思考》等论文就是这方面的代表作。

其三，既重口头表达，也重书面表达。语言的习得一般都从口语起步，打好语音基础至关重要，外国人学汉语尤其要注意其母语与汉语之间在语音上的差异，以减少因负迁移而产生的偏误。论文集中有多篇论文涉及该问题，如《外国留学生的汉语介音偏误及教学对策》《泰国人学汉语的语音难点及教学策略》《汉越语音对比与对越拼音教学》等。但与此同时，我们也决不能忽视外国学生的汉语书面表达，事实上，到了中高级阶段，书面表达的问题更为突出，已经成为影响外国学生汉语水平进一步提高的主要障碍。论文集中的《对外汉语教学要高度重视语篇问题——以中高级阶段越南、泰国学生为例》和《泰国学生汉语书面语应用之偏误分析与思考》即就此进行了讨论，希望引起学界的重视。

其四，既讲普适化，也讲国别化。外国人学习汉语，普遍是把汉语作为第二语言来学习，他们既会遇到一些共性的问题，也会因为各自母语和文化背景不同而产生一些个性的问题，因此汉语国际教育既要讲普适化，也要讲国别化、语别化。本书所收论文就体现了这一特点。《关于外国学生学习汉语的难点问题》《外国留学生的汉语介音偏误及教学对策》《针对东南亚留学生的现代汉语课程教学策略》注重的是不同范围的普适化，《针对东盟国家汉语教学的国别化研究》《泰国人学汉语的语音难点及教学策略》《汉越语音对比与汉越拼音教学》则注重的是国别化。两者各有千秋，并行不悖。

除此之外，我们还可以发现，重视语言的对比研究也是本书所收论文的一个特点，如《从汉语"上/下+X$_{时间单位}$"的泰译看汉泰时间认知差异》《汉泰定语标记"的"的隐现规律对比》等。还有些论文涉及汉语国际教育专业的课程设置、实践路径、教学方法等，皆有可观之处。《缅甸汉语教学概况》作为国内较早披露缅甸汉语教学的历史及现状的文章，发表于《世界汉语教学》杂志，自然体现了其价值。

综上所述，本书比较全面地展示了广西民族大学汉语国际教育专业教师的科研成果，在一定程度上反映了该专业的师资水平和研究特色，是对该专业教师队伍的一次检阅。我们衷心希望本书的出版能够为我们与国内外同行之间的交流提供一个渠道，能够给汉语国际教育，尤其是给东南亚的汉语教学带来一些启示，能够对广西民族大学汉语国际教育专业的教师产生一种激励。今后，我们将在现有的基础上发奋前行，努力提高自身的教学和科研水平，为汉语国际教育这一光荣的事业贡献更多更好的成果，为东南亚地区的汉语推广培养更多更好的人才，为国家软实力的发展和"一带一路"建设奉献我们的全部力量。

何山燕

2018 年 3 月 28 日

目　　录

| 国别化与文化传播研究 |

| 语言对比与习得研究 |

行业标准与人才培养研究

从"汉语标准"走向"标准汉语"

——关于汉语国际推广中的语言文字标准问题

张小克

提要 随着汉语国际推广规模的不断扩大，有一个问题也越来越清晰地凸显出来，即海外汉语汉字的教学和使用存在着大量混乱的现象，这不仅使我们的汉语国际推广面临着严峻的挑战，同时也提出了一个十分紧迫的课题，那就是必须明确汉语国际推广中的语言文字标准是什么，我们将按照什么样的标准去教汉语、汉字。如果这个问题不解决，世界范围内的汉语、汉字教学将陷于各自为政的状态，我们出国的汉语教师和本土教师也将无所适从，甚至随波逐流，汉语国际推广的效果将大打折扣。文章从宏观与微观两个层面对此问题进行了阐述，并指出了明确汉语国际推广中语言文字标准的重要意义，同时提出了汉语国际推广中对语言文字标准的执行策略。

关键词 汉语国际推广 语言 文字 标准

1 问题的缘起

20 世纪 90 年代以来，中国经济的快速发展带来了国际地位的日益提高，学习汉语已成为世界上越来越多国家的迫切需要，汉语也正在逐渐成为仅次于英语的全球性语言。在这样一种大背景下，汉语国际推广应运而生，乘势而上，发展迅速，成绩骄人，孔子学院（课堂）的发展就是最好的例证。自全球第一所孔子学院 2004 年 11 月 21 日在韩国汉城（今首尔）正式揭牌，至 2016 年 12 月 31 日，我国已在世界五大洲 140 个国家建立了512 所孔子学院和 1073 个中小学孔子课堂，各类学员 210 万人，全球汉语学习者超过 5000 万人。可以说，中国在汉语推广方面已经远远超过了西方发达国家推广自己母语所取得的成绩。为了满足国外汉语学习者的需求，"国家汉办"从 2004 年开始到 2015 年，已经向 118 个国家派出 30000 多名公派汉语教师和志愿者教师。但随着教学规模的扩大，有一个问题也越来越清晰地凸显出来，即海外汉语汉字的教学和使用存在着大量混乱的现象，这种情况在华人较多的国家尤为突出。徐新伟、张述娟在《东南亚主要华文媒体非通用汉字的类型研究》（2013）中谈到了这一问题。他们以大陆的《现代汉语通用字形表》与《东南亚汉字字种表》相对照，前者收字种 8300 个，后者收字种 8778 个，通过数据库查询不匹配项目，结果发现两者不匹配的字种为 2149 个，其中包括了日本汉字、方言用字、异体字、错别字和繁体字等不同类别。

王晓钧（2004）指出美国大学在汉字教学方面往往实行不同的政策，只教简体字的学校占 22%，只教繁体字的学校占 11%，两种字体都教的学校占 67%，而且教法也不同，有的是先繁后简，有的是先简后繁，有的是繁简并用，有的是识繁写简。在美国，汉字的拼写系统也存在不统一的情况，至少有 5 种拼写汉语的方式。即使在汉语、汉字的使用与中国大陆最为接近的新加坡，"非规范字体（如繁体字、异体字甚至'二简字'）和字形生活中并不难见到"，"拼音的使用也与此类似……无论在教学还是生活中，连写和声调标注等方面'不规范'拼写随处可见"，"语音问题更为明显和严重，华文教材对儿化和轻声词的标示存在混乱"。（赵守、胡月宝，2013）从笔者多次赴泰国、越南、缅甸、马来西亚、老挝等东南亚国家的亲眼所见来看，汉语、汉字使用混乱的现象也同样存在。在这种环境下进行教学，恰如新加坡学者所言："教师在教学实践中几乎每时每刻都要面对语音、文字、词汇和语法等方面的异体和规范的取舍。"（赵守辉、胡月宝，2013）海外汉语、汉字教学和使用的这种纷繁复杂的局面，使我们的汉语国际推广面临着严峻的挑战，同时也提出了一个十分紧迫的课题，那就是必须明确汉语国际推广中的语言文字标准是什么，我们将按照什么样的标准去教汉语、汉字，如果这个问题不解决，世界范围内的汉语、汉字教学将继续陷于各自为政的混乱状态，我们的出国教师和本土教师也将无所适从，甚至随波逐流。

2 汉语国际推广中语言文字标准的两个层面——宏观与微观

从我们在上文中所指出的海外汉语汉字教学和使用存在的大量混乱现象来看，汉语国际推广中的语言文字标准实际上涉及两个层面，一个层面是我们向世界推广的语言文字的内涵是什么，即我们要教的是什么语言和文字，这是宏观层面的标准。另一个层面是在明确了我们要教的是什么语言和文字后，按照什么标准去教的问题，这是微观层面的标准。

2.1 宏观层面的标准

关于汉语国际推广的内涵，即我们向世界推广的究竟是什么，学术界的认识并不一致，但多数人认为应该是汉语和中国文化。"中国文化"我们姑且不论，只说"汉语"。赵金铭先生指出："国际汉语教育的本质是汉语教学。"（赵金铭，2012）陆俭明先生也强调："汉语国际教学的核心任务与内容是汉语言文字教学。"（陆俭明，2013）两位先生所言极是，但所说"汉语"的含义都比较宽泛，还有必要做进一步的界定。其实，对于这个问题，《中华人民共和国国家通用语言文字法》（2001）第二十条已经做了明确的规定："对外汉语教学应当教授普通话和规范汉字。"道理很简单，因为"普通话"和"规范汉字"分别是中华人民共和国法定的通用语言和通用文字。不言而喻，就"汉语"而言，汉语国际推广的内容和对外教学或汉语国际教学教授的内容应该是一致的，那就是在世界范围内推广普通话，推行规范汉字（包括汉语拼音）。由此可以推论，汉语国际推广的长远目标就是要使普通话、规范汉字（包括汉语拼音）成为世界范围内普遍教授和学习的对象，进而成为一种国际化的交际工具（李泉，2015）。当然，从国际汉语教学的现状来看，我们离这个目标尚有一定距离，普通话与国语、华语之争，简化字与繁体字之争，汉语拼音与注音字母之争仍然存在，要全面推行、确立我们的标准，还需要我们做更多的努力，也需要一个过程，更重要的是需要中国的经济实力和国际地位进一步增强和提高。但是，普通话和规范汉字（包括汉语拼音）是汉语国际推广中语言文字宏观层面的标准，这一点必须毫无疑问地明确，也必须毫不动摇地坚持。

2.2 微观层面的标准

众所周知，迄今为止，由于种种原因，汉语普通话无论是口语还是书面语都存在着内部不一致的地方，前者如异读词（如：说服、角色），后者如异形词（如：笔画—笔划，缘故—原故）。汉字在字形、字音、字序等方面也都存在分歧，汉语拼音在拼写法方面也有不少问题需要解决。因此就整体而言，普通话和规范汉字、汉语拼音在微观层面的标准问题在现阶段还没有完全解决，可以说正处于抓紧制订和逐步完善的阶段。尽管如此，我们认为，中国是汉语、汉字的原生地，拥有全世界最庞大最集中地使用汉语、汉字的群体，是汉语国际推广的大本营，因此汉语国际推广的标准应该也只能由中国来制订。在这方面，我们十分高兴地看到，教育部语言文字应用管理司编制的《国家中长期语言文字事业改革和发展规划纲要（2012—2020)》已经把"研究制订……国际汉语教育中的语言文字规范标准""主导中国语言文字国际标准的制订"列为了重要工作。那么在这些标准没有正式公布之前，汉语国际教学应该依据什么标准进行呢？我们认为，目前国内已经公布实施的一系列有关普通话和汉字、汉语拼音的标准，应该成为我们汉语国际教学的依据。因为我们主张而且可以预计的是，面向汉语国际教育制订的中国语言文字标准与国内现行的普通话和汉字、汉语拼音的标准应该一致或基本一致，正如许嘉璐先生所说："推广普通话和对外汉语教学，是同一项工作，同样要遵循普通话的语用规律、中国政府的有关规定和技术标准。"在这个问题上，我们不能搞一"球"两制，必须内外一致，而且这方面我们已经有过成功的先例，如国际标准化组织（ISO）1982 年就通过了 7098 号文件《文献工作——中文罗马字母拼写法》，决定采用《汉语拼音方案》作为拼写中文的国际标准。从国家语言战略的高度考虑，汉语汉字标准问题上的话语权，应该牢牢地掌握在我们自己的手上。毋庸讳言，当前围绕着这个话语权，也是充满竞争和挑战的。比如在汉字字形的标准方面，韩国有关学者就提出，东北亚"汉字书同文"不应以我国的法定文字——规范汉字为标准，而应以《康熙字典》所谓的"正体"为标准（林允富，2013）。这种情况说明，国际汉语、汉字教学标准的制订已经时不我待，迫在眉睫。

就目前阶段而言，汉语国际教学微观方面的标准主要有以下这些：

2.2.1 《普通话异读词审音表》

所谓"异读词"是指没有意义差别而有几个不同读音的词。例如：

谁 shuí——shéi　　　贝壳 ké——qiào

为了规范异读词的读音，1985 年 12 月 27 日由国家语委、国家教委、广播电视部联合公布了《普通话异读词审音表》，表中以三种方式审定了普通话里有异读的词和语素共 848 个，"自公布之日起，文教、出版、广播等部门及全国其他部门、行业所涉及的普通话异读词的读音、标音均以本表为准"。目前社会上有些人把"说（shuō）服"读成"说（shuì）服"，"角（jué）色"读成"角（jiǎo）色"，"熟（shú）悉"读成"熟（shóu）悉"，"发酵（jiào）"读成"发酵（xiào）"，"亚（yà）洲"读成"亚（yǎ）洲"，"办公室（shì）"读成"办公室（shǐ）"等，都是不符合规范的，海外有些华人也免不了这样读。遇到这种情况，在海外工作的汉语教师，应该以《普通话异读词审音表》审定的读音为准。

2.2.2 《普通话常用轻声词词表》

普通话里的轻声词数量众多，以《现代汉语词典》（1996 年版）为例，收轻声词达 3275 条（陈小燕，2004）。而且几千条轻声词中无规律的轻声词占 60%（史定国，1996），这就带来了读音和标音的混乱。无论在国内还是国外，往往同一个词，有的人读轻声，有的人不读轻声，不同的汉语教材在标音上也不统一。但实际上，其中大多数轻声词读不读轻声对意义没有什么影响，只是在北京话里习惯读轻声而已。所以，为了帮助方言区的人尽快掌握普通话，国家语委组织制订了《普通话常用轻声词词表》（"普通话轻声词儿化词规范"课题组，2012），该表共收普通话常用轻声词 330 个，作为方言区的人必须掌握的内容，其余的不做要求。根据前文所提的"内外一致"原则，汉语国际推广中轻声词的规范也应该采用这一标准，以消除轻声词读音和标音方面的混乱现象。但鉴于该表尚未正式公布，目前海外汉语教学可以参考使用由国家语委普通话培训测试中心制订的《普通话水平测试用必读轻声词语表》（《普通话水平测试实施纲要》，2004），该表共收轻声词 546 条。

2.2.3 《普通话常用儿化词词表》

汉语普通话里儿化词的数量也不少，《现代汉语词典》第 5 版（商务印书馆，2005）收有近 900 条（"普通话轻声词儿化词规范"课题组，2012）。而且，儿化的规律性同样不强，《普通话的轻声和儿化》一书的作者鲁允中先生指出："在普通话里哪些词儿化，哪些词不儿化的问题，前人曾做过许多研究，也发表过一些见解，但是，始终没有找出几条管用的规律来。"（鲁允中，1995）这必然带来国内外儿化词读音和标音的混乱。但实际上大多数儿化的读音是没有必要的，"就《现代汉语词典》所收的……儿化词来看，绝大多数条目的儿化和不儿化没有区别意义的作用"（侯精一，1988）。所以，从加快普及普通话的角度考虑，国家语委组织制定了《普通话常用儿化词词表》，该表共收普通话常用儿化词100个（"普通话轻声词儿化词规范"课题组，2012）。同样按照"内外一致"的原则，在汉语国际推广中，对于儿化词我们也应该采用该标准，以结束目前在儿化词读音和标音方面的混乱现象。但由于该表尚未正式公布，目前海外教学可以暂时参考使用由国家语委普通话培训测试中心制定的《普通话水平测试用儿化词语表》（《普通话水平测试实施纲要》，2004），该表共收儿化词189条。

2.2.4 《第一批异形词整理表》

所谓"异形词"是指普通话书面语中并存并用的同音、同义而书写形式不同的词语。例如：笔画—笔划；交代—交待。

类似这样的词语在汉语中数量不少，《现代汉语词典》（1994年版）收有886组，《现代汉语异形词规范词典》（上海辞书出版社，2011）收有1448组。

异形词是汉语书面语的累赘，是造成汉语书面语混乱的主要因素之一，因而它成了汉语词汇规范化的重要对象。2001年12月19日由教育部、国家语委向社会公布了《第一批异形词整理表》，从2002年3月31日起在全国试行。该表共收异形词338组，每组选择"—"前的一个作为推荐使用词形，例如：辈分—辈份；录像—录象、录相。

海外华人使用的汉语书面语同样深受异形词的困扰，异形词的存在无疑也加重了外国人学习汉语的负担，因此海外的汉语教学也应该执行上述国家标准。

以上是语言（普通话）方面的标准，汉字、汉语拼音方面的标准如下：

2.2.5 《通用规范汉字表》

这是汉字方面最重要的标准，2013年6月5日由国务院公布。该表共收字8105个，分为三级。一级字表收字3500个，二级字表收字3000个，三级字表收字1605个。

"《通用规范汉字表》收入的规范汉字主要适用于中国大陆。但是，《通用规范汉字表》既然由中华人民共和国发布，而中国是汉字的祖国，又是使用汉语汉字人口最多的主权国家，其他非汉语国家与中国交流，要把汉语作为第二语言来学习，也就需要遵循中国大陆的汉字规范。"（王宁，2013）显而易见，《通用规范汉字表》是我们进行汉语国际推广必须遵守的标准，其中的一级字是使用频度最高的常用字，更是我们汉语国际推广中汉字教学的重要依据。

2.2.6 《现代汉语通用字笔顺规范》

《现代汉语通用字笔顺规范》1997年4月7日由国家语委、新闻出版署联合发布，该规范采用跟随式、笔画式、序号式三种形式对《现代汉语通用字表》中7000个汉字的笔顺做出了明确的规定，是我们进行汉字书写教学的国家标准，同时也应该成为汉字书写教学的国际标准。

2.2.7 《汉语拼音正词法基本规则》

《汉语拼音正词法基本规则》1988年由国家教委和国家语委联合发布。1996年提升为国家标准，由国家技术监督局发布（GB/T 16159-1996）。2012年经过修订，由国家质量监督检验检疫总局、国家标准化管理委员会重新发布（GB/T 16159-2012），于2012年10月1日起实施。

该规则适用于文化教育、编辑出版、中文信息处理及其他方面的汉语拼音拼写，是我们使用《汉语拼音方案》拼写现代汉语的重要规则。其内容包括分词连写规则、人名地名拼写规则、大写规则、标调规则、移行规则、标点符号使用规则以及变通规则等。

《汉语拼音正词法基本规则》首次发布以后，即在我国对外汉语教学领域率先得到运用，初级阶段教材的课文都按照该规则进行拼写，缓解了由于汉字难学给外国学生带来的巨大压力，加快了他们学习汉语的进程，得到了外国学者的高度评价，世界汉语教学学会副会长、德国美因兹大学教授柯彼德说："汉语拼音正词法在汉语作为外语教学中起着十分重要的作用，双方有着极为密切的关系。"（柯彼德，2003）海外的汉语拼音教学当然也应该遵循该规则。

3 在汉语国际推广中明确语言文字标准的重要意义

我们在世界范围内进行汉语国际推广，客观上存在着一个与英语竞争的问题。众所周知，英语是目前事实上的国际交流语言。英语的国际推广历史如果从 1934 年官方推广机构 "英国文化委员会" 成立算起已有 80 余年，并且取得了巨大的成功，"据统计，2000 年学习英语的人数达到 10 亿以上。英语已经成为书籍、报纸、机场和空中交通管制、国际商务和学术会议、科学技术、外交、体育、国际竞赛、流行音乐和广告的主要语言"（张西平、柳若梅，2008）。

英语国际推广取得巨大成功的因素之一，就在于坚持推行 "标准英语"。"标准英语在英国英语里是一分为二的，即 Standard English（SE）和 Received Pronunciation（RP）。前者涉及词汇、正字法和语法，后者指语音和语调。"（颜治强，2002）标准英语 "事实上等同于教育英语"（王若江，2010），不仅在母语教育中起着核心作用，而且 "一直是英语外语教学的主要模型"（王若江，2010）。"RP 多年来在英国官方通讯媒介和教学发行物中占有绝对优势，它不但是英国广播电台 BBC 播音员所用的发音，而且也是英国编写出版的英语教科书和向海外发行的语音教学唱片、录音磁带所普遍采用的 '标音' 形式……如今天我国绝大多数英语学习者向往和寻求掌握的仍然是标准英语。"（陈少辉，1989）正因为如此，虽然 "英语的地域性问题非常严重，但是不同地域的英语相互是可以交流的"（王若江，2010）。在英语为母语的国家，"比如在新西兰出版的新闻文本对英国的读者和对南非的读者一样是可以理解的"，"在英语为非母语的国家，写作和说话的主要模型都是英国英语和美国英语的标准变体"（王若江，2010）。

中国的汉语国际推广工作如果从 1987 年 "国家汉办" 成立算起，至今不过 30 年时间，但办学规模迅速扩大，学习人数持续增加，孔子学院和孔子课堂目前已经遍布全球五大洲 140 个国家和地区，全球汉语学习者超过 5000 万人。面对如此大规模的汉语教学，我们如果没有一个统一的标准，将难以达到理想的效果，到头来我们会发现，世界各地的汉语学习者使用的汉语、汉字、汉语拼音是不一致的，无论是口头交流还是书面交流都存在一定的障碍。这种状况与我国在汉语国际推广方面投入的巨大人力和财力相比，将形成明显的落差，广大对外汉语教师的辛勤工作难以得到应有的回报，汉语的国际推广在与英语的国际推广的竞争中也将处于不利之地。因此，我们从现在开始，不应该再沉醉于汉语国际推广中数量的扩张，而应该致力于质量的提高，应该追求高投入之后的最佳产出效果。我们提出必须明确汉语国际推广中的语言文字标准问题，正是朝着这样一个目标在努力。

遗憾的是，目前国内各个层面对于汉语国际推广中的语言文字标准问题尚缺乏明确和清醒的认识。从孔子学院总部/国家汉办的层面看，在汉语志愿者教师选拔考试时，虽然已有考查学生对汉字字形、笔顺规范和汉语拼音拼写规则掌握情况的内容，涉及了语言文字的标准问题，但考查范围不够广泛，如异读词、异形词均无涉及，考查标准也与国家有关标准存在差距，不够明确、严格。更值得注意的是，在对汉语教师志愿者进行出国前培训时，多达600课时的《汉语教师志愿者培训大纲》中，关于语言文字标准问题只字未提，也没有设置这方面的课程。从高校层面看，据笔者对考入本校的汉语国际教育硕士专业学生本科阶段所学课程的调查，发现普遍没有开设有关语言文字标准方面的课程，倒是诸如"购房常识选讲""文化产业研究""投资项目评估""环境与可持续发展概论"之类的课程列入了汉语国际教育专业的教学计划。据相关学者对中国人民大学、武汉大学、北京语言大学、华中师范大学等6所高校的调查，同样也发现没有开设语言文字标准方面的课程。（赵守辉、胡月宝，2013）所以，目前国内汉语国际教育专业的学生普遍缺乏对语言文字标准问题的认识，对国家颁布、实施的有关标准也缺乏了解，更谈不上掌握。这方面知识的缺失，在他们参加汉语志愿者教师选拔时，业已暴露无遗，而一旦走出国门，面对海外语言文字使用的混乱状态，他们势必束手无策，甚至随波逐流。在此，我们必须强调，作为对外汉语教师，一定要明确了解国家在世界范围内所推广的汉语、汉字的标准是什么，并切实掌握有关标准，只有这样，当我们面对海外汉语教学的各种复杂情况时，才能做到心中有数，从容不迫。

4 汉语国际推广中对语言文字标准的执行策略

汉语国际推广中的语言文字标准问题是一个十分复杂、敏感的问题，它涉及国家关系、语言政策、族群和谐以及个人的政治立场和感情等等因素，必须慎重对待。在此过程中，我们一方面应当制订明确、一致的标准，并且将这些标准落实到教学大纲和教材中，出国汉语教师也应当按照这个标准进行教学。但另一方面，我们对标准的推行要有一定的伸缩度，允许海外的教学单位和汉语学习者对标准的掌握有一定的灵活性。"应该承认，境外的汉语教学，无论是语音、词汇还是语法教学，都要不折不扣地完全按普通话标准来要求，事实上也难以实现。"（陆俭明，2005）因此，对待教学单位不符合我们标准的做法和学生不规范的用法，我们要多采取引导的方式，尽量避免因为过度纠正而与教学单位、学生及其家长甚至外国同事发生冲突。也就是说，我们是要提倡并且鼓励世界各国的汉语教学单位和学习者按照我们制订的标准去教学和使用普通话和汉字、汉语拼音，不是也不能强求每个单位和每个人使用的普通话和汉字、汉语拼音都必须完全符合我们的标准。但我们相信，经过较长时间持之不懈的努力，世界各国汉语学习者使用的普通话和汉字、汉语拼音会逐渐地向我们的标准靠拢，并且最终实现相对的统一，从而从"汉语标准"走向"标准汉语"。

参考文献

[1] 陈少辉. 英语语言标准化问题的探讨 ［J］. 盐城师专学报（社会科学版），1989（4）.

[2] 陈小燕. 论轻声词界定的必要性、一致性原则——对《现代汉语词典》轻声词的计量研究 ［J］. 语言文字应用，2004（1）.

[3] 戴昭铭. 全球汉语时代的文化问题和规范问题 ［J］. 南开语言学刊，2007（1）.

[4] 国家语言文字工作委员会普通话培训测试中心. 普通话水平测试实施纲要 ［M］. 北京：商务印书馆，2004.

[5] 黄伯荣，廖序东. 现代汉语 ［M］. 北京：高等教育出版社，2002.

[6] 侯精一. 关于儿化词使用情况的考察 ［G］//第二届国际汉语教学讨论会组织委员会. 第二届国际汉语教学讨论会论文选. 北京：北京语言学院出版社，1988.

[7] 教育部语言文字应用管理司编. 国家中长期语言文字事业改革和发展规划纲要（2012—2020年）［M］. 北京：语文出版社，2013.

[8] 柯彼德. 汉语拼音在国际汉语教学中的地位和运用 ［J］. 世界汉语教学，2003（3）.

[9] 李泉. 国际汉语教学的语言文字标准问题 ［J］. 语言教学与研究，2015（5）.

[10] 林允富. 汉字书写与汉语国际教育 ［C］. 全国高校汉语国际教育/对外汉语本科专业建设研讨会会前论文集，2013.

[11] 鲁允中. 普通话的轻声和儿化 ［M］. 北京：商务印书馆，1995.

[12] 陆俭明. 关于建立"大华语"概念的建议 ［J］. 汉语教学学刊，2005（1）.

[13] 陆俭明. 汉语国际传播中的几个问题 ［J］. 华文教学与研究，2013（3）.

[14] "普通话轻声词儿化词规范"课题组.《普通话常用轻声词词表》《普通话常用儿化词词表》研制报告 ［J］. 普通话审音工作通讯，2012（1）.

[15] 王宁.《通用规范汉字表》解读 ［M］. 北京：商务印书馆，2013.

[16] 王若江. 关于"大华语"的教学思考 ［G］//《第九届国际汉语教学研讨会论文选》编辑委员会. 第九届国际汉语教学研讨会论文选，北京：高等教育出版社，2010.

[17] 王晓钧. 美国中文教学的理论与实践 [J]. 世界汉语教学，2004（1）.

[18] 徐新伟，张述娟. 东南亚主要华文媒体非通用汉字的类型研究 [J]. 华文教学与研究，2013（1）.

[19] 许嘉璐. 汉语规范化和对外汉语教学 [J]. 语言文字应用，1997（1）.

[20] 许琳. 充分发挥《汉语拼音方案》在国际汉语教育中的作用 [J]. 语言文字应用，2013（4）.

[21] 颜治强. 世界英语概论 [M]. 北京：外语教学与研究出版社，2002.

[22] 语文出版社编. 语言文字规范手册（第 4 版）[M]. 北京：语文出版社，2006.

[23] 张西平，柳若梅. 世界主要国家语言推广政策概览 [M]. 北京：外语教学与研究出版社，2008.

[24] 赵金铭. 国际汉语教育的本旨是汉语教学 [J]. 汉语应用语言学研究，2012.

[25] 赵守辉，胡月宝. 汉语国际教育硕士专业课程建设的"大语言观"模式 [M]//姜明宝. 汉语国际教育人才培养理论研究. 北京：北京语言大学出版社，中央广播电视大学音像出版社，2013.

关于外国学生学习汉语的难点问题

张小克

提要 在确定外国学生学习汉语的难点时，其母语和汉语之间的差异是一个应该考虑的重要因素，但是首先必须明确外国学生所学的汉语应该是汉语普通话，因而没有必要把那些只是属于某种汉语方言（包括北京方言）的现象作为难点。同样，汉语普通话中正待规范的现象也没有必要作为难点看待。这样，就可以降低外国学生学习汉语的难度，减轻师生的负担，提高教学的效率。反之则可能浪费时间，白花力气。

关键词 外国学生 学习汉语 难点 普通话 北京话 汉语规范化

外国学生学习汉语，是把汉语作为外语来学。任何外语的学习都具有一定的难度，而难度是由难点造成的。难点一旦突破，外语学习就能取得较大的进展。因而，如何确定学习中的难点是外语教学的重要任务之一。那么，外国学生学习汉语的难点在哪里呢？按照"对比分析假说"，外语学习的难点主要取决于学习者的母语和目的语之间在结构上的差异。这种观点当然有失片面。因为"差异"并不等于"难点"，再说还应该考虑到学习者自身的因素和客观环境对学习的影响。但是毋庸置疑，两种语言在结构上的差异也确实是造成外语学习偏误的一个重要来源。所以，我们并不能完全否定根据学习者的母语和目的语之间的差异来确定外语学习难点的做法。不过，在这样做时，我们应该避免简单化，尤其是像汉语这样一种复杂的语言，在确定其作为外语来学习的难点时，需要对其有更全面的认识和更深入的了解。这样才能保证我们所确定的难点是恰如其分的，从而有的放矢地开展教学，并取得良好的教学效果。否则，就有可能事与愿违，费力而不讨好。有鉴于此，本文提出下面两个问题予以讨论：

1　汉语中的方言现象不应当作为外国学生学习汉语的难点

外国学生所要学习的汉语自然是现代汉语①，这似乎是不成问题的。但众所周知，现代汉语既有现代汉民族共同语——普通话，又有各种方言。外国学生应该学习的是哪一种呢？当然是普通话。普通话是中华人民共和国的通用语言，她不仅仅是不同方言区的汉族人民之间的交际用语，也是汉族与少数民族之间的交际用语，还是中国人与外国人之间的交际用语。所以，外国学生学汉语应该学习普通话是毫无疑问的。《中华人民共和国国家通用语言文字法》第二十条也明确规定："对外汉语教学应当教授普通话。"明确了这一点，我们就不要把只是属于某种汉语方言的现象作为外国学生学习的内容，更不应该把它当作难点。在这里，我们尤其要强调把北京话与普通话区别开来，不要以为北京话就是普通话，因而北京话的一切都得学。在这一点上，应该说是存在着误区的。例如有的谈越南学生学习汉语难点的文章，就列出了动词后缀"巴"（如：扯巴、冲巴、抽巴、撮巴），形容词后缀"劲儿的"（如：讨厌劲儿的、没出息劲儿的）作为语法学习方面的难点。其实，这些成分都是北京话里的，而北京话也只是众多汉语方言中的一种（当然是最重要的一种），绝不等于普通话。如果说这些后缀要学，北京话里类似的后缀还有很多。如动词后缀除了"巴"，还有"达"（如：吧达、梆达、摆达、踩达），"唬"（如：奔唬、贬唬、翻唬、勾唬），"咕"（如：揣咕、戳咕、挤咕、抹咕），"哥"（如：别哥、掰哥、掂哥、捏哥）等（周一民，1991）。形容词后缀除了"劲儿的"，还有"不唧溜"（如：酸不唧溜、水不唧溜），"不伦敦"（如：胖不伦敦、矮不伦敦），"了巴叽"（如：脏了巴叽、臭了巴叽），"了光当"（如：稀了光当、穷了光当）等（周一民，2002）。至于由这些后缀构成的动词、形容词在数量上更是相当可观，据周一民（1991）统计，北京话里光以"巴"为后缀构成的动词即达238个。但是，这些词中的绝大多数都没有进入普通话，所以在以收录普通话词汇为主的《现代汉语词典》中很少看到。即使出现，也会在词条后面加括注，说明是方言词。例如：【眨

---

① 这是就一般情况而言，少数外国学生由于专业需要可能要学习古代汉语，自当别论。但即使这样，他们也仍须学习现代汉语。

巴】zhǎ·ba〈方〉。而且，有些本已收录了的词，后来又被该词典陆续删除了，如"掐巴"（1978 年第 1 版收，1996 年第 3 版删），"拉巴"（1978 年第 1 版至 1996 年第 3 版皆收，2005 年第 5 版删）。不言而喻，像这样的方言词外国学生一般是没有必要学习的。

又如重叠式形容词的变调，也被视为外国学生学习汉语的难点，同样是没有必要的。重叠式形容词包括 AA 式（如：薄薄、白白的、饱饱儿、凉凉儿的），ABB 式（如：软绵绵、金灿灿），AABB 式（如：客客气气、严严实实）等几种形式。所谓变调是指 AA 式中的第二个 A、ABB 式和 AABB 式中的 BB 除了本身是阴平调的以外，其余各调的要变为阴平调。这里涉及两个问题。首先，这种变调"只不过是北京方言中的音变现象，并非普通话的标准形式"（金祎，2003），而且即使北京人也并非人人皆读变调。请看有关学者的论述。关于 AA 式，周殿福（1980）指出："有许多人已经打破了这个规律，第二个音节不都读阴平，而是……保持原调。"关于 AABB 式，胡明扬（1992）指出："事实上说普通话的多数人不按这样的语音模式去读，而且如果是书面语的双音节形容词，连北京人也不按这样的语音模式去读。"关于 ABB 式，李志江（1998）指出："大多数现在北京的学生已不再改读，而以读本调为主。"以上论述告诉我们，北京话里重叠式形容词的变调正在逐渐消失，大多数人尤其是年轻人都按原调读音。其次，这种变调"情况比较复杂，因为有的必须变，有的可以不变，有的变不变两可"（邵敬敏，2001）。然而什么情况下必须变，什么情况下可以不变，什么情况下可变可不变，并无规律可循。这就给学习者带来了极大的困惑，重叠式形容词的变调之所以难，正是难在这里。同时，这种状况也给词典编写者带来了极大的麻烦。以 ABB 式形容词为例，且不说相同的词在不同的词典里注音不统一，就是在同一部词典中，注音方式也不一致。例如在 1996 年第 3 版《现代汉语词典》中，"白皑皑、赤裸裸、红艳艳"等词，BB 本非阴平，注音为本调；而"绿油油、明晃晃、火辣辣"等词，BB 也非阴平，注音却为阴平。又如同一个"茫茫"（máng máng），在"白茫茫、黑茫茫"中注音为本调，但在"雾茫茫"中注音却为阴平（李志江，1998）。诸如此类的问题，让学习者无所适从。以上两个方面的事实说明，重叠式形容词的变调只是北京方言中的一种音变现象，本身缺乏严格的规律，而且正在萎缩。尽管它也影响到了普通话，但正如有的专家指出的那样："其实在普通话里，叠音后缀不变阴平已成为一般人语感中可以接受的事实。"（周一民，1998）正因为如此，不少专家学者提出，普通话中的重叠式形容词不必变调，就按原调读（金祎，2003）。事实上，作为中国国内普通话水平测试依据的《普通话水平测试实施纲要》（国家语言文字工作委员会普通话培训测试中心，2004）在阐述普通话语音系统时，就没有把重叠式形容词的变调纳入普通话的范畴。同样，以推广普通话、促进汉语规范化为己任的权威词典《现代汉语词典》在后出的版本中，也将越来越多的 BB 本非阴平而注为阴平的 ABB 式形容词改为按本调注音。如上文提到的"绿油油、明晃晃、火辣辣"等词，其后缀的注音在 2005 年第 5 版中都已改为本调。由此可见，无论是在中国还是在外国，都没有必要把重叠式形容词的变调作为外国学生学习汉语普通话的重要内容，更没有必要把它作为难点。

2 普通话中正待规范的现象可以不作为外国学生学习汉语的难点

几乎所有有关外国人学习汉语难点的文章都会谈到汉语的轻声和儿化。其实，轻声和儿化不仅是外国人学习汉语的难点，也是汉语方言区的人学习普通话的难点。"轻声和儿化是北京话的一个特征"（鲁允中，1995），汉语普通话既然以北京语音为标准音，轻声和儿化当然也是少不了的。问题是对于其母语或方言没有轻声和儿化现象的外国人或汉语方言区的人来说，要掌握轻声和儿化困难很大。首先，轻声和儿化作为语流音变现象，引起了一系列的音质变化，尤其是儿化的规律非常复杂，本身就不容易学会。其次，北京话里的轻声词和儿化词数量太多，各有数千条[①]。第三，北京话里的轻声词和儿化词规律性不强，往往需要逐条记忆[②]。当然，如果北京话里所有的轻声词和儿化词都是非读不可的，那么即使再难

---

① 《北京话轻声词汇》（张洵如、陈刚，1957）共收轻声词 4351 条。《北京话儿化词典》（贾采珠，1990）收儿化词近 7000 条。

② 关于轻声词，据史定国（1992）对 5 份词表中的双音节轻声词的统计，无规律的占 60%。陈小燕（2004）对《现代汉语词典》（1996 年版）中的必读轻声词进行统计，也证实无规律的占总数的 47.6%。关于儿化词，鲁允中（1995）指出："在普通话里哪些词儿化，哪些词不儿化的问题，前人曾做过很多努力，也发表过一些见解，但是始终没有找出几条管用的规律来。"

也必须掌握。但事实并非如此。如果我们以能否区别词义、词性为标准来衡量，北京话里必读的轻声词和儿化词的数量是极少的①。既然这样，为了方便汉语方言区的人和外国人学习普通话，我们就有必要对北京话里的轻声词和儿化词进行规范，只让那些非读不可的轻声词和儿化词进入普通话，作为方言区的人和外国人必须掌握的内容，其余的可不做要求。这样一来，就可以大大减轻他们学习普通话的负担，降低学习的难度，提高学习的效率。目前，这项工作正在中国有关部门的主持下进行，初步成果已见报道，如《普通话中必读的轻声词》（史定国，1992），《必读儿化词研究报告（节录）》（孙修章，1992）。史文将汉语的轻声词分为规律性强和规律性不强两类，前者指语法轻声，主要包括助词（如：的、了、着、吗、吧），名词、代词后缀（如：子、头、巴、么、们），动补式合成词中间的语素（如：对不起、说得来），叠音名词的后一个音节（如：爷爷、太太），等等。这类成分数量有限，规律性强，掌握起来并不难。难的是后一类，即词汇轻声，大多数为双音节词。作者从常用程度，语音因素，词汇、语法因素，区分词义、词性的作用等四个方面对从 5 份不同词表中收集来的 3347 条双音节轻声词进行了全面考察，最后筛选出"普通话常用必读双音节轻声词"200 条（见附录一）。孙文首先从《现代汉语词典》《现代汉语频率词典》《常用构词词典》等工具书中摘录了儿化词近 3000条，然后根据拟定的 6 条原则②从这些词中初步筛选出 219 条送有关专家审议，以投票的方式确定了其中的 73 条为必读儿化词。第二步，利用通过广播、电视、录音等方式收集的 5243 分钟语料中出现频率 3 次以上的 114个儿化词，对这 73 条必读儿化词进行验证，确认了两者之间有对应关系的44 条，再按照筛选原则，从没有对应关系的词中又确认了 31 条，总共 75条，组成了《必读儿化词表（1）》（见附录二）。在此基础上，又把通过该表中的单音节词衍生出来的 118 条双音节词组成《必读儿化词表（2）》（见附录三）。上述两文所提供的词表虽然未经国家有关部门发布，因而还

---

① 侯精一（1988）指出："就《现代汉语词典》所收的不到 500 条的儿化词来看，绝大多数条目的儿化和不儿化没有区别意义的作用。"陈小燕（2004）对《现代汉语词典》所收的必读轻声词的统计也表明，"真正具有'区别词义、词性'或'区分词与词组'作用，属别义轻声"的，约占 6.3%。

② 这 6 条原则是：只选口语和书面语都儿化的词；尽可能选择有表达功能的词；不选方言词；不选"小+名词"式儿化词组；不选重叠式形容词；不选可儿化可不儿化的词。

不是正式标准，表中的必读轻声词和儿化词在词目、数量上也还可以商榷，但它们毕竟反映了普通话中必读的轻声词和儿化词的大致面貌，可以作为我们教学的参考，使我们不至于再不加区别地把北京话中所有的轻声词和儿化词都视为外国人学习汉语的难点。

类似的情况还有普通话的连读变调问题，其中有些现象也是汉语规范化的对象，不必让外国学生作为难点去掌握。如数词"七"和"八"，本调都是阴平，在北京话里，当它们出现在阴平、阳平、上声字前面时，一律读本调（qī，bā），出现在去声字前面时，则要变为阳平（qí，bá）。但20世纪80年代在进行"北京口语调查"时发现，"北京人不再严格遵守'七''八'的变调规律，多数人倾向于不变调"（宋孝才、胡翔，1988）。胡明扬同期的调查也得出了相同的结论，并据此提出"'七''八'变调不宜再推行"（胡明扬，1997）。面对变化了的语言实际，《普通话水平测试实施纲要》（国家语言文字工作委员会普通话培训测试中心，2004）在论及"变调"时提出："由于普通话中'七''八'已经趋向于不变调，学习普通话只要求掌握'一''不'的变调。"道理显而易见，连北京人自己都不读的、中国人都不必掌握的变调，外国人还有什么必要去学呢？

3 结语

以上我们从两个方面讨论了外国学生学习汉语的难点问题，类似的问题当然还不止这些，也都应该按照上文提出的两点正确对待。可想而知，如果我们把本来属于汉语方言的语言现象不再作为难点来教，无疑可以缩小外国学生学习汉语的难点的范围；如果我们把普通话中正待规范的现象排除在难点之外，无疑就减少了外国学生学习汉语的难点的数量。随着难点的范围缩小，数量减少，外国学生学习汉语的难度当然也就降低了，何乐而不为？反之，如果我们仍然不加区别地把本来没有必要去学习、掌握的知识作为难点让外国学生反复练习，努力突破，岂不是浪费时间，白花力气？所以说，本文提出的问题事关提高外国学生学习汉语的效率，应该引起我们的重视。无论是在中国从事对外汉语教学的老师，还是在外国从事汉语作为外语教学的老师，都应该提高自己对这个问题的认识，要十分清楚自己所教的语言究竟是什么，并及时了解汉语本身所发生的变化以及学术界对这些变化的研究动态，这样我们在教学中才能够做到胸中有数，时时保持主动，从而避免盲目性，减少无效劳动。这里，我们要顺便提一下教材问题。汉语教材是我们教学的主要依据，也是推行汉语规范化的重要途径。中国编写的对外汉语教材，不仅仅限于国内使用，也为世界其他国家广泛采用，影响巨大。按理说，这些教材都应该讲授标准的普通话，不应该带有明显的方言（包括北京方言）色彩，更不允许出现大量的不规范现象。但实际上，现有的教材离这一目标还有不小的距离（钱学烈，1997）。这就不免给中国国内尤其是国外的汉语教学带来不利的因素，无形中给老师和学生增加了一些不必要的负担，也妨碍了普通话在中国国内的推广和在世界范围内的传播。这一问题的解决，当然首先要靠教材编写者的自觉和努力。但是，我们也应该知道，任何教材的编写与语言的实际变化、学术研究的进展、规范化标准的制定相比，总是滞后的。因此，我们不能被动地等待教材的改进，而应该以主动的精神、积极的态度充分吸收汉语语言学的最新研究成果，及时调整教材和教学内容，尽最大可能降低外国学生学习汉语的难度，以求得更高的教学效率，更佳的学习效果。不言而喻，这对于把汉语作为外语教学的全体人员尤其是国外的教师来说，是一个比较高的要求。但是，她值得我们去努力。

参考文献

［1］陈小燕. 论轻声词界定的必要性、一致性原则——对《现代汉语词典》轻声词的计量研究［J］. 语言文字应用，2004（1）.

［2］国家语言文字工作委员会普通话培训测试中心. 普通话水平测试实施纲要［M］. 北京：商务印书馆，1994.

［3］侯精一. 关于儿化词使用情况的考察［G］//第二届国际汉语教学讨论会组织委员会. 第二届国际汉语教学讨论会论文选. 北京：北京语言学院出版社，1988.

［4］胡明扬. 普通话书面语双音节形容词重叠后的语音模式［J］. 语文建设，1992（5）.

［5］胡明扬. "七、八"变调不宜再推行［J］. 语文建设，1997（6）.

［6］金祎. 重叠式形容词有必要变调吗［M］. 北京：语文出版社，2003.

［7］鲁允中. 普通话的轻声和儿化［M］. 北京：商务印书馆，1995.

［8］李志江. ABB 式形容词中 BB 注音的声调问题［J］. 语文建设，1998（12）.

［9］钱小烈. 关于中级汉语教材中的语言规范问题［M］//《第五届国际汉语教学讨论会论文选》编委会. 第五届国际汉语教学讨论会论文选. 北京：北京大学出版社，1997.

［10］史定国. 普通话中必读的轻声词［J］. 语文建设，1992（6）.

［11］邵敬敏. 现代汉语通论［M］. 上海：上海教育出版社，2001.

［12］宋孝才，胡翔. 对"七""八"的变调调查［M］//第二届国际汉语教学讨论会组织委员会. 第二届国际汉语教学讨论会论文选. 北京：北京语言学院出版社，1987.

［13］孙修章. 必读儿化词研究报告（节录）［J］. 语文建设，1992（8）.

［14］周殿福. 艺术语言发声基础［M］. 北京：中国社会科学出版社，1980.

［15］周一民. 北京方言动词的常用后缀［J］. 方言，1991（4）.

［16］周一民. 汉语构词后缀的识别和规范［J］. 语文建设，1998（11）.

［17］周一民. 北京话的形容词后缀［M］//周一民. 现代北京话研究. 北京：北京师范大学出版社，2002.

附　录

附录一　普通话常用必读双音节轻声词（200 条）

结巴	巴掌	包袱	本事	荸荠	编辑	扁担	别扭	玻璃	薄荷
簸箕	不是	裁缝	苍蝇	柴火	称呼	出息	畜生	炊帚	刺激
聪明	凑合	耷拉	大方	大爷	大意	大夫	耽误	得慌	灯笼
嘀咕	地道	地方	地下	东西	动弹	豆腐	对头	多少	哆嗦
耳朵	翻腾	分析	风筝	高粱	胳膊	疙瘩	工夫	功夫	姑娘
故事	棺材	官司	规矩	闺女	过去	哈欠	含糊	核桃	合同
狐狸	葫芦	胡同	糊涂	滑溜	馄饨	活泼	伙计	机灵	家伙
见识	糨糊	交情	街坊	结实	戒指	精神	开通	口袋	窟窿
困难	喇叭	烂糊	老婆	老实	老爷	冷战	篱笆	里脊	利害
痢疾	粮食	趔趄	铃铛	溜达	琉璃	罗嗦	萝卜	骆驼	麻烦
马虎	买卖	玫瑰	棉花	明白	名堂	名字	蘑菇	模糊	脑袋
念叨	奴才	暖和	佩服	朋友	琵琶	枇杷	屁股	便宜	葡萄
千斤	亲戚	清楚	情形	人家	认识	软和	丧气	扫帚	商量
烧饼	少爷	牲口	生意	石榴	实在	使唤	事情	收成	收拾
舒服	算盘	踏实	抬举	太阳	体面	笤帚	头发	妥当	外甥
晚上	温和	窝囊	稀罕	吓唬	下水	先生	相声	消息	笑话
心思	新鲜	行李	兄弟	休息	秀才	学生	牙碜	衙门	烟筒
砚台	秧歌	养活	吆喝	钥匙	衣服	衣裳	意识	意思	应酬
冤枉	鸳鸯	月饼	云彩	在乎	早上	造化	张罗	丈夫	帐篷
招呼	折腾	芝麻	知识	指甲	妯娌	嘱咐	主意	状元	琢磨

（注：词下加横线表示该词具有区别词义、词性的功能。）

附录二　普通话必读儿化词表（1）（75条）

瓣儿	老伴儿	板擦儿	碴儿	没错儿	脸蛋儿
点儿	一点儿	兜儿	份儿饭	干儿	包干儿
盖儿	笔杆儿	光杆儿	羊羔儿	饱嗝儿	打嗝儿
个儿	易拉罐儿	打滚儿	冰棍儿	光棍儿	男孩儿
女孩儿	小孩儿	外号儿	猴儿	核儿	会儿
一会儿	活儿	大伙儿	皮筋儿	劲儿	烟卷儿
角儿	壳儿	块儿	一块儿	时髦儿	门儿
纳闷儿	面儿	哪儿	那儿	娘儿俩	牌儿
照片儿	球儿	圈儿	雪人儿	桑葚儿	口哨儿
模特儿	大婶儿	聊天儿	头头儿	奔头儿	劲头儿
老头儿	玩儿	味儿	被窝儿	心窝儿	馅儿
眼儿	心眼儿	字眼儿	好样儿的	爷儿俩	玩意儿
这儿	子儿	庄儿			

附录三　普通话必读儿化词表（2）（118条）

本表所列儿化词是表（1）单音词的主要衍生词

瓣儿：花瓣儿　蒜瓣儿　豆瓣儿酱　橘子瓣儿　一瓣儿蒜

碴儿：碗碴儿　玻璃碴儿　冰碴儿

点儿：差点儿　快点儿　晚点儿　有点儿　雨点儿　半点儿

兜儿：裤兜儿　衣兜儿　网兜儿

盖儿：壶盖儿　瓶盖儿　宝盖儿　指甲盖儿

干儿：鱼干儿　豆腐干儿　葡萄干儿

个儿：矮个儿　大个儿　高个儿　挨个儿

猴儿：大猴儿　孙猴儿　猴儿王　耍猴儿

核儿：梨核儿　杏核儿　煤核儿

会儿：等会儿　坐会儿　多会儿　这会儿

活儿：干活儿　零活儿　重活儿　力气活儿　庄稼活儿

劲儿：闯劲儿　干劲儿　使劲儿　有劲儿　起劲儿　心劲儿
　　　天真劲儿　一个劲儿

角儿：丑角儿　名角儿　配角儿　捧角儿　主角儿

壳儿：蚌壳儿　贝壳儿　蛋壳儿　乌龟壳儿　子弹壳儿　硬壳儿
　　　外壳儿　脑壳儿

块儿：土块儿　石块儿　冰块儿　碎块儿　成块儿　块儿煤

门儿：柜门儿　炉门儿　月亮门儿　走后门儿

面儿：胡椒面儿　栗子面儿　药面儿

牌儿：老牌儿　名牌儿　冒牌儿　杂牌儿　黄牌儿

球儿：煤球儿　糖球儿　玻璃球儿　卫生球儿

圈儿：火圈儿　里圈儿　外圈儿　线圈儿　圆圈儿　转圈儿　眼圈儿
　　　面包圈儿

玩儿：好玩儿　玩儿命　闹着玩儿

味儿：臭味儿　风味儿　京味儿　鲜味儿　香味儿　走味儿

馅儿：馅儿饼　肉馅儿　露馅儿　什锦馅儿

眼儿：扣眼儿　窟窿眼儿　红眼儿病

庄儿：张庄儿　赵庄儿

子儿：瓜子儿　花子儿　结子儿　枪子儿　石头子儿

（本文原载于《广西民族大学学报》2008 年第 5 期）

《国际汉语教师标准》在海外汉语
教学实践中的解读

雷伟中

提要　由国家汉语推广领导小组办公室组织研制的《国际汉语教师标准》（以下简称"《标准》"）是一个教师行业标准。研制此标准的目的在于根据标准培养出大量的合格的国际汉语教师，以满足海内外对国际汉语教师的大量需求。《标准》分为五大模块，穷尽了作为一名合格的国际汉语教师应具备的要求。论文将以笔者从事对外汉语教学二十五年（其中包括七年的海外汉语教学）经历，论证和解读《标准》的实用性、操作性和有效性。

关键词　国际汉语教师标准　海外教学　综合教学能力
　　　　组织与管理能力　才艺潜质综合素质

2007 年"国家汉办"颁布的《国际汉语教师标准》规定了国际汉语教师必须在汉语教学基础、汉语教学方法、教学组织与课堂管理、中华文化与跨文化交际、职业道德与专业发展等五个方面达到标准，方能成为一名合格的国际汉语教师。经过数年的实践后，2012 年"国家汉办"对《标准》又进行了修订。修订后更突出了汉语教学、中华文化传播和跨文化交际三项基本技能，更加注重学科基础、专业意识和职业修养，增强了实用性、操作性和有效性。

本人自 1992 年开始从事对外汉语教学，在二十五年的国际汉语教学中，在学校里曾长期给来华留学生讲授汉语，也曾经被"国家汉办"外派担任广西首批赴菲律宾汉语教师志愿者领队、督导，作为外派教师到巴基斯坦国立现代语言大学中文系担任系主任及汉语教师，作为孔子学院教师到美国宾汉顿大学戏曲孔子学院教中文，我也曾作为校际交流教师先后被派往法国拉罗舍大学教中文和到越南东方民立大学培训该校本土汉语教师。我的二十五年的对外汉语教学（包括七年的海外汉语教学）实践证明：努力达到《标准》的要求，是每一位欲成为合格的国际汉语教师的必由之路。只有符合了《标准》的要求，才能胜任国内、海外的国际汉语教学。同时也印证了一名国际汉语教师只有具有较强的教学技能、组织管理能力和才艺潜质，才能更好地发挥其文化使者的使命这么一个浅显而实用的道理。

以下将结合我在海外的汉语教学实践，论证《标准》中指出的合格的汉语教师应掌握的综合汉语教学、中华文化传播和跨文化交际三项基本技能的实用性、操作性和有效性。

1 较强的综合教学能力

一个合格的国际汉语教师的教学能力不仅包括其应具有创造性地完成教学任务的能力，还应包括其具有能根据学生的实际情况来确定教材及撰写课程教学大纲的能力。在海外教学中，教师的综合教学能力还应该在如下三个方面体现：

1.1 根据海外教学环境，确定适用教材

教材是教学质量生成的基本要素之一，合适的教材对提高教学质量起着关键的作用。《标准》在"标准8"中指出：合格的国际汉语教师应"能根据教学实际恰当地选择和使用教材及教辅材料"。这一条对国际汉语教师来说十分重要。

2000年9月，经法方聘请、学校的推荐，我作为校际交流使者，来到法国拉罗舍大学教中文。当我抵达法国的第二天，兴高采烈地来到中文系主任海博教授的办公室接受教学任务时，海博教授对我表示了欢迎之后告诉我，我将担任二、三年级的汉语综合课和给研究生上中国文化课的教学，至于用什么课本全由我自己决定。

如果教师对学生的知识掌握已经十分了解，那么选择适用教材并不是一件难事。但是我是初来乍到，对学生并不了解，对那里现有的中文教材也不了解，要选出适用的教材真令我感到有些茫然。两天后就要上课了，

我只好凭着多年的对外汉语教学经验尽快做出选择。于是，我立即到拉罗舍大学图书馆和市里的书店去查阅和购买基础汉语课本和中华文化的教材。最后选定了由法籍华人莫妮卡女士编写的《汉语中国》课本和英文版的《中国文化概况》作为二、三年级综合课教材与研究生的中国文化课教材。其实，学校图书馆里也有国内北京语言大学出版的中文教材，但是那些教材基本都是为来华留学生编写的。来华留学生在中国学习，有极好的语言环境，每周上课的课时又多，因此教材的教学进度跨越较大；而莫妮卡女士的教材最大的优点就在于它每节课的练习都与前一课有关，生字记忆也是采用"滚雪球"的方式，集腋成裘，循序渐进，这很适合在中国以外，且每周课时不多的法国中文学生学习。

事实证明，我选用的教材非常适合我所任教学生的中文知识水平。我之所以能够很快确定二、三年级学生的教材，这与我在去法国之前，已经有了相当长的教学经历有关。那时我的工作虽然是从事留学生教学管理，但是我从未间断过给来华留学生上课。这些课程包括长短期来华留学生的、外资企业高层行政管理人员的口语、听力、阅读等。正因此，我才能快速准确地确定适合法国学生的中文教材。

1.2 掌握用英文撰写课程教学大纲的技能

课程教学大纲是根据教学计划的要求，课程在教学计划中的地位、作用，以及课程性质、目的和任务而规定的课程内容、体系、范围和教学要求的基本纲要。《标准》在"标准8.3"中要求国际汉语教师应该理解并掌握汉语教学课程与大纲的内容、范围和目的，熟悉汉语课堂教学的基本环节。

笔者理解的"理解并掌握教学课程与大纲"应该是指汉语教师不但能够理解并掌握"现有"的教学大纲，而对于没有现成的课程教学大纲，汉语教师也能够根据教学需要撰写出来，并且是用英语或者是所在国的语言来撰写。因此，笔者根据自己在美国的教学实践认为《标准》的要求是切实可行的，尤其对赴美国教学的外派汉语教师更是必要的。

为了让经选拔并被派往到海外的国际汉语教师到了国外的教学岗位能够尽快适应教学环境，孔子学院总部/国家汉办都为这些教师在临行前集中举办一个月左右的培训。培训内容包括中外文化差异、文明礼仪、安全自保、课件制作、教材分析、强化外语等等，内容极其丰富。这对即将赴外上岗的教师顺利开展中文教学是十分有利的。遗憾的是，尽管培训内容包括方方面面，但还是有挂一漏万的情况。这就是培训时没有考虑到美国及其他一些国家的中小学、大学的教学都要求任课教师在开课前须在学校网站上公布自己的课程教学大纲。这个大纲没有统一的模式，哪怕平行班有几位教师同时上一本教材，也不能够有同样的大纲。我本人参加过 2009 年在南开大学和 2013 年在北京语言大学的两次岗前培训，两次都没有这项培训。因此我本人及绝大部分赴美国任教的教师到了美国后，首先遇到的挑战就是要立刻交出用英文撰写的课程教学大纲。

按照美国的教学要求，任课教师提供给学生的课程教学大纲要尽可能地撰写得非常细致，细致到每一节课的每一个教学环节的安排，细致到通过每一节课的学习，学生应该或者能够掌握什么知识，甚至学生在课前应该做哪些预习，对课后作业有什么要求都要涉及。因为学生或者学生家长都是要根据你的课程教学大纲来选课的。我们这些中国教师基本没有接受过撰写教学大纲的训练，甚至没有见到过一份像样的用英文撰写的课程教学大纲，而一到岗位就被要求马上撰写，真令我们无从下手。不少教师都是临时抱佛脚，在网群上四处"跪求"。一旦得到一份教学大纲，如获至宝，东拼拼西凑凑后就变成了自己的教学大纲。去美国前，我曾在法国、越南、菲律宾、巴基斯坦等四个国家有过教学经历，但是这些国家都没有对教师有撰写教学大纲的要求。所以当时我也是相当地紧张，因为两天后我就要上课了。没有办法，我只好上网搜索，同时向上一任教师求教。终于在上课前将比较粗糙但是完整的教学大纲发布到了网上。在后来的五个学期里，我都能自如地写出课程教学大纲，使学生能准确地了解我讲授这门课的教学内容、要求、进度，及考试、测验、作业、论文、表演小戏剧的数量等等。

1.3 以学生为中心，强调语言实践

我们在海外教学常常会遇到这样的情况：教师为了一堂课，费时费力地做了充分的准备，而学生却不买账；老师在讲台上喊得声嘶力竭，而学生的学习效果并不明显。这种情况在中小学校，甚至在大学也很常见。这就涉及教师的教学方法与学生的学习动机。"标准6"中特别强调了汉语教师应"能理解并掌握有关外语教学的方法和技巧，并应用于教学实践"。

2000 年，我在法国拉罗舍大学教中文。学生的学习动机就比较混杂。

一个班里有 20 多人，有三四个准备来华留学的学生，他们学习非常认真，而其他学生，在学习上遇到困难后，学习动力明显不足。当时我真心希望学生能通过我的教学感受到中国教师严谨的教学态度，并能够从我的课堂教学中真正获益。因此，在教学中我采用了几个行之有效的方法，即：（1）真正以学生为中心，以学生为主体，引导学生对汉语课程产生兴趣，绝对避免满堂灌，将课堂的大部分时间用于堂上练习，并分小组进行充分的操练，使得每一位学生都有机会练习；（2）以"轮读"的方式，"迫使"学生开口说中文；（3）课堂上几乎不用或少用英语，不让学生有依赖感。我知道，写汉字对外国学生来说是最难的，因此，当学生操练累了，我就用拆解法给学生讲解汉字的构成，帮助学生记忆和书写汉字。这样在课堂上一动一静，一张一弛，我并没有降低教学标准，却仍能使学生在课堂上有较大的收获。我充分利用课堂 50 分钟的时间进行教学，让学生在50 分钟内学出成效。实践证明：只要让学生在寓教于乐的环境中学习，收效才会显著。

2　有较强的组织管理能力，以不变应万变

国际汉语教师在海外工作期间，并不单纯是课堂的教学组织者，实际上，他们会被要求额外地承担一些教学以外的工作或者参加一些活动。这些工作或者活动一般会有我驻外使领馆的中国文化周、庆祝日的布展及服务工作，一年一度的"汉语桥"比赛辅导及汉语考试的考务工作，所在学校扩大对外影响的宣传日活动，甚至所在的社区也会邀请汉语教师参加一些喜庆的活动。而参加这些活动又往往要带领他们的学生，甚至别的班、别的学校的学生一起去参加，可能事前还得邀请这些汉语教师指导排练一两个拿得出手的小节目。这就要求每一位国际汉语教师都具有独当一面的工作能力和一定的才艺表演潜能。只有这样，国际汉语教师才能成为出色的对外交往的文化使者，才能不负使命。

2.1　担任汉语教师志愿者领队应具备的素质

《标准》在"教师的综合素质"中指出，一位合格的"汉语教师应在各种场合的交际中显示出亲和力、责任感与合作精神"。反言之，如果他在各种交际活动中不能胜任，缺乏自信，那么他不可能表现出"亲和力、

责任感与合作精神"。

2008 年 5 月,我被任命为广西首批赴菲律宾汉语教师志愿者领队,带领选拔自广西 6 所高校的 25 位在职教师、硕士研究生和优秀大学本科毕业生赴菲律宾执行为期一年的海外汉语教师志愿者的任务。当年这些教师志愿者主要分布在菲律宾南部棉兰老岛 4 个岛屿的 7 所华校里。我作为领队的主要职责是:保证志愿者的个人安全,协调志愿者与所在学校的关系,检查和督导志愿者的教学。由于菲律宾特殊的岛国地理环境,这极大地增加了我这个领队的管理难度。

2008 年 6 月 2 日我们广西志愿者全团抵达菲律宾,7 月 20 日菲律宾南部阿布沙耶夫反政府武装向政府宣战。分散在菲律宾南部棉兰老岛的几个岛屿上的志愿者的安全十分令人担忧。由于志愿者教学地点十分分散,我到岛上去看望和帮助他们必须乘坐只可容纳几十人的螺旋桨小飞机。就在局势最紧张的时刻,我第一站就飞到了形势最严峻的棉兰老岛将军市。我一抵达,志愿者们就告诉我,当天早上,就在学校对面的菲律宾公立学校的门外探到了疑似爆炸物,数辆军队装甲车开来包围了爆炸物。当看到安全的志愿者们,我一直悬着的心也终于放了下来。在棉兰老岛的志愿者教师们看到我在最危险的时候没有避开他们,而是第一站就去看望他们也非常感动。

2.2 担任当地大学中文系主任应具备的素质

一些没有海外教学经验的教师会认为,海外教学环境十分美好,一切都为我们的到来做好了准备。其实,海外教学环境通常不像我们预料的那样美好。这是因为赴任国的国家政体、教学体制和人文环境的不同,所以我们这些汉语教师的肩膀上常要负荷着不能承受之重。如果没有思想准备,不具备一定的素质,新的环境往往会给初来乍到的汉语教师美好激动的心情泼上一盆冷水。因此,在"标准 3"中用了较大的篇幅强调了国际汉语教师应"了解中外文化的主要异同,理解汉学与跨文化交际的主要概念,以及文化、跨文化交际对语言教与学的影响,并能够将上述理论、知识应用到教学实践"。

2010 年 6 月我被"国家汉办"派往巴基斯坦国立现代语言大学中文系任教。到达该国首都伊斯兰堡的第二天,中文系的 11 位汉语教师为我举行了简短的欢迎会,会后大家一致推举我担任新一届的中文系主任。来巴基斯坦担任汉语教师是"国家汉办"给我的工作职责，而被推举担任中文系主任却是我始料未及的。作为一名中国人，在巴基斯坦国立大学里担任系主任将遇到的重重困难是可想而知的。但是看到大家殷切期望的目光，我真没有理由拒绝大家的善意，只能咬牙担负起这一重任。

在巴基斯坦国立现代语言大学里，系主任是唯一的系教学行政领导，除了一位秘书外，系主任没有任何副手，所以教学安排、检查教学、安排监考、教师请假调课等等，事无巨细，都是系主任的工作。我还要时不时地向学校副校长、教务处长汇报工作，协调教学行政人事等诸多事务。另外，大使馆文化处举办一些对外文化交流活动，系主任也要带领学生去参加。该国政府有关部门抽调教师去进行为期半年的科技资料翻译工作，国防科技部门要求培训高级科技人员中文，这些都要我去协助解决，没有人可以帮助我，而我自己的教学工作量并没有减少，还是跟普通教师一样，每周 16 个课时，其中还要带一名硕士研究生。

2.3 培训本土汉语教师应具备的素质

《标准》中虽然没有明确要求国际汉语教师有培训本土汉语教师的义务，但是"标准 10""基本能力"中要求国际汉语教师应"能通过学术会议、学术论坛、职业培训、专题讲座、学术书刊及与同行进行交流……来促进自身业务的发展"。进入 21 世纪以来，我国通过孔子学院总部/国家汉办向海外派出汉语教师成千上万，其主要目的是通过海外的汉语教学向世界传播中华文化，促进中外在政治经济文化教育等方面的交流，向世界表达我们的善意。但是仅仅靠每年外派千名左右的汉语教师，真是杯水车薪，难以满足海外对国际汉语教师广泛的需求。"国家汉办"已经明确表示，海外汉语教学最终要立足于本土汉语教师。因此，海量培养海外汉语师资也是我们这些被派往国外的汉语教师的责任和义务。我于 2011 年 10月、2012 年 3 月和 4 月三次受伊斯兰堡孔子学院葛立胜院长的邀请在巴基斯坦本土汉语教师培训和本土汉语教材编写的学术会上做培训和主旨发言。我在三次培训中分别主讲了"学习与实践《国际汉语教师标准》""汉语教师课堂教学技巧"和"本土汉语教材评析"。我有针对性地对本土汉语教师的培训和对本土汉语教材评析的演讲效果非常好。会后巴基斯坦国家电视台的记者专门采访了我。孔子学院拍摄的 2011 年 4 月我在巴基斯坦汉语教师研修班上做培训演讲和指导教学的两张照片都被收录到孔子学院总部/国家汉办主编的大型画册《孔子学院十周年》里。

2.4　负责汉语考试的考务，指导考生应试应具备的素质

随着中国经济实力的不断展现，越来越多的外国青年希望了解中国，希望能有机会到中国留学或者旅游，亲眼看一看这一古老国家的神采。外国学生要想获得中国政府奖学金首先要通过汉语考试（HSK），获得合格的成绩。2014年我所在的美国纽约州立宾汉顿大学戏曲孔子学院获国家汉语考试中心批准设立了HSK考点。戏曲孔院了解到我曾在广西民族大学长期负责汉语考试的考务工作，于是决定由我全面负责宾汉顿大学汉语考点的考务。

我在宾汉顿大学戏曲孔院汉语考试考务工作中最主要的一项是辅导考生。对学习中文的美国学生来说，读与写是他们的弱项。我不希望看到美国学生兴高采烈地报名参加汉语考试，而垂头丧气地拿到不合格的成绩单。所以，我主动给有需求的美国考生课外辅导中文，我还另外安排了我的两个中文课助教每周定时给他们讲解考试模拟题。经过对报名参加汉语考试学生的辅导，特别是强化了他们对汉语的理解和书写，在我负责的考点的考生都能顺利地考出好的成绩，因此这些考生中大部分都被我国大学录取为长短期中国政府奖学金或孔子学院奖学金进修生。

在此特别值得一提的是，刚刚结束的2017年第十六届"汉语桥"世界大学生中文比赛中，我在美国宾汉顿大学戏曲孔院教过的学生穆辰鹏荣获美洲汉语决赛的洲冠军，世界大学生总决赛第四名。他在2015年秋季学期曾是我的学生，在我的考前辅导下，他在2016年5月汉语考试中顺利获得了HSK五级的好成绩。

3　具有才艺潜质为教学锦上添花

具有中华才艺的外派教师在任何一所学校都是受欢迎的，尤其是在中小学校。"国家汉办"在外派教师选拔中曾重点考察的一项就是综合素质中的才艺潜质。

2010年我在巴基斯坦国立现代语言大学中文系任教。11月底，我们接到我驻巴使馆的通知，我国国家领导人温家宝总理将在12月中旬来访，要我们中文系与孔子学院联合做好迎接工作。在那次接待"高访"中，使馆

安排我的任务较多，除了负责温家宝总理为我国援建的中巴友谊中心揭幕仪式的庆典场面的指导外，还负责指导巴基斯坦男女两位学生分别用中英文朗诵《中巴友谊》，指导伊斯兰堡露丝学校的中小学生跳一支中国舞蹈《小螺号》也是我的职责。说真的，这些任务都相当艰巨。为了安全，大使馆事先没有透露一点儿温总理来访的消息，时间已经很逼近温总理到访的日期，才要求我们组织排练。为了"高访"场面的绝对安全，排练场地也随之不断地变换。令人感到恐惧的是，在排练最紧张的时候，巴基斯坦国立现代语言大学传来有恐怖主义分子欲投放炸弹的消息，学校当局要求停课静校三天。停课静校就意味着我们的排练不能在学校里进行，而且家长也会因为安全问题不同意孩子冒险来学校排练。还好，我们得到了我驻巴大使馆的大力支持，得到了学校给予的安全保证，在克服了种种困难之后，最终顺利地完成了迎接"高访"的政治任务。事后，我驻外使馆文化处官员曾对我说，他们真没有想到，我还能给十几岁的外国小学生辅导中国民族舞蹈。

4 结语

我二十五年的对外汉语教学实践印证了《标准》的实用性、可操作性及有效性。尤其《标准》中提到的综合素质，是每一位有志成为合格的对外汉语教师应达到的标杆。我曾以《标准》指导我在海外的教学实践，并用《标准》要求身边年轻的对外汉语教师和所在国的本土汉语教师。尽管《标准》的标杆很高，但是我希望有更多的有志于参与国际汉语教学的教师能达到其顶峰。

参考文献

［1］国家汉语国际推广领导小组办公室.国际汉语教师标准［M］.北京：外语教学与研究出版社，2007.

［2］国家汉办官网.第十六届"汉语桥"完美收官［EB/OL］.http://www.huaxia.com/ccxc/csxw/2017/08/5428567.html.

汉语水平考试（高等）之口试模式
效度问题思考

何山燕

提要 语言测试的目的是运用一定的测量手段对应试者的语言能力或水平做出评价。汉语水平考试（高等）口试模式的确立，主要着眼于篇章表达能力的考查，本质上仍属于口头作文表达，没有充分体现语言的元认知规律，对考生的汉语言语行为能力考查不足。汉语水平考试（高等）口试应调整目前单纯以独白式口头作文为导向的施测模式，突出话语交际的合作会话特点，以话轮转换能力为核心考查要素，切实体现对考生汉语口语交际能力的有效评判。

关键词 汉语水平考试（高等）　口试模式　效度问题　话语分析

1　问题背景

21 世纪的中国以崭新的形象活跃于国际舞台，成为世界瞩目的焦点。作为汉民族共同交际工具的汉语，因其蕴含着中华民族悠久、独特的历史文化而成为当代国际社会公认的热门语言之一。全球著名对冲基金投资家吉姆·罗杰斯曾在 2003 年自己的女儿呱呱坠地后便立刻雇佣了中国保姆。他认为，如果说 19 世纪是英国的时代，20 世纪是美国的时代，那么 21 世纪将是中国的时代，应尽快对子女开展汉语教育。英国学者戴维·盖多尔也曾明确表示：英语不再具有竞争优势，要领先一步就要学会汉语。"汉语热"正在世界范围内持续升温，现在全世界共有 109 个国家、3000 多所高等学校开设了汉语课程，另有不计其数的中小学、社会办学机构也在开展汉语教学。在很多国家，学习汉语的人数以 50% 甚至是翻番的速度增

长，目前全球参加汉语学习的人数已经超过 1.5 亿。现行的汉语水平考试
（HSK）由北京语言大学从 1984 年开始研制，自从 2001 年我国加入世贸组
织以来，海外考点从 2005 年的 96 个考点、分布在 37 个国家，发展到目
前，海外已有 161 个考点，分布在 59 个国家，报考人数以每年 30% 的增幅
上升，参加考生累计超过 300 万人次。

汉语水平考试简称"HSK"，是大陆地区"汉语水平考试（Hanyu
Shuiping Kaoshi）"的汉语拼音缩写。该考试是为测试第一语言非汉语者
（包括外国人、华侨和中国少数民族）的汉语能力而设立的水平考试，主
要考查考生运用汉语进行交流和沟通的能力，可以作为达到申请中国高等
院校入系学习或报考研究生所要求的实际汉语水平的证明，也可以作为汉
语水平达到某种等级或免修相应级别汉语课程的证明，同时，还可以成为
聘用机构录用人员时评价其汉语水平的依据。该考试原为鉴定大陆外国留
学生的汉语程度而设立，后随"汉语热"的兴起，现已成为全球汉语鉴定
界的"中文托福"。汉语水平考试（HSK）共分为基础、初/中级和高级三
个层次，每年定期在中国国内和海外举办，凡考试成绩达到规定标准者，
即可获得相应等级的《汉语水平考试等级证书》，有效期为两年。汉语水
平考试（HSK）于 2008 年推出了改进版，为充分体现"实用性"和"交
际性"，改进版各个等级都增加了口语和写作两项主观性考试。主观性考
试的实施将借助于计算机手段。为行文方便，"汉语水平考试"在下文中
均简称为"HSK"。

2 HSK（高等）口试的施测模式及评分标准

2.1 施测模式

作为外语考试中口试的施测，大约在 19 世纪已经开始。至 20 世纪 60
年代后，口语考试分为间接式、半直接式和直接式三大类。HSK 根据大规
模标准化考试要求及汉语口语表达的特点，设计了汉语口语水平测试的基
本模式。从施测模式设计的基本特点来看，HSK（高等）口试属于半直接
式口试系统——以高度离散的语言控制要素为基础，测量考生控制一系列
离散的语言要素的能力，如某个词的正确发音，特定时态的口头应用，使
用特定的词语或句式回答问题等，并对考生口试内容进行录音，同时也兼

备了直接式的优点——要求考生与主试者面对面接受评价。半直接式与直接式相结合，使 HSK（高等）口试既注重考查高度离散的汉语言要素能力，也注重考查考生在现实生活中进行交际的语言能力水平。

HSK（高等）口试的基本程序为：准备 10 分钟，考试 10 分钟，共 20 分钟。在考试的每个部分都有一段准备时间，准备时可以写口试提纲，作为回答问题时的参考。提纲可以写在试卷空白处，口试答案都要录制在磁带或刻录在计算机硬盘上。

HSK（高等）口试主要侧重于考生汉语篇章表达能力的考查，共分两个部分：

第一部分：听后回答问题。

第二部分：二选一回答问题。

其中，第一部分"听后回答问题"从语言输入与输出角度考查考生的听力理解和口头表达能力；第二部分"二选一回答问题"实质上是口头作文表达，即在有准备的前提下，按题目要求完成一段独白，其目的在于考查考生汉语篇章组织、起承转合的运用技能。

2.2 评分标准

HSK（高等）口试评分标准共分为五级，具体考查要素如下表：

表 1　HSK（高等）口试五级标准

等级	标　准
五级	内容充实，能用正确的语音语调及纯正的普通话得体流利地表达思想。词汇丰富，使用恰当。能比较形象、生动地描述事物，语气自然。语法结构清楚，能较熟练地使用汉语中常用的口语句式，并能根据交际需要变换句式和说法。有极个别语音语法错误，但不影响交际。口语表达接近以汉语为母语者。
四级	内容较充实，词汇较丰富且使用正确。语音语调较好，语气不生硬，表达尚流利得体，但时有不恰当的语音停顿。语法结构基本清楚，有个别语音语法错误，但不影响交际。
三级	内容尚完整，语音语调基本正确，能较清楚地表达思想。词汇较丰富，但有时词不达意。语言尚流利，但不恰当的语音停顿较多。有一些语音语法错误，基本上不影响交际。

（续表）

等级	标　　准
二级	基本能表达思想，但内容不充实。有一定的词汇量，但往往词不达意。语音、语法及词汇使用上的错误较多，常常影响交际。
一级	能表达一定的思想但较零乱。语音、语法及词汇使用上的错误很多，以致严重影响交际。

3　HSK（高等）口试模式的效度分析

语言既是一种社会现象，也是一种心理现象。语言测试的目的是运用一定的测量手段对应试者的语言能力（或水平）做出评价，并对应试者能够运用语言做什么做出描述。测量语言能力不同于测量有高度、长度等属性的事物，因为，按照乔姆斯基的观点，语言能力是人的一种心理状态。心理测量学为语言能力测量提供了理论和方法，主要和基本的理论就是效度、信度理论。信度是对测量一致性程度的估计，其研究结果是确定某个测量在使用中是否具有稳定性和可信赖性；效度是一个测量对其所要测量的特性测量到什么程度的估计。

HSK（高等）口试充分结合了半直接式与直接式口语测试的优点，客观遵循语言输入与输出理论，既考查了考生运用高度离散的汉语言要素的能力，又考查了考生听力理解和口头表达能力，还考查了考生起承转合的汉语篇章组织能力，在评分标准上也制定了较为细化的考查指标。但是，综观 HSK（高等）口试的施测模式与评分细则设计，不难发现，尽管该测试以"实用性"和"交际性"为施测原则，也在一定程度上考查了考生汉语语音面貌及篇章组织水平，但是对于话语交际的深层能力——言语行为能力的考查不足，因此，其效度问题尚值得商榷。

3.1　口试考查话语交际能力，应体现语言元认知的客观规律

话语交际是一个交谈过程，是双方相互交流、协商互动的过程，具有对话性特征。言语活动的对话性建立在会话双方的视界融合基础之上。"视界融合"是德国哲学家加达默尔提出的概念，他认为"你"的言说代表了你所理解的对象的"视界"，而"我"的观点则出自理解主题"视界"。对话的结果就达到了"视界融合"，即对话双方思想互相渗透、融

合。人们常常通过对话交谈改变自己和对方的认知状况，因此，交谈本身就是一种学习和生活的基本方式。

在人类话语交际的过程中，元认知监控贯穿始终，其表现就是在真实交际过程中能够实时生成大量的链接结构。认知的过程是一个同化过程——把对象整合到主体已有的认知结构之中；而且，在对外客观体进行同化的同时，主体所具有的认知结构也发生着一系列重构和顺应。元认知的开放性和言语活动的对话性都是交流双方认知构建的基础和促成要素，口语能力的核心表现为对自我言语表述的元认知监控能力。

加达默尔强调谈话方式必须如此："现在我们在这里认识到一种谈话的行为方式，在这种谈话中得到的表述的事情并非仅仅是我的意见或作者的意见，而是一件共同的事情。"加达默尔论述中的"共同的事情"强调了一个事实，即话语交际过程中的每一次"下一步"的言语行为必须基于最新的认知结果，在认知构建的基础上，双方的视界才有可能达到融合，而视界融合是交流成功的必要前提，也是口语交际的基本目标。

20世纪70年代以前，"一个普遍流行的观点认为，……语言是可以脱离使用环境独立存在的实体，……可以把句子从其使用环境中抽象出来进行研究"。当认知因素被置于言语活动之外时，言语活动仅为其中一个语言结果，而非一个完整交际过程，如此一来便堕入了唯理语言学的境地。英国语言哲学家奥斯汀的言语行为理论认为，言语即行为，从语言的本质功能来看，语言不仅是用来陈述的，而且是用来实施行为的，言语具有三种不同的行为或力量：言中行为，即实际所言；言外行为，即说话的意图；言后行为，即所说的话产生的效果。

HSK（高等）口试题型的确立，主要着眼于篇章表达能力的考查。事实上，口语永远不可能是一个人的自言自语，或自说自话式的独白，在口语交际过程中，客观存在着快速而频繁的信息交流，交流双方应当随时关注交流对象的认知状态，能以对方的视界为自己言语表述的出发点，并以此决定自己的言语行为，即说话人必须意识到口语交流对象的存在，双方的视界达到融合才能达成意义协商，否则交际难以为继。

3.2　话语交际是合作对话过程，口语交际能力应主要在对话中体现

话语交际的对话特征以承认语言的交谈关系为前提。韩礼德认为，语言学不仅要研究有机体内部，即心灵的活动，更要研究有机体之间的人际

交往："人们不仅说话，而且是相互交谈。"这一观点从社会语言学的角度出发，强调语言的社会交往性，因为话语交际本身就是一个需要合作对话的过程。正如法国语言学家海然热所言，"语言本来就跟言语行为密不可分；把语言看成只有在言语活动中方可运行的东西，实际上就是让语言与对话关系相适应。对话关系本身具有调节性，而非某种纯粹操作性或者逻辑性的活动。那些跟交谈相关联的特征本属语言本身应有之义，因为人类命中注定是要讲话的。"

话语交际的对话性意味着人的语言活动不是一个人单独可以完成的，而永远是合作的结果。"在会话时，人们总是连续不停地在多个意义层面上做判断，通过理解已经说出的话语而产生对将要说出的内容的推想。这种判断和推想过程同时受到具体环境和语境的制约。开始会话时，会话人总是根据当时具体的社会环境、当事人的背景和当时的关系，以及这些已知信息与其他类似活动的已知关系来推测和猜想将要发生的交际内容。在接受语言形式和内容方面的信息的过程当中，会话人又不断对最初的有关交际内容的假设进行修改。接受语言信息的过程包括从语流中区分词句，区别话语的主要内容与顺带提及的内容，并确定谈话的主题。"

HSK（高等）口试题型的确立，着眼于篇章表达能力的考查，就其本质而言仍属于口头作文测试。从表达角度来看，口头作文具有多方面的训练价值：口头作文是培养和提高学习者口头表达能力的一种有效的方式，也是训练其在大众面前即兴表达的重要方法。此外，口头作文对锻炼人的思维能力也具有重要的价值，口头作文实质上是一种智力训练，因为表达是否准确、流利、得体，是一个人观察能力、思维能力和想象能力的综合体现。

然而，口语交际绝非听和说的简单相加，我们不能把口语简单地等同于听话、说话，也不能将口头作文与口语交际简单画等号。口头作文多是一人说，众人听，语言信息呈单向传递状态，思想交流和思维碰撞较少；交际即社会人的相互交往。口语交际的核心是"交际"，是指在有交际环境的前提下听者与说者双方互动的过程，"双向互动"是口语交际的主要特点。口语交际强调信息的往来交互，注重的是人与人之间的交流与沟通，要求交际的双方能因交际话题的变化而展开句子层面或语段层面的话语互动，参与交际的人，不仅要认真倾听，还要适时接话，谈自己的意见和想法，在双向互动中实现信息的沟通和交流。

HSK（高等）口试以"实用性"和"交际性"为施测原则，应当以考查考生"运用汉语进行交际"这一语言能力为基本目的和最终归宿，因此，HSK（高等）口试的施测目标除了考查考生的篇章表达能力之外，更应客观体现话语交际的对话性特征，在双向互动的对话中测试考生的话语交际能力。

3.3　话语交际能力应以话轮转换能力为核心考查要素

在日常会话中，人们总要选择合适的说话时机，依次轮流发言，在彼此的话轮交替过程中表现出自然会话的语言特征。美国学者萨克斯等人曾指出，人们交谈的特点是轮流说话。支持轮流说话的机制是一套依次使用的规则，这套规则对会话中的轮流交替起作用，是一套局部支配系统。在会话过程中，一个说话人最初只被分派给这样一个单位——话轮，这个单位的终止可以变换谈话人的对话关系，这称为话轮转换。

在日常口语交际中，话轮转换现象较为突出：话语紧紧围绕对话双方交流而进行，话轮转换在对话者之间产生，话题需要对话双方通过合作和讨论传递信息、交换看法与态度、做出决策等等。话轮是话语分析理论的核心内容，话轮转换能力是语言交际能力，尤其是口语交际能力的重要构成因素。该理论产生后一直受到语言学界的关注。

从交际法的角度来看，掌握一门语言是指在一定语境中使用所学语言进行有效交际并达到互相沟通的目的。20世纪70年代，美国社会语言学家海姆斯在《论交际能力》中首次提出了交际能力理论，指出交际能力具有四个重要参数，即可能性——产生合乎语法的句子的能力；可行性——产生能被人脑解码的句子的能力；得体性——在特定的社会文化环境中运用正确语言形式的能力；语言应用——话语完成的事实。海姆斯认为，一个人的交际能力包括语言知识和使用语言的能力，意即交际能力的内部构成可以划分为两部分，一是语言技能，包括语音、语法、词汇等方面的知识和话语能力；另一方面是交际技能，包括解释、迂回、改正、重复、犹豫、猜测、语体转换等。

就话语交际能力而言，学会交际不只是掌握语音、词汇、语法知识，学会如何利用语言形式来组织连贯的话语，还应遵循话轮转换规律和机制，掌握话轮转换的技巧，训练目的语的社会文化交际能力，使口语交际更为得体，以达到有效话语交际的目标。因此，第二语言学习者在学习过程中要面对一系列挑战，他们不但要掌握新的语音、词汇和句法体系，而且需要具备话语表达能力、社会语言学能力和交际互动能力。

提高学习者的口语交际能力是我国对外汉语教学界三十多年来一直追求的目标。话轮形式较接近于自然话语，能客观体现出对话双方在某一情景下使用口语互动交际的能力，口语交际的内容随着话语主题而灵活变化，僵化的对话模式并不普遍，而不同谈话者之间的话轮交替远比大段独白更为常见。话语交际能力包含了话语篇章组织能力，但话语篇章组织能力无法全面客观地体现话语交际能力。口头篇章独白只是个人的单向信息传递，口头作文式的独白无法体现话语交际的合作互动，无从考查表达者的话轮转换与交际互动能力。HSK（高等）口试的评分标准虽然涉及了语音语调的考查层面，但没有从本质上体现出对考生口语交际能力的核心——话轮转换能力的考查，缺乏客观实效性，而且极易导致大批考生误入例文背诵的歧途，误导了对外汉语口语教学的根本方向。

在接近自然的话语交谈方式中，能使考生的话语交际能力得以真实体现，因此，口试应建立在"交际语言行为模式"上，以考查考生根据特定情景和任务进行得体语言交际的能力，即以"接受""产出""互动"等能力为考查指标，考查考生语言交际的积极性、话题内容的敏感性、交际策略使用的灵活性等。由于口语交际的整个过程都涉及话轮问题，话轮转换能力应当是 HSK（高等）口试的核心要素。

4 结语

将语言形式与语言社会功能在教学中有机结合起来，正确处理好语言能力与交际能力的关系，以全面培养语言运用能力为最终目标，这是对外汉语教学所持的立场，也是设计汉语水平测试的依据。作为国内唯一大型标准化汉语考试，HSK 诞生至今已有三十余年的历史，对于母语非汉语者的汉语能力鉴定具有相当的权威性，正因如此，该测试的效度与信度始终是首要的关键问题。口试作为 HSK 的重要组成部分之一，其施测模式与评分标准的设定必须遵循客观语言规律，以语言研究的科学性为导向，切实体现口语交际能力的核心所在，并在实践检验中不断改进完善。

参考文献

［1］［韩］姜仁善．21 世纪将是中国时代　中国保姆在全球走俏［EB/OL］．新华网：http://news. xinhuanet. com/overseas/2007-10/17/content_6896608. htm.

［2］董洪亮．汉语水平考试（HSK）2007 年将作出大调整［EB/OL］．人民日报：http：//www. gov. cn/fwxx/wy/2006-12/22/content_475727. htm.

［3］刘镰力．HSK（高等）口试探索［J］．世界汉语教学，1997（2）．

［4］北京语言大学汉语水平考试中心编．中国汉语水平考试大纲（高等）［M］．北京：北京语言大学出版社，2003.

［5］张凯．语言测试和乔姆斯基理论［J］．世界汉语教学，1998（2）．

［6］金瑜．心理测量学［M］．上海：华东师范大学出版社，2001：53.

［7］李明洁．元认知和话语的链接结构［M］．上海：华东师范大学出版社，2008.

［8］［德］加达默尔．真理与方法（下卷）［M］．洪汉鼎，译．上海：上海译文出版社，2004.

［9］李明洁．口语交际教学中容易混淆的若干概念［J］．语文学习，2004（6）．

［10］陈平．话语分析说略［J］．语言教学与研究，1987（3）．

［11］杨玉成．奥斯汀：语言现象与哲学［M］．北京：商务印书馆，2002.

［12］［法］海然热．语言人［M］．张组建，译．北京：三联书店，1999.

［13］［英］约翰·甘伯兹．会话策略［M］．徐大明等，译．北京：社会科学文献出版社，2001.

［14］张和生．试论第二语言学习中口语交际能力的培养［J］．北京师范大学学报，1997（6）．

［15］孙德金．汉语水平考试（HSK）的科学本质［J］．世界汉语教学，2007（4）．

［16］Hymes D. On Communicative Competence［M］. P. A.：University of Pennsylvania Press，1971.

［17］Sacks H. E. A. Schegloff & G. Jefferson. A Simplest Systematics for the Organization of Turn Taking for Conversation［J］. Language，1974，50（4）.

（本文原载于《广西社会科学》2010 年第 5 期）

面向东盟的汉语国际教育
本科专业实践路径改革探讨

李宗宏

提要 从学科建设实际出发，以广西民族大学汉语国际教育本科专业近二十年人才培养经验为基础，提出面向东盟的汉语国际推广人才培养模式中需进行多角度的实践路径探索。这种改革不仅适用于面向东盟的汉语人才培养，也对国内各种模式的汉语国际教育本科专业建设有所启示。

关键词 汉语国际教育　人才培养　教学　实践路径　东盟

当今世界各地兴起"汉语热"，每年来华学习汉语的人数超过20万，世界各国（不包括以汉语为母语的国家和地区），截止2014年底学习汉语的总人数已超过1亿，有100多个国家近4000所高等学校开设了汉语课。东盟国家学习汉语的人数有增无减，汉语教学快速发展，如泰国有1000多所中小学开设汉语课，学习汉语的人数超过50万人。东南亚国家是海外使用汉语人口最多的地区，使用汉语人口已超过2000万，占海外使用汉语总人数的一半。据"国家汉办"统计，目前这一地区国家的汉语教师缺口相当巨大，马来西亚缺9万人，印度尼西亚缺10万人。泰国2015年接收1800名"国家汉办"和孔子学院委派的汉语教师志愿者，占当年所有赴海外志愿者总数的1/3。越南有近百万华人，50多所高校开设中文专业，每年招收中文专业本科生超过100人的大学有近10所，全国招收中文专业学生人数超过3000人，此外每年有约13000人到中国来学习，在越南各级各类汉语培训机构学习中文的人员更是不计其数。

1　学科背景

汉语国际教育专业设立于1985年（当时称为"对外汉语"专业），最初全国范围内开设该专业的院校仅有北京语言大学、华东师范大学、北京外国语学院、上海外国语学院 4 所高校。到 2013 年止，全国已有超过 300 所高校开设了汉语国际教育本科专业，每年招收学生人数达到 15000 人，毕业的学生分布在国内外各类汉语教学单位，是汉语推广和中华文化传播的重要力量。"汉语国际教育"作为一个专业，历史并不长，它脱胎于"对外汉语"或"对外汉语教学"，是 2012 年国家教育部在本科招生目录中新出现的专业名称。该专业的设立体现了我国汉语推广的战略视角从过去的"请进来"转变为现在的"走出去"。在过去使用"对外汉语"或"对外汉语教学"这一名称时，主要面向来华学习汉语的留学生，而现在的"汉语国际教育"不仅是要面对来华汉语学习者，更要把汉语推广视野扩大到全世界，使得更多的海外汉语学习者能够在当地学习汉语，让更多的汉语教师有机会走出国门，开展汉语推广和文化传播工作。在该专业的设置方案中明确提出，专业的设立是为了提高我国汉语国际推广能力，加快汉语走向世界，改革和完善对外汉语教学专门人才培养体系，培养适应汉语国际推广新形势需要的语言教学和传播中华文化的专门人才。

2 本专业人才培养主要模式

人才培养模式是建立在人才培养的思想目标和要求基础上的，是某种人才培养思想目标和要求的程式化。汉语国际教育专业本科，虽然在人才培养目标和人才规格上有总体要求，但由于开设该专业的学校层次、学习环境、就业去向等不同，导致该专业的人才培养模式呈现出多样性。在 2010 年全国高校汉语国际教育本科专业建设研讨会上，一些高校介绍了各自汉语国际教育专业本科人才培养模式，归纳起来主要有四种：一是复合型，指知识、能力、本体、主体、方法等多种知识和能力的综合培养，以北京语言大学为代表。二是实用型，注重学生应用和实践能力培养，以上海外国语大学为代表。三是直通车型，指中外联合办学，从国内高校本科生中直接招收学生到国外高校攻读硕士，毕业后在国外就业、深造或回国工作，以华东师范大学为代表。四是 X+X 型，指学生的学习时间、空间和内容的组合方式。其中有"2+2"型、"3+1"型、"3+3"型等模式，主要以广西民族大学、广西大学、云南民族大学、南京大学等为代表。X+X型，无论 X 数值是多少，其中一部分必然涵盖实践的时间因素。如以广西民族大学的"3+1"型为例，指在国内学习 3 年，在国外进行语言学习及教学实践 1 年。

纵观全国具备汉语国际教育本科招生资格的高校，无论是"985""211"等重点的部属高校，还是许多地方性本科院校，甚至是刚从专科升为本科的三本院校，该专业的实践情况复杂多样，没有统一的模式，也没有一个严格准确的评价体系。大家对人才培养模式环节中的实践问题进行了讨论，有根据本校本地区人才培养中的实践问题进行讨论的，如《汉语国际教育专业毕业实习形式探讨——以琼州学院为例》《试析地方院校汉语国际教育本科专业的发展瓶颈及突破口——以湖北科技学院为例》等等。有对面向海外实习、本土实习等多种实习模式的讨论，如《汉语国际教育本科专业海外实习模式构建研究》《汉语国际教育本科专业"全过程"实践模式探究》《汉语国际教育本土化教学的新思考》。还有对本专业人才培养中的定位及质量问题的讨论，如《关于汉语国际教育学科定位问题》《提高汉语国际教育质量之对策分析》等等。

3　本专业实践环节中存在的主要问题

汉语国际教育专业由于人才培养目的和专业要求所限，实践环节相对于其他专业来说显得尤为重要，如前所述可看出本专业人才培养模式均把学生的实践环节作为办学过程中的大事来抓，也均对实践渠道进行拓展。但是纵观目前各高校的实践路径，还存在着许多有待解决的问题。

3.1　实践平台、实践渠道单一

汉语国际教育专业的学科特性决定了学生应具备国际视野和国际教学操作经验，这就需要培养单位为其提供实践机会和发展平台。目前学生实践的海外平台主要由孔子学院提供，渠道比较单一，而孔子学院囿于其发展规模，能够提供给本科专业学生参与实践的机会有限。相对于目前海外大量的汉语教师缺口的情况来说，每年通过"汉办"外派的教师仅有数千名，当中还包括了在职公派教师和研究生，就全国每年的 1.5 万名本科毕业生数量来说，实在是"僧多粥少"。特别是一些未建立孔子学院的高校，海外高昂的实习费用，让不少学生望而却步。最后实习只能安排在国内进行，且大多数被安排在国内普通的中小学进行语文教学，此类学生虽名曰专攻汉语国际教育，但直到毕业仍未接触到外国学生，更别谈对外进行汉语教学。这无疑抹杀了学生的专业特性，从而直接影响到学生的专业素质和职业技能。

3.2 海外实习难以监管，实习质量无法保证

有些高校该专业设立得比较早，有一定的办学经验，且学校自身的国际交流渠道比较丰富，有的还是海外孔子学院的合作院校。这类高校的汉语国际教育专业学生实习渠道相对来说比较多，由于学校自身的海外交流优势，有条件将本校学生派往有合作协议的国外高校进行实习。如广西民族大学1999年培养的首届对外汉语专业的学生，就分别派到越南河内市和胡志明市的高校进行一个学期的语言文化学习及教学实践，此后这样的实践时间又延长为1年，所赴国家还包括泰国、印尼等。赴海外实践的学生大多托管于对方高校的国际交流处或者中文系等部门，而国际交流处这样的行政单位往往由于人手有限，无法对学生的学习进行监管，而中文系也由于与国教部门存在管理职责不清、人手不够等各种原因，对留学生的实践管理不完全到位。

3.3 部分无法赴海外的学生实践问题难以解决

每年办理"赴外"手续时，总会有学生由于家庭困难（通常根据合作交流协议，赴海外实习需要交纳一定的实习费用，还有在海外吃住费用及往返交通费等需学生个人承担）或个人意愿等原因提出不愿意到国外实践。那么这部分学生的实践应该如何安排和管理，让学生既能不出国又能有效地进行汉语教学实践，他们的实践学时如何安排，实践学分如何获得，到什么样的单位进行实践等，都是目前不可回避的问题。

3.4 插班跟读的汉语国际教育专业的留学生实践环节需要特殊安排

有一些来华留学生在接受过语言阶段的预备教育之后，会想继续留在中国接受学历教育，获得与中国学生相同的本科学历和学位。这部分学生往往因为人数较少，会被安排到中国学生的班级里一起跟班学习。汉语国际教育专业是留学生比较青睐的专业，很多学生想通过这一个专业的学习后回到自己国家做汉语教师。这部分的学生显然不能跟中国学生用同一种模式进行实践。他们的汉语水平毕竟不可能达到与母语者相同的程度，而他们也不会愿意自费到国外进行实践，因此他们的实践环节如何安排，也

是令人头疼的问题。因此，如何处理汉语国际教育专业的实践问题，需要多角度多层次的思考，不能以一刀切的方式进行，也不能等、靠、要，需要积极地拓宽思路，构建多样化多层次的汉语国际教育实践平台，以保证专业人才培养的需要，促进学生专业实践能力的提高。

此外，还值得注意的是，我国有些高校盲目跟随办学潮流，汉语国际教育专业盲目扩大招生，无视实践环节的重要性，而导致学生没有与专业定位相匹配的实践过程，甚至没有实践环节，导致培养出来的人才质量不高，就业不好，影响了该专业的可持续发展。

4 本专业实践路径改革的主要内容

4.1 改革目标

实践路径改革必须要切合本专业的人才培养要求，既注重实践环节的重要性，又不能忽略理论的学习，而且目标还要切实可行，具有一定的可操作性。主要目标是：

（1）搭建科学、高效、切实的汉语国际教育实践平台。根据各高校自身的办学特点和生源特点，搭建起一套有指导思想、有实施方案、有具体操作步骤、有监管体系、有评价标准、有多种途径的汉语国际教育实践平台。制定多套完整的实践方案，让每个学生都能在实践平台上找到适合自身发展又能符合专业培养要求的实践途径，让教学主管单位面对每届学生实践期都能从容应对。

（2）将有效的教学模式及手段引入教学，实现多渠道全过程的实践模式。汉语国际教育的实践环节不仅指学生大三或大四在校外进行的社会实践，还体现在平时的专业课程学习中，包括听课、观摩、讨论和教学评价等方面。需要专业教师在平时的授课过程中，积极引入"翻转课堂""任务型教学法"等多种可以引导学生参与教学的模式和手段，实现课堂实践与课外实践相结合的全过程实践模式。

（3）更加充分体现广西民族大学国际性、区域性、民族性的办学理念，利用本校"中国—东盟"非通用语种基地的学科资源，发扬本校汉语国际教育专业的办学优势和特色，更切实地面向东盟地区，坚持有针对性地国别化办学指导思想，引领本区域汉语国际教育专业的蓬勃发展。

（4）培养出一批具备高素质的汉语国际教育应用型人才。搭建多模式实践平台的最终目标是要培养出素质高、能力强的汉语国际教育人才。本专业力争在 2~3 年的实践内培养出至少 100 名具备扎实汉语基础、较高汉语教学技能、熟练掌握英语及一种东盟国家语言、熟悉一个东盟国家文化并能在该对象国进行汉语传播的应用型人才；使每年符合国家外派汉语教师要求，达到孔子学院外派志愿者水平的学生数量不下 30 人；进一步提高我校汉语国际教育专业的就业率，提升就业质量，实现我校汉语国际教育专业办学质量在全广西乃至西南地区处于领先地位。

4.2 改革措施

在改革目标确定后，要制定切实可行的实施方案，并且方案要具有可推广性，有一定的代表性，力求在解决目前人才培养中存在的瓶颈基础之上，提供给各本科院校一些新的思路及启示。我们认为有以下几条措施：

（1）加强海外汉语教学实践平台建设，实现国家外派、校际合作、校企联合等多层次的海外实践合作模式。在充分利用国家外派汉语教师、孔子学院志愿者、各级侨办外派教师等政府层面提供的海外实践平台的基础上，根据高校自身的国际交流特点及办学优势，加强与境外高校或教学机构的协商合作，同时还可以发展一些海外的汉语或华文教学机构，如海外中小学、海外华校、华语培训公司等教学单位或企业的合作关系。为学生赴海外进行汉语教学实践拓宽渠道，不仅仅局限于某单一层面的实践路径。

（2）积极建设国内汉语教学基地，为学生教学实践提供另一种选择。除了建设海外实习基地之外，针对没有条件赴海外实习或者不愿意赴海外实习的学生来说，可以选择在国内实现同样的实习机会。这需要与国内具备一定留学生招生规模的办学单位合作，有的高校本来就有不少留学生学习汉语，那么可以让汉语国际教育本科专业的中国学生，到本校留学生课堂上进行教学实践。如果本校不具备留学生教学条件，或没有海外汉语学习者，则可以拓展与本地区有留学生教学规模的高校或者中小学甚至是私立的汉语培训公司进行合作，为"汉教"本科生提供实践机会。以广西为例，留学生大多以东盟国家生源为主，许多留学生不仅在各高校进行汉语学习，也会在华侨学校、各类职业学校、团校甚至是一些私人的汉语培训机构学汉语。我们可以充分利用这种特点，与这些具备汉语教学规模的单位进行长期合作，实现学生的国内实践愿望。

（3）改革专业课程的授课方式，引入新的教学方法和手段，尽可能多地提供课堂实践的机会。根据汉语国际教育专业培养的要求，要培养汉语教学的应用型人才。教师在课堂授课过程中，应当充分关注学生的实际教学技能的获得，可以引入目前新兴的一些提倡以学生为中心，以学生实践为主的教学模式和方法，如"案例库"教学法、"翻转课堂"教学模式等手段，让学生尽量在课堂上得到实践的机会，并且教师积极认真地对学生的实践表现予以点评和指导。通过大量的平时实践训练后，学生进入真实的教学环境时才能尽快适应和得心应手。

（4）建立科学的实践评价体系，让学生的实践结果得到及时反馈和客观评价。过去对学生实践的评价过于形式化，实践单位给出的评语也流于表面，学生的实践结果没有一个良好的反馈渠道。通过实践平台的搭建，应该建立一套完整的实践评价体系，让学生的实践过程得到真实完整的记录，同时可以通过教学实践视频录制、上公开课、教学竞赛等方式来反馈学生的实践成绩。再从教学内容、教学手段、教学态度、教案写作、学生反映等角度制定出一套完整的评价标准，对实践效果进行客观的衡量。

（5）利用多种手段对实践过程进行监控。管理单位除了在学生赴实践单位之初，可以由相关的专业老师或辅导员带领，落实好实践要求之外，在往后时间里，也可通过现代化的通讯手段如 QQ、微信、微博等方式随时监控学生的实践过程，还可以采取让学生进行定期汇报的方式有效地进行监管。

（6）搭建教学实践竞赛平台，积极组织多种范围内的实践竞赛，促进学生提高教学实践技能。开设汉语国际教育专业的高校可以在全校范围内或者本市本地区范围内组织一些教学竞赛活动，甚至举办定期的教学技能大赛，调动学生参与教学实践的积极性，也可以带动本区域内各高校之间争相发展的氛围，促进高校之间的交流，有利于提高本地区办学的综合实力。以广西为例，可以主办一些面向泰国、越南、印尼等国家的国别化汉语教学技能大赛，促进汉语教学的国别化发展。

（7）在人才培养上实现分层培养的模式，对有不同需求和发展愿望的学生提供另外的选择机会。部分就读本专业的学生不愿意去做汉语教师，或者不适合从事教师职业，可以给其提供从事其他行业实践的机会。比如有的学生希望从事文化交流的管理工作，有的希望进入外贸行业，也有的希望做翻译，还有的希望从事跟中外交流相关的新闻传播工作等。对于这部分学生，我们应该从大一开始就进行分层次培养，可对其教学能力不做太高要求，但需对其外语能力或者文化传播等技能加强训练。在大三或大四需要实习的时候，为其提供另一种实践的机会。对于少数跟班学习的外国学生，也不必要求其进行教学实践，但需要其从事一些与汉语学习和中华文化传播相关的实践活动。

5　结语

学科创新在当下高校教学中越来越被重视，诸多高校都进行了关于学科与教学的综合与创新尝试。根据教育部对该专业的设立规划，"汉语国际教育"本科阶段的培养目标是培养具有熟练的汉语作为第二语言教学技能、良好的文化传播技能和跨文化交际能力，适应汉语国际推广工作，胜任多种教学任务的高层次、应用型、复合型、国际化专门人才。无论是以前的"对外汉语"专业，还是当下的"汉语国际教育"专业，实践都是人才培养过程中的一个重要环节。实践环节开展的好坏直接影响到本专业学生的教学质量，更直接影响到国际汉语教师储备人才的质量。在"中国—东盟10+1""一带一路"等时代背景下，汉语国际教育的人才培养任重而道远，对实践环节的改革和创新还需要我们在理论和实践两方面不断地进行探索。

参考文献

［1］许琳. 汉语国际推广的形势和任务［J］. 世界汉语教学：2007（2）.

［2］应燕萍. 汉语国际教育专业毕业实习形式探讨——以琼州学院为例［J］. 长春教育学院学报，2014（18）.

［3］范晓玲. 新疆高校汉语国际教育专业发展现状调查与对策探讨［J］. 新疆师范大学学报（哲学社会科学版），2015（6）.

［4］王静. 汉语国际教育本科专业海外实习模式构建研究［J］. 新疆师范大学学报（哲学社会科学版），2015（3）.

［5］葛新，高淑平. 汉语国际教育本科专业"全过程"实践模式探究［J］. 黑龙江高教研究，2015（4）.

［6］李现乐，王铮. 汉语国际教育本土化教学的新思考——来自"英语桥"项目的启示［J］. 扬州大学学报（高教研究版），2013（2）.

［7］张艳华. 面向海外本土汉语教师的国别化培训方略探析——以蒙古国为例［J］. 海外华文教育，2015（1）.

［8］崔希亮. 关于汉语国际教育学科定位问题［J］. 世界汉语教学，2015（3）.

［9］陈信存，谢仁敏. 提高汉语国际教育质量之对策分析［J］. 学术论坛，2013（7）.

（原载于《高教论坛》2016年第6期）

语篇问题与
课程建设研究

对外汉语教学要高度重视语篇问题

——以中高级阶段越南、泰国学生为例

张小克

提要 对外汉语教学发展到今天，随着教学质量的提高，外国学生的汉语水平也有了很大的进步。就书面语而言，学生对汉语的单词和单句已经掌握得比较好了，但在把单句组合成复句、句群乃至更大的单位时，偏误却非常突出，这已经成为中高级阶段外国学生进一步提高汉语水平的"瓶颈"。文章以大量中高级阶段的越南、泰国学生的语料为例，对外国学生在语篇方面存在的偏误，从衔接和连贯两个方面，择重进行了深入分析，并从教学的角度，探讨了形成偏误的原因，以期引起广大教师对语篇问题的重视，增强篇章教学的意识，尽快突破这一瓶颈，使汉语国际教育的道路越走越宽广。

关键词 对外汉语教学 中高级阶段 语篇 偏误

1 引言

对外汉语教学发展到今天，经过广大学者和教师的共同努力，教学质量已经有了较大的提高。以对越汉语教学为例，通过我们对中高级阶段越南学生汉语中介语语法的研究，发现越南学生汉语实词的平均正确率已经达到了93.15%，[①] 六大句子成分的平均正确率为90.82%，[②] 四大句类的平均正确率为85.41%，[③] 名词谓语句、"是"字句、双宾句、主谓谓语句、

---

① 吉小霞. 越南学生汉语中介语（实词）研究 [D]. 南宁：广西民族大学，2012.
② 臧传勇. 越南学生汉语中介语（句子成分）研究 [D]. 南宁：广西民族大学，2012.
③ 邓天玲. 越南学生汉语中介语（句类）研究 [D]. 南宁：广西民族大学，2014.

"有"字句、不及物动词谓语句等重要句型、句式的平均正确率也均在 70%以上。①

换句话说，越南学生对汉语的单词和单句已经掌握得比较好了。但在把单句组合成复句、句群乃至更大的单位时，偏误却非常突出，请看来自广西民族大学越南留学生作文的例子：

(1) 我每天都很忙，要上很多课，也很愉快。

(2) 我刚来南宁的时候，我觉得很害怕，我不知道在中国新的生活是怎么样？

(3) 李老师是我的写作老师。上课时他提前五分钟到教室，下课时他问我们学习情况，然后他才出教室。他认为越南学生上课认真，他也认为越南学生对老师好。

(4) 我们的学校很大，教室、食堂、图书馆、宿舍、银行等等……真是应有尽有。我们的学校一共九个坡，我们住在七坡一栋。我们的宿舍后面还有市场，要买什么就很方便。我们的学校种许多树，去哪里都看见树和花。我们的学校还有一个湖——叫相思湖，真有意思。

其他国家的留学生也存在同样的问题。例如在广西民族大学留学的泰国华侨崇圣大学汉语专业三年级学生的作文，题为《我的老师》：

(5) 有一天在学校里，上第一节课的时候有一个面带微笑的陌生女生走进我们的教室。同学们安静地听着老师的自我介绍。"同学们好，我是新老师，今天我来代原来的汉语老师，我姓陈，上课时要叫我陈老师。"老师亲切地说。她有小小的嘴巴，高高的鼻子，一张圆圆的脸，短短的头发，黑黑的眉毛下面两只有神的眼睛。非常美丽。这就是我们的新汉语老师。

陈老师一边讲课一边做动作。这样我们似乎会明白得快一些。陈老师很沉静，温柔，胆子不大，陈老师她很厉害没有缺乏经验但有时假如我们不听她的话，还是我们不努力，她很凶哦！我们很怕。

老师对我们像亲人一样好得很。下课时，同学们都喜欢和老师一起说笑，都围在她身边，因为她很可爱，老师很热情。

我真喜欢这位新老师，她让我们在欢乐中学习汉语。学习汉语还能跟

---

① 韦靖.越南学生汉语中介语（主谓句型）研究 [D]. 南宁：广西民族大学，2014.

外国人交流呢！

上述作文，如果单看每个句子，可以说基本上没有什么问题，但是把句子和句子联系起来看，就会发现无论是在句子和句子的衔接上，还是在句子的排列顺序、层次关系、语义关联上都存在一系列的偏误。

这些偏误就属于"语篇"的范畴。正如鲁健骥在《外国人学汉语的语法偏误分析》（1994）一文中指出的那样，"在很多情况下，特别是在中高级教学阶段，偏误不完全表现在形式合不合语法上，而是表现在篇章中。"由此可见，语篇问题已经成为中高级阶段外国学生进一步提高汉语水平的"瓶颈"，如果不纠正他们在汉语语篇方面的偏误，其汉语水平就会原地踏步，徘徊不前。因此，外国学生在汉语语篇方面存在的问题必须引起我们的高度重视，并且需要通过多方面的共同努力予以解决。

2 何谓"语篇"

"语篇"一词译自英语的"discourse"或"text"，也有人译成"话语"或"篇章"。"话语"一般指口语，"篇章"一般指书面语，"语篇"则口语和书面语兼而有之。

要给"语篇"下个定义并非易事，国内外学者前前后后给出的定义达数百个。我国研究语篇较早的学者廖秋忠将"语篇"定义为"一次交际过程中使用的完整的语言体"，并认为"在一般情况下，篇章大于一个句子的长度，涉及说话人/作者和（潜在的）听话人/读者。篇章既包括对话，也包括独白，既包括书面语，也包括口语"。

简要一点说，语篇是口语和书面语中大于单句的单位，包括复句、句群、段落、篇章等。其中复句是中国传统语法研究的对象，句群也于20世纪80年代进入了汉语语法学。其实，复句和句群都应该是语篇语言学研究的对象。

"语篇语言学"（或"话语语言学""篇章语言学"）是专门研究语篇的学科。语篇既然是大于单句的单位，那么语篇研究就是超单句的研究。1981年，奥地利的两位语言学家德·博格兰德（De Beaugrande）和德莱斯勒（Dressler）在《语篇语言学入门》这本书中，详细地讨论了语篇的七个要素，即衔接、连贯、目的性、可接受性、信息性、情景性、互文。这七个要素尤其是衔接和连贯就是语篇语言学研究的主要内容，相对于"语法"或"句法",语篇语言学研究的问题可以称之为"篇法"。

3 越南、泰国学生汉语语篇偏误的常见类型

外国人学汉语语篇偏误分析始于 20 世纪 90 年代。在此之前,对外汉语教学界虽然也有人对外国人汉语中介语在语篇层面上出现的问题有所关注,并且提出要运用语篇分析(话语分析)的理论和方法来研究和解决这方面的问题,但并没有进行具体研究。因此,90 年代以前对汉语中介语的偏误分析基本上停留在语音、词汇、语法等静态层面,没有超出句子的范围。

从 90 年代初开始,对外汉语界开始着手进行语篇的偏误分析。1993 年,鲁健骥在《中介语研究的几个问题》一文中指出:"形式上的'对'与掌握是两回事。掌握还是没掌握要放在更大的背景上去检验。更大的背景,一般可以指超单句结构、语境和语用。在这种情况下,形式是对的,如果不是真正掌握,往往就会前言不搭后语,在语用上就会不得体。"

1994 年,鲁健骥又在《外国人学汉语的语法偏误分析》一文中指出:"在很多情况下,特别是在中高级教学阶段,偏误不完全表现在形式合不合语法上,而是表现在篇章中。"

这两篇文章以后,相继有不少关于外国人学汉语语篇偏误分析的文章发表。从研究的对象来看,主要是以英语、日语、韩语为母语的学生的汉语语篇偏误分析,涉及东南亚国家学生的研究很少。从偏误的类型来看,主要集中在语篇的衔接和连贯两个方面,而这也正是语篇语言学研究的两个最基本的问题。

"衔接"属于语篇形式方面的问题,指的是组织或构建语篇采用的手段。

"连贯"属于语篇内容方面的问题,指的是语篇内部的语义关联,是语篇在情景语境中产生的整体效应:一个合格的语篇是一个有意义的表述整体,而不是一个没有意义的杂烩。

衔接和连贯既有区别,又有联系:衔接是组织语篇的手段,连贯是通过这些手段所要达到的目的。

3.1 衔接偏误

关于汉语衔接手段的分类,各家意见不一,但都包括语法衔接手段和

词汇衔接手段。常见的语法衔接手段有照应（指称、回指）、省略、替代、连接成分等，常见的词汇衔接手段有原词复现、泛指词复现、相似性词语复现、可分类性词语复现和词语组合搭配等。

就我们研究过的越南、泰国学生的语篇衔接偏误看，语法衔接偏误中最突出的是照应偏误，尤其是人称照应偏误，词汇衔接偏误中最突出的是原词复现偏误。限于篇幅，以下我们只介绍这两类偏误的主要表现，其他偏误暂不介绍。

3.1.1 照应偏误

"照应"是指语言表达中，某个语言单位与上下文出现的另一个语言单位表示的人或事物相同的一种语言现象。语言中具有照应功能的主要是名词、代词和零形式。

一般认为，语言表达的总原则是明确和经济（省力），此外人们还追求语言变化，以避免重复。在汉语语篇中，照应形式是根据小句之间的语义紧密程度来选择的。当一个语段中所有的小句只描述一个话题时，这些小句之间的紧密性是最强的，这时一般使用高可及性标志——零形式照应；当一个语段内描述多个话题或话题发生改变时，小句之间的紧密性就被削弱了，这时照应手段的选择要视被削弱的程度而定，即较弱时要使用中可及性标志——代词照应，最弱时则选用低可及性标志——名词照应。因此，汉语对照应形式的选择原则是，在保证意义表达明确的前提下，能用零形式照应的一般不用代词，能用代词照应的不用名词，即零形式＞代词＞名词。如果违背了这一规律，就会出现偏误。

3.1.1.1 零形式照应误为人称代词照应

（6）*a 我刚来南宁的时候，b 我觉得很害怕，c 我不知道在中国新的生活是怎么样？

在例（6）中，三个小句是一个话题链，叙述了"我"刚留学时的心情。汉语在同一话题链内部，后面的小句主语趋向于用零形式，据此，b、c 两小句主语位置上的"我"应该删掉。

（7）*a 李老师是我的写作老师。b 上课时他提前五分钟到教室，c 下课时他问我们学习情况，d 然后他才出教室。e 他认为越南学生上课认真，f 他也认为越南学生对老师好。

例（7）中 b—d 三个小句记叙了"李老师"的一系列动作。在汉语中，描述主语动作行为的先后顺序时，承前省略主语，也就是说，当按照动作发生的先后对处在主语上的人物进行记叙时，后面小句的主语也趋向于用零形式。因此，应把 c、d 小句中的"他"去掉。此例中 e、f 小句叙述"李老师"对"越南学生"的一些看法，在同一个话题链内，因此，f 小句中的"他"应删除。

3.1.1.2　人称代词照应误为名词照应

（8）*a 小帆十一二岁，b 看来十分可爱。c 黑黑的大眼睛，d 白白的皮肤。e 小帆很喜欢穿裙子。

汉语中，话题链与话题链之间趋于用代词接应。例（8）a—d 的话题为"小帆的年龄、外貌"，e 句开始新的话题"小帆的喜好"，这之中话题发生了改变，因此，e 小句中的"小帆"换成"她"衔接更为紧密，而用"小帆"会让人觉得此处有新人物出现，这不符合上下文意。

（9）a 阿二爬上来把苹果摘下，b 阿二陆陆续续把摘下来的苹果扔在地上。c 阿二下到地上时，d 看到满地都是苹果核。e 阿二说："怎么没有一个苹果呢？"

同理，b 的"阿二"可去掉，c、e 的"阿二"应该换成"他"。

3.1.1.3　零形式照应误为名词照应

（10）*a 她那天也订了咖啡，b 到杯上的蒸汽都消失了，c 她一口也没喝咖啡。

在同一个话题链内，c 句的"咖啡"可以用零形式。

（11）*a 老李住在农村，b 他很想进城看他的儿子，c 天快黑了汽车站没有车了。d 他看到路边有辆车经过，e 老李就对着车挥手。

同理，例（11）也应将 e 小句中的"老李"改为零形式。

3.1.1.4　名词照应误为零形式照应

（12）*a 我的卧室对面是爸爸、妈妈的卧室。b 这间卧室很大，c 里面有双人床。d（　　）上面有闹钟、有两个枕头、有很大的一床被子。e（　　）东边有很大的衣箱。f 衣箱的旁边有电视。

在例（12）中，语段描述的话题如下：

我的卧室—爸妈的卧室—爸妈卧室的床—床上面—床东边—衣箱的旁边

　　　　　　a　　　　b　　　　c　　　　d　　　e　　　f

我们可以看到，小句 b、d 叙述的是两个话题，即话题发生改变，因此，d 小句的括号内应该添加"床"这个名词来指称。同理，小句 c 到小句 e 描述的话题经过两次改变后，它们之间的紧密程度被严重削弱，此时也要用名词指称，所以在括号内加上"床"。

（13）*a 我的故乡是位于泰国东部的一个名叫尖竹汶府的地方。b 尖竹汶府不是大的府，c 但是 （ ） 很丰富，d 有山、河、森林，e 也有很多地方玩。f 例如：海边、古迹、瀑布等。

例（13）中小句的话题也发生了转变，由"a 我的故乡"到"b 尖竹汶府"再到"c 资源"。这时，为了保证语义的明确，不宜采用零形式，根据上下文的语义，在括号中加上"资源"为好。

3.1.2　原词复现偏误

原词复现指的是通过反复重现具有同一形式、同样语义的单词或短语来衔接语篇的手段。在汉语中，原词复现是语篇词汇衔接最直接的方式，然而重复过度则会导致语篇语言贫乏、累赘，必然会影响语篇的连贯性。

（14）*a 今天是母亲节。b 我很高兴清迈皇家大学放假。c 我一大早起床，d 因为我的爸爸和妈妈从曼谷来，e 所以我们去飞机场接爸爸和妈妈，f 我很高兴跟爸爸和妈妈见面。

例（14）d、e、f 的名词短语"爸爸和妈妈"的重复使用给人以累赘之感，所以 e、f 中的"爸爸和妈妈"改为"他们"较好。

（15）*a 我们的学校很大，b 教室、食堂、图书馆、宿舍、银行等等……c 真是应有尽有。d 我们的学校一共九个坡，e 我们住在七坡一栋。f 我们的宿舍后面还有市场，g 要买什么就很方便。h 我们的学校种许多树，i 去哪里都看见树和花。j 我们的学校还有一个湖——叫相思湖，k 真有意思。

上例中有 4 次都使用了同样的短语形式——"我们的学校"，这样的文章读起来让人感觉单调、乏味。其实完全可以用其他词语来替换后面的3 个"我们的学校"：

a 我们的学校很大，b 里面有教室、食堂、图书馆、宿舍、银行等等，c 真是应有尽有。d 学校里一共九个坡，e 我们住在七坡一栋。f 我们的宿舍后面还有市场，g 要买什么都很方便。h 校园里种了许多树和花，i 随处可见。j 这儿还有一个湖，叫相思湖，k 它的名字真有意思。

3.2 连贯偏误

一个连贯的语篇，各个句子应该围绕着同一主题有序地展开，在语篇的深层形成一个合理交织的语义网络。影响外国学生汉语语篇连贯的主要有标记语、句子安排、语义关联三个方面的因素，下面介绍其中几种常见的偏误：

3.2.1 句子顺序不恰当

（16）*a 她有小小的嘴巴，b 高高的鼻子，c 一张圆圆的脸，d 短短的头发，e 黑黑的眉毛下面两只有神的眼睛。f 非常美丽。g 这就是我们的新汉语老师。

从句子的排列顺序来看，a 到 d 不太合理，因为描写肖像通常遵循从整体到局部、从上到下的顺序。比较合理的描写顺序应该是：

d 她有短短的头发，c 一张圆圆的脸，e 黑黑的眉毛下面两只有神的眼睛，b 高高的鼻子，a 小小的嘴巴，非常美丽。这就是我们的新汉语老师。

（17）*a 陈老师对我们像亲人一样好得很。b 下课时，c 同学们都喜欢和老师一起说笑，d 都围在她身边，e 因为她很可爱，f 老师很热情。

该句的排列顺序也有问题。一个是因果关系的颠倒，a、e、f 作为原因应放在前面，b 和 c、d 作为结果应该放在后面；另一个是 c 和 d 事情发展顺序的颠倒，一般先有 d，后有 c。所以正确的顺序应该是：

e 陈老师很可爱，f 也很热情，a 她对我们像亲人一样，好得很。b 下课时，d 同学们都喜欢围在老师身边，c 和她一起说笑。

（18）*a 我在商店里看到了许多自己喜欢的食物，b 因此我买了许多的东西。c 今天我真的很开心，d 因为那么多食物，e 以后几天就不用担心没有零食吃了。f 大约过了一个小时后，g 我高高兴兴的提了两袋满满的东西回家了。

例（18）中的 c、d、e 都是明显的段落总结句，应该放在段落的末尾。可以修改为：

a 我在商店里看到了许多自己喜欢的食物，b 因此我买了许多的东西。f 大约过了一个小时后，g 我高高兴兴的提着满满的两袋东西回家了。c 今天我真的很开心，d 因为那么多食物，e 以后几天就不用担心没有零食吃了。

（19）*a 南宁有这么多漂亮的风景，b 但是我们像白来一样，c 如果我们一直在宿舍睡觉不敢出去和中国人说汉语，d 所以我们要出去玩。

例（19）中 b 和 c 是假设关系，但是逻辑颠倒了，应该把 c 提到 b 之前，改为：

a 南宁有这么多漂亮的风景，c 但如果我们一直在宿舍睡觉，不敢出去和中国人说汉语，b 我们就会像白来一样。

3.2.2　句子语义无关联

3.2.2.1　小句的语义与前后语义无关联

小句的语义与前后语义无关联的情况，是指该小句并没有完全与语篇脱离，但是它与前后的小句并没有围绕同一内容来展开，显得有些突兀。

（20）*a 在泰国的南部是热带区，所以一年有八个月都是雨季。b 由于勿洞位于山区地带，c 其地理位置犹如被山丘包围着，d 只要登上山丘，e 我们就可以看到一片片美丽的云海。

这是一篇学生介绍家乡勿洞府的作文，其中有介绍天气的段落，有介绍特产的段落，我们选的这一段是介绍勿洞的地理位置的，所以小句 a 作为介绍天气的起始句与后面的 b 到 e 在语义上并无太大关联，应该删去。

（21）a 我真喜欢这位新老师，b 她让我们在欢乐中学习汉语。c 学习汉语还能跟外国人交流呢！

这是题为《我的老师》的作文的最后一段，c 与 a、b 以及整个语篇的中心都没有太大的联系，在此显得非常突兀，因此应该删掉。

3.2.2.2　小句的语义与整个语篇无关联

在我们所分析的语料中，发现有些句子是根据前一句话中的某个词语展开的，在语义上却游离在语篇之外，与语篇的中心主题并没有任何关联。

（22）*……a 然后我们就骑小龟车回学校了。b 小龟车是我们两个人一起挑选买的，c 很可爱，d 我们都很喜欢。e 今天真是美好的一天。

例（22）选自一篇名为《在饭馆点菜》的作文，主要讲的是在一个饭馆吃饭的经历。而在结尾的部分，学生由 a 骑回学校的"小龟车"引起了 b、c、d 对"小龟车"的介绍，但是这与语篇中心并无任何联系。

（23）*a 我要带爸爸妈妈去旅游全国全世界，b 我想看天气。c 我心里想现在泰国的天气已经进入冬天了在国外怎么样呢？d 中国南北温差比较大，e 北方经常下雪，f 南方不太下，g 北方的冬天有零下二十多度……

例（23）的篇名为《假如我是百万富翁》，但是我们选取的这一段话中的 d、e、f、g 却是介绍中国天气，这与篇名的关联也不大。

（24）*a 在留学的日子里，b 不仅仅是学会了更多的中文知识，c 我也学会了更多让亲人、朋友快乐的诀窍。d 我的爸爸妈妈非常喜欢开玩笑，e 我的朋友也是。

例（24）学生介绍的是"我在中国的留学生活"，前三个小句作为结语，总结了在中国留学的收获，后面小句 d、e 的出现比较突兀，在语义上与 a、b、c 及整个语篇都没有任何关联。

4 造成外国学生汉语语篇偏误的教师因素

造成外国学生汉语语篇偏误的因素很多，包括汉语语篇衔接、连贯知识的学习难度大，学生母语的干扰，学习者自身的因素，教学大纲、教材的语篇意识不强等，我们这里重点谈谈教师因素。

从整体上来看，对外汉语教师语篇教学的意识普遍比较淡薄，尤其是担任写作课教学的教师。虽然说培养学生正确使用语篇的能力应该是全体教师共同的责任，但是写作课教师的责任要更大一些，因为学生是否具有语篇意识最终还是在学生的写作中体现出来，因此写作课对语篇的教学尤为重要。据我们了解，目前写作课在语篇教学方面主要存在以下几个问题：

4.1 教师对写作教学任务的认识有偏差

对外汉语教学中的写作教学与对中国小学生的作文教学有着很大的差别。由于小学生的思维还不成熟，所以对小学生的作文教学除了要注意语言的使用外，还要将重点放在启发学生的思维，培养学生对作文的兴趣，积累作文素材，反映内心真实感受等方面。而对外国学生的汉语写作课来说，学生一般都是成年人，他们已经具有了成熟的思维，内心情感也较为丰富，所以教师的教学重点应该是教他们如何把自己的所思、所想、所感用汉语正确地表达出来，这其中除了一般的遣词造句，更重要的是布局谋篇，是衔接连贯。但是写作课教师很容易受到其他课型的影响，在写作课中仍然把教学重点放在汉字、词汇、语法、标点等的教学上，到了高级阶段也很难摆脱，导致学生写出的作文虽然没有太多的文字、词汇、语法错误，但是语篇方面却存在大量问题。

4.2　教师在作文批改和讲评中对语篇的重视不够

如何评判一篇作文的好坏，是需要一定的标准的。我们来看《对外汉语教学中高级阶段课程规范》中的中级《汉语写作课课程规范》，其中提出了一篇作文应达到的 5 个标准：

（1）语法正确，全篇语法错误不超过 5%。

（2）能正确使用虚词、句式、常用词组、成语、用词确切、错误率不超过 2%。

（3）正确、熟练地书写汉字，错字率不超过 2%。

（4）正确使用标点，熟练掌握书写格式。

（5）思路清晰，结构完整，条理清楚，表达明确，语言表达有变化。

这个标准是由北京语言大学汉语学院汉语系写作阅读教研室集体讨论后确定下来的，可以说代表了写作课教师对作文评判的看法。事实上，我们的不少教师在批改学生作文中，也的确是按照这些标准来操作的，注意力主要集中在以下几个方面：首先是汉字的书写，主要看学生是否有错别字或者书写是否美观；其次是语法的使用是否正确，这主要局限于单句的内部；第三是标点符号的使用；第四是写作的要素是否全面。对学生作文的讲评也主要是围绕以上几点来展开，除此以外，很少考虑句子与句子之间的衔接是否自然，顺序是否合理，语义之间是否有关联等。

还有不少教师在批改作文时，习惯于"看一句，改一句"，这往往会带来以下的问题：改了前面的句子，后面的句子又连接不上；只是按照语法规则把单个的句子改对了，但这个句子在整个语段中并非正确。这仍然反映了一个语篇意识淡薄的问题。

为了避免这些问题，教师批改作文不应该以句子为单位，而应该在通读全文的基础上，以语段为单位，联系上下文乃至全篇来考虑。

4.3　教师对学生作文中的语篇偏误容忍度过大

因为经常接触和批阅外国学生的作文，对外汉语教师比其他专业的教师多了一种能力，就是猜测学生的"奇怪表达"。正如张德禄先生（2000）所说，"语篇连贯不是有无的问题，而是程度上的区分。"一般来说，学生书面语中缺乏连贯性并不会对教师理解学生所要表达的意思造成特别大的困难，所以教师很容易出现对学生连贯偏误容忍度过大的问题。特别是在命题作文中，学生基本上都是按照教师在课堂上所讲的思路来写作，因此教师也很容易明白学生所要表达的意思。换句话说，只要学生的作文能基本达意，即使语言表述非常啰嗦，句与句衔接十分松散，教师都不会深究。除此之外，还有两个重要原因，一个是语篇偏误有可能涉及几个句子或段落，因此标记的时候不太方便，这也会导致教师对学生语篇偏误视而不见，采取容忍的态度；另一个是教师为了避免打击学生的自信心而容忍学生语篇中的偏误。

除了上述主观原因外，还有一个客观原因，那就是写作课教学时间过短。

写作教学不仅要考虑学生对汉语字词句的掌握，还要考虑学生对汉语语篇衔接、连贯手段的掌握，因此，教学内容比较多，但课时安排却普遍偏少。据我们对广西民族大学国际教育学院 2015—2016 学年和 2016—2017 学年所开课程的调查，写作课每周一次，每次 3 个课时，每个课时 40 分钟，所以写作课每周只有 120 分钟的教学时间。而每个学期正式上课的时间为 16 周，这样一来每个学期的写作课教学时间只有 32 个小时，在这有限的时间内，教师要进行语篇教学，培养学生的语篇意识是相当困难的。

以上我们主要从教师方面探讨了造成外国学生汉语语篇偏误的原因，但我们绝无责怪教师的意思，因为这不是教师单方面因素造成的。我们的用意是希望借此引起广大教师对语篇问题的重视，增强篇章教学的意识，在此基础上，一方面可以展开对语篇教学的研究，包括语篇课堂教学研究，对外汉语教学大纲、教材的语篇研究等，积极、主动地寻求解决问题的办法，另一方面也可以进行外国学生汉语语篇偏误的研究，目前这方面的研究空间还是比较大的。我们希望通过广大一线教师和其他方面的共同努力，尽快突破"语篇"这一阻碍外国学生汉语水平进一步提高的瓶颈，切实提高对外汉语教学的质量，使汉语国际教育的道路越走越宽广。

注　释

其实不光外国学生，由于忽视语篇教学，中国学生无论是本科生还是研究生，问题也非常突出。例如：

"《汉语教程》是一套为汉语初学者编写的对外汉语系列教材，该教材在国内外的学校非常通用，得到很多学校的认可，该教材是由杨寄洲先生主编，1999 年由北京语言大学出版社首次出版，以后又经过几十次的印制，得到来自国内外好多大学和高校的普遍好评。自 1999 年第一次印制以来，《汉语教程》又被多次印刷，并被翻译成泰语、西班牙语、英语等多种文字，世界上好多个国家选用《汉语教程》作为他们学习汉语的教科书。"

这是某校汉语国际教育硕士专业某位学生毕业论文中的一段话，单个句子也没有什么大的问题，但上下联系起来看，就会发现在句子的衔接、顺序、层次等方面问题太多，令人难以卒读。

参考文献

［1］陈田顺主编. 对外汉语教学中高级阶段课程规范·汉语写作课课程规范［M］. 北京：北京语言文化大学出版社，1999.

［2］胡壮麟. 篇章的衔接与连贯［M］. 上海：上海外语教育出版社，1993.

［3］廖秋忠. 廖秋忠文集［M］. 北京：北京语言学院出版社，1992.

［4］鲁健骥. 中介语研究中的几个问题［J］. 语言文字应用，1993（1）.

［5］鲁健骥. 外国人学汉语的语法偏误分析［J］. 语言教学与研究，1994（1）.

［6］肖奚强. 外国学生照应偏误分析［J］. 世界汉语教学，2001（1）.

［7］徐赳赳. 现代汉语篇章语言学［M］. 北京：商务印书馆，2010.

［8］张德禄. 论语篇连贯［J］. 外语教学与研究，2000（2）.

［9］郑贵友. 汉语篇章语言学［M］. 上海：外文出版社，2002.

广西三所高校汉语国际教育专业（本科）
课程设置对比分析

刘春梅

提要　课程设置是实现人才培养目标的途径和手段，因此课程改革是教学改革的关键环节。从课程类型、学时学分、专业板块和进程安排等几个方面对广西三所高校的汉语国际教育专业课程体系进行对比，发现三所学校在课程类型和专业课程板块设置上大致相同，但在学时学分比例分配上，特色课程以及实践课程、实习时间设置上差异较大。建议三所学校调整目标定位，调整课程结构，增加一些具有专业特色和区域特色的应用型课程，以突出学科应用型特点。

关键词　广西高校　汉语国际教育　课程设置　对比

1　前言

广西由于特殊的区位优势，历来都是国家向东南亚地区推广汉语及中华文化的前沿阵地。远至西汉时期南海九郡的汉文化推广，近到 20 世纪 50 年代初的南宁越南育才学校和桂林中国语文专修学校对越南干部的汉语教学，无不体现了广西在汉语文化海外推广事业中的特殊地位。1998 年，广西民族大学设置对外汉语专业。这是广西开设最早的对外汉语专业，也是国家对该专业在西南地区的最早控制布点。2012 年，教育部将原"对外汉语""中国语言文学"和"中国学"三个专业合并为"汉语国际教育"。截至 2016 年底，广西已有 19 所高校开设了汉语国际教育专业，每年培养数以千计的专业人才。学科发展似乎欣欣向荣，然而烦恼也接踵而至：实习难、就业难、无特色、四不像，专业热度迅速降温，直至停招。这不能不引起重视。其实广西高校遇到的学科发展问题，也是其他地区高校遇到的问题。因此，汉语国际教育专业必须进行改革，不然无以生存，更谈不上发展。

课程设置是实现人才培养目标的途径和手段，因此课程改革是教学改革的关键。罗小东认为，对外汉语课程设置取决于对专业的科学定位和对主要研究问题的认识。许琳认为，"对外汉语"更名为"汉语国际教育"，意味着汉语国际推广的重心从"请进来"到"走出去"、学科外延扩大两大变化。学科外延扩大必然要求内涵也跟着扩充。吴应辉也认为汉语国际教学应包括传统的对外汉语教学和汉语国际传播两大部分。也就是说，汉语国际教育涉及的范围更加宽广，仍然照搬原来"对外汉语"专业的课程是不合适的。那么，如何构建合理的新型的汉语国际教育专业课程体系？李向农、贾益民认为，汉语国际教育专业的课程体系大致包括三方面内容：语言及语言学知识、中外文化知识和语言教学法。但这样的课程体系与原来对外汉语的没有什么区别。汤洪认为，汉语国际教育专业的课程设置应以"中国语言文学类""中国文化类""外语技能类"和"国际汉语教学与汉语国际传播类"四个系统进行构拟。潘玉华等提出"三化一特"的课程体系：课程设置模块化、能力培养核心化、实践教学主导化和以国别化、区域化为特色。林秀琴则认为，汉语国际教育专业应该进一步细分为"师范教育"和"文化传播"方向，然后根据方向进行针对性的课程配置。以上学者虽都认识到，汉语国际教育专业课程不仅包括对外汉语教学类的，还要包括汉语国际传播类的，但具体可以开设哪些课程，都没有明确意见。

对广西高校而言，如何构建合理的汉语国际教育专业课程体系，如何走出学科发展的困境，为中国—东盟自由贸易区的建设和国家"一带一路"发展倡议的实施提供人才支撑，是一个迫切需要解决的问题。本文选取广西三所开设汉语国际教育（对外汉语）专业较早的院校（为避免不必要的麻烦，三所高校分别以 A 校、B 校和 C 校代称），对三所学校的课程体系进行对比分析，为了解广西汉语国际教育专业发展状况提供参考，也为其他开设此专业的院校提供借鉴。

2 三所学校课程类型对比

在课程类型的具体命名上，A、B、C 三校各有不同，但据课程的性质大致都可以整合为四种类型：公共必修课、公共选修课、专业必修课、专业选修课。以下是三校四种课程类型学时学分的对比。

表 1　课程类型和学时学分对比

	公共必修课	公共选修课	专业必修课	专业选修课	合计	实习
A 校：学时/学分	748/53.5	128/7.5	984/66	540/25	2400/152	8 周/8
B 校：学时/学分	738/42.5	180/10	1269/70.5	504/28	2691/151	31 周/31
C 校：学时/学分	808/45	90/6	640/40	784/49	2322/140	2 周/2

从表 1 中可以看出，三校在总学时上要求不一，总量比较是：B 校>A 校>C 校。最多的 B 校与最少的 C 校在总学时上相差 369 学时。三校在总学分要求上也不一致。A、B 两校在总学分上相差不多，但都与 C 校相差 11 学分及以上。

在学时分配上三校差异也较大：A 校，专业必修课>公共必修课>专业选修课>公共选修课；B 校，专业必修课>公共必修课>专业选修课>公共选修课；C 校，公共必修课>专业选修课>专业必修课>公共选修课。各校在课程类型学分上，也反映了这样的比例。可以看出，A、B 两校都重视必修课的设置，尤其是专业必修课的设置。两校的必修课学时学分都大大超过选修课。C 校则重视公共必修课的设置，其次是专业选修课，第三才是专业必修课。三校的公共选修课学时比重都最少。

从横向比较来看，三校除了公共必修课外，其余三个课程类型学时的安排差异都较大：公共必修课，C 校>A 校>B 校；公共选修课，B 校>A 校>C 校；专业必修课，B 校>A 校>C 校；专业选修课，C 校>A 校>B 校。在实习要求上，三校的差异也很大。

3　三所学校课程模块对比

3.1　公共课

一般而言，教育部门对本科各专业公共课的设置是有要求的，所以各高校的公共课程大体相同。A、B、C 三校的公共必修课模块都设置了"思想道德修养与法律基础""毛泽东思想与中国特色社会主义理论体系概论"

"马克思主义基本原理""中国近现代史纲要""形势与政策""大学英语""体育""计算机""军事理论""职业规划与就业指导""安全教育"。此外，A、C 两校还开设了"教育学""心理学"和"心理健康教育"作为公共必修课，A 校则要求学生必修"民族理论与政策"。

在公共选修课模块，A 校除了"应用写作"和"普通话"外，其余课程均为艺术鉴赏类和人文社科类课程。B 校的则全部为艺术类和人文社科类课程。C 校除了艺术类和人文社科类外，还开设了教育类和体育类的选修课。

3.2 专业课

汉语国际教育是一门综合性的学科，涉及语言学、文化学、教育学等学科知识，因此课程体系里必须包括这些学科的内容。汉语国际教育专业的核心课程有：现代汉语、古代汉语、语言学概论、应用语言学、对外汉语教学概论、中国古代文学、中国现代文学、中国文化通论、写作、外国语。三所学校的课程体系都涵盖了以上课程，但在具体进程安排和学时学分安排上各不相同。根据前文提及的学者的观点，本文暂且把三所学校的专业课程大致分为汉语、外语、文学文化和教学技能四个板块进行对比。三所学校的汉语国际教育专业学制均为四年制，时间上大致可以分为三个学段。以下是这些核心课程以及相关课程在三个学段的设置情况。

表 2　第一学段（1—4 学期）专业课程板块对比

学校	课程模块	必修（门/学时）	选修（门）	课程模块	必修（门/学时）	选修（门）
A 校	汉语	10/400	4	外语	3/160	
	文学文化	6/248	12	教学技能	4/176	2
合计					*23/984*	*18*
B 校	汉语	6/342	5	外语		1
	文学文化	7/387	3	教学技能	3/144	3
合计					*16/873*	*12*
C 校	汉语	6/309	2	外语		2
	文学文化	2/60	8	教学技能	2/94	
合计					*10/463*	*12*

表3　第二学段（5—6学期）专业课程板块对比

学校	课程模块	必修（门/学时）	选修（门）	课程模块	必修（门/学时）	选修（门）
A校	汉语		6	外语		10
	文学文化		16	教学技能		7
_合计_						_39_
B校	汉语		2	外语		1
	文学文化	4/198	5	教学技能	3/126	2
_合计_					_7/324_	_10_
C校	汉语			外语		2
	文学文化		3	教学技能	4/186	6
_合计_					_4/186_	_11_

表4　第三学段（7—8学期）专业课程板块对比

学校	课程模块	必修（门/学时）	选修（门）	课程模块	必修（门/学时）	选修（门）
A校	汉语		7	外语	–	1
	文学文化		4	教学技能		5
_合计_						_17_
B校	汉语			外语	–	1
	文学文化			教学技能		–
_合计_						
C校	汉语			外语	–	–
	文学文化		4	教学技能	–	4
_合计_						_8_

　　综合表2、表3、表4来看，在进程安排上，三所学校都把大部分的专业课程放在第一学段。汉语类必修课都在第一学段完成。A校所有的专业必修课都安排在第一学段。B、C两校在第二学段还有少量的非语言类专业必修课。第三学段三校都没有专业必修课，只有少数的选修课。总的来说，三校安排在第二、第三学段的课程都相对较少，尤其是第四学段。B校在第四学段只有1门选修课。在课程板块比例分配上：A校，汉语>文学

文化>教学技能>外语；B 校，文学文化>汉语>教学技能>外语；C 校，汉语>教学技能>文学文化>外语。如果综合四年专业课程板块来看，那么结果如下：

表 5　专业课程板块对比

课程模块	学校	必修 （门/学时）	选修 （门）	课程模块	学校	必修 （门/学时）	选修 （门）
汉语	A	10/400	17	外语	A	3/160	11
	B	6/342	7		B	1/72	3
	C	6/309	6		C		4
文学文化	A	6/248	32	教学技能	A	4/176	14
	B	11/585	8		B	6/270	5
	C	2/60	11		C	6/271	10
合计					A	*23/984*	*74*
					B	*24/1269*	*23*
					C	*14/640*	*31*

从表 5 可以看出，在专业必修课设置上，A、B 两校都设置了 23 门及以上，但 B 校的学时比 A 校多 285 学时。C 校设置了 14 门，学时量也比 A、B 两校少得多，约为 B 校学时量的一半左右。A 校的专业选修课开设最多，达 74 门，B、C 两校开设门数只有 23 门和 31 门。

在具体的课程板块对比上，"汉语"课程板块中，A 校无论是必修课还是选修课，开课门数和学时量都远比 B、C 两校高，说明 A 校重视学生汉语基础的构建。"外语"板块中，A 校设置了 3 门必修课，选修课门数也远比 B、C 两校高，说明 A 校重视学生外语知识能力的获取。C 校没有设置必修课。在"文学文化"板块，B 校的必修课门数和学时量都远比 A、C 两校高，说明 B 校重视学生文学文化素养的培养。在"教学技能"板块，B、C 两校都开设了 6 门，但 C 校的学时量稍多。A 校只有 4 门，学时量也最少。

三所学校在培养模式上都采用了中外合作培养的方式，A 校是"3+1"培养模式（国内 3 年+国外 1 年），B、C 两校都是"3.5+0.5"培养模式。三校的学生都有到国外学习或见、实习的机会，时间都安排在第三学年，第四学年主要为见习实践与毕业论文写作阶段。

4 对比结果分析

通过以上对 A、B、C 三所学校课程结构及进程的描写和比较，可以看出，三所学校在专业核心课程设置上基本遵循了教育部的指导意见，但在课程板块配比上差异较大。主要表现为以下几点：

4.1 结构比例差异大

首先是三所学校的公共必修、公共选修、专业必修、专业选修所占比重不一。A、B 两校的专业必修课占总课内学时比重分别为 41% 和 46.7%，而 C 校的专业必修课的比重仅为 27.5%。如果一个专业的专业必修课的学时量不足总学时量的三分之一，就很难保证学生对专业知识和技能的学习效果。其次是专业课程板块的比例差异大。三所学校的专业课程中虽然都涵盖了四个板块的内容，但各板块的学时学分分配存在较大差异。从专业必修课来看，汉语类、中国文学文化类、外语类、教学技能类的比例，A 校是 4：2.5：1.6：1.8，B 校是 2.7：4.6：0.6：2.1，C 校是 4.8：0.9：0：4.2。从数据来看，A 校的汉语类课程过于偏重，而教学技能类课程不到两成。B 校的文学文化类课程几乎占到一半，比例过重，而外语类课程比例为 0。C 校的总学时量和专业必修课的学时量都偏少。再次是进程安排差异大。A 校把所有的专业课程都安排在一、二学年完成，三、四学年只有选修课，这样会造成学生在头两年学习压力过大，后两年学习动力不足的问题。B 校第四学年只有 1 门外语课，学生的专业学习也很难得到保证。

4.2 特色课程数量不一

特色课程包括两个方面：一是汉语推广对象的特色，二是学校自身的区域特色。广西地理上毗邻东南亚，汉语国际推广的对象主要是东南亚国家，课程设置应体现这种针对性。A 校开设的 23 门专业必修课中有 3 门东南亚语言文化课，74 门选修课中有 11 门针对东南亚国家语言文化的课程。B 校没有针对东南亚国家的专业必修课，只有 3 门选修课，其中 2 门语言课，1 门文化课。C 校开设了 4 门东南亚国家语言课，1 门文化课。总的来说，A 校的特色课程数量较多，B、C 两校的都较少。三所高校都尚未开设有地方特色的课程。

4.3　实践课程数量及实习时间不同

A 校的实践性专业课程有："微格教学与案例分析""写作学""××国文化艺术体验""中华才艺""广告文案写作""办公软件高级操作""普通话口语"，总共 7 门 256 学时，占总学时的 10.67%。B 校的实践性专业课程有："汉语基础写作""书法艺术""现代社交礼仪""现代教育技术""中华才艺"，共 5 门 198 学时，占总学时的 7.36%。C 校的实践性专业课程有："汉语应用文写作""板书与书法艺术""教师口语""对外汉语微格教学""对外汉语现代教育技术""国际交流与礼仪""中华才艺鉴赏"，共 7 门 202 学时，占总学时的 8.70%。可以看出，三所学校的实践性课程主要都是为了培养汉语教学技能而开的。其次是实习时间差异大。A 校的实习时间是 8 周，获 8 学分，占总学分的 5.26%。B 校的实习时间是 31 周，获 31 学分，占总学分的 20.53%。C 校的实习时间是 2 周，获 2 学分，占总学分的 1.43%。

5　课程改革建议

5.1　调整课程结构

首先要处理好公共课和专业课、必修课和选修课的关系。专业必修课应该在课程体系中占主导地位。比照 A、B 两校的做法，C 校的专业必修课比例应当提高到 45% 左右，才能有效地保证学生必要的专业素养的养成。其次是调整课程板块的比例。汉语国际教育专业培养的是"具有扎实的汉语基础，较高的中国文学文化素养，较强的跨文化交际能力的应用型人才"。换句话说，汉语国际教育培养的是将来从事汉语国际推广的人才，基础是汉语言的知识，核心的竞争力应该是汉语的教学传播能力，所以要重语言课程，重应用性课程。建议各板块的比例是：汉语类 3：教学技能类 3：中国文学文化类 2：外语外文化类 2。如果过于重视文学类或外语类课程，都可能削减汉语类课程和应用类课程的学习，到头来就无法形成自己的专业优势，就会导致汉语比不上汉语系的、外语比不上外语系的尴尬。

5.2　增加区域性特色课程

广西作为汉语文化向外传播的桥头堡，广西高校的汉语国际教育专业课程除了应该具有国际性，还要有区域性。建议 B、C 两校增加开设特色课程的数量。除了开设东南亚国家语言文化课程，更要开设一些有针对性的国别化的汉语教学、汉文化交流的课程，如针对××国的汉语教学、汉文化传播等课程。同时，建议三校都开设一些如"广西概况""广西民族与文化"等地方性课程。一方面，广西的少数民族与东南亚国家民族在民族文化上有相同相似的地方，如京族与越南的岱侬族，壮族与泰国的泰族、老挝的老族等，完全可以利用这种天然的认同感来推动汉语文化在东南亚的传播，但前提是我们对自身民族文化有足够的了解。另一方面，也可以借此机会传承和保护广西的民族文化，并借汉语国际推广之机向海外传播，以扩大广西在东南亚乃至在世界上的影响。

5.3　增加应用型课程，增加实践机会

汉语国际教育专业的培养目标是："培养……能在国内外各类学校从事汉语教学，在各职能部门、外贸机构、新闻出版单位及企事业单位从事与语言文化传播交流相关工作的中国语言文学学科应用型人才。"可见，培养汉语师资只是目标的一部分，不应当作唯一。实际上，学生毕业后能从事对外汉语教学工作的并不多。一方面是由于目前体制的原因，汉语国际教育专业本科毕业生在国内很难进高校从事对外汉语教学工作；另一方面是由于种种原因，真正有条件出国当汉语教师的机会也不多。而随着中国经济的发展，中外经贸文化交流越来越多。与此同时，商贸、传媒、法律、管理等领域需要的汉语人才会越来越多。因此，建议适当增加相关领域的课程，扩大人才培养的途径，以扩大毕业生的就业领域。总之，要培养应用型人才，除了课程突显应用性外，就业前的实习实践也很重要。实习实践是检验专业技能掌握程度的标准，因此建议 A、C 两校延长实习时间，实习时间不少于一学期。

6　结语

综上所述，三所学校在课程类型和专业课程板块设置上大致相同，但在学时学分比例分配上，特色课程以及实践课程、实习时间设置上差异较大。因此，建议三所学校本着厚语言、重应用的原则，适当调整课程结构比例，增加国际性和地方性的特色课程，同时增加应用型课程和实习时间，拓宽人才培养的途径，形成自己的学科专业优势。唯有如此，才能适应社会发展的需要，培养出社会所需要的应用型人才，推动汉语国际推广事业向前发展。

参考文献

［1］张西平. 世界汉语教育史［M］. 北京：商务印书馆，2009：97.

［2］中华人民共和国教育部高等教育司. 普通高等学校本科专业目录和专业介绍［S］. 北京：高等教育出版社，2012：87—88.

［3］王丽，朱宏. 汉语国际教育专业本科课程设置探析［J］. 华北科技学院学报，2013（3）：106—109.

［4］林秀琴. 汉语国际教育本科专业的发展困境与对策［J］. 中国高等教育，2014（11）：52—54.

［5］潘玉华. 汉语国际教育本科专业课程设置初探［J］. 四川师范大学学报（社会科学版），2016（2）：32—36.

［6］罗小东. 对外汉语专业的学科定位和课程设置［J］. 国际汉语教学动态与研究，2005（3）：50—54.

［7］许琳. 汉语国际推广的形势和任务［J］. 世界汉语教学，2007（2）：106—110.

［8］吴应辉. 国际汉语教学学科建设及汉语国际传播研究探讨［J］. 语言文字应用，2010（3）：35—42.

［9］李向农，贾益民. 对外汉语与汉语国际教育：专业与学科之辨［J］. 湖北大学学报（哲学社会科学版），2011（4）：21—25.

［10］汤洪. 汉语国际教育本科专业课程设置初探［J］. 四川师范大学学报（社会科学版），2016（2）：88—94.

（本文原载于《高教论坛》2017 年第 5 期）

关于汉语国际教育专业广西地方文化课程开发的一些思考①

刘春梅

提要 中华文化包括地方少数民族文化。开发适合汉语国际教育专业教学的地方文化课程，不仅有利于该学科的建设，也有利于中华文化的推广。在开发的领域上，要本着学以致用、服务社会的原则；在开发进程上，要本着循序渐进、逐步扩展的原则。

关键词 地方文化　课程资源　开发

1　引言

汉语国际教育专业的培养目标是："培养……能在国内外各类学校从事汉语教学，在各职能部门、外贸机构、新闻出版单位及企事业单位从事与语言文化传播交流相关工作的中国语言文学学科应用型人才。"（2012）因此说，汉语国际教育不仅是向世界教授汉语的活动，更是向世界传播中国文化的活动。中华民族本是"多元一体"的格局。"一体"指中华民族这一实体，"多元"指中国境内的 56 个民族（费孝通，1991）。而"多元一体化"的教育，"不仅要担负起传递本国主体民族优秀传统文化的功能，同时也要担负起传递本国各少数民族优秀传统文化的功能"（滕星、苏红，1997）。然而，长期以来，对外汉语学界并未充分认识到少数民族文化在对外汉语教学体系中的独特价值，导致这方面的理论研究和教学实践都极为不足。以笔者曾调查过的广西 19 所高校为例，汉语国际教育专业课程体

---

① 本论文是广西教育科学"十二五"规划项目"广西民族文化在面向东盟的汉语国际教育中的开发和利用"（2015C355）和 2017 年度广西高等教育本科教学改革工程项目"汉语国际教育专业地方文化课程开发的理论和实践"（2017JGB206）的阶段性成果。

系中的"中国文化"课程基本选用的都是通用型的教材，如《中国概况》（王顺洪，2004）、《中国文化常识》（国家汉语国际推广领导小组办公室、中华人民共和国国务院侨务办公室，2007）、《中国文化读本》（中国教育部课程教材研究所、对外汉语课程教材研究开发中心，2007）和《中国文化面面观》（梅立崇、魏怀莺、杨俊萱，1996）等（刘春梅，2017）。这些著作着重于从整体上介绍中国的历史地理、社会制度、古今文明、传统风俗等，对少数民族文化只是在介绍中国民俗文化时简单提及，并未有专门的论述，优点是能使学习者在短时间内对中国社会有大体的了解，缺陷是对学习者的情感态度和文化意识缺乏必要的关注，造成教学内容与教学对象的文化背景产生错位（赵金铭，2004；韩秀梅，2006）。

2 广西地方文化课程开发的必要性和可行性

2.1 必要性

地方文化课程资源的开发是汉语国际教育学科发展的需要。中华文化课程是该专业课程体系中非常重要的部分。中华文化包括地方的民族文化，地方文化课程资源的开发利用是对相关课程的补充和完善，可以更充分地体现出中华文化的丰富性和多样性，不仅可以满足留学生对中国文化广泛了解的需求，也有利于消除西方国家对中国在少数民族政策方面的误解，有效提高国家的软实力。（李宏亮，2014）而且，在全球化时代，加强少数民族文化在国际上的传播，不仅可以体现世界文化的多样性和丰富性，也是中华文化和世界文化发展的需要，提升中国文化软实力的需要。（李倩岚、李资源，2015）

地方文化课程资源的开发是地区发展和国家发展的需要。2012年，广西发布了《广西建设民族文化强区实施纲要》，提出在2012—2020年，把广西壮族自治区努力建设成具有时代特征、壮乡风格、和谐兼容的民族文化强区，成为在全国有较大影响力的区域文化中心、中国与东盟文化交流枢纽、中国文化走向东盟的主力省区。如何让中国文化走向东盟，让广西文化走向世界？对外汉语教育无疑是最长远最有效的渠道。2017年1月，中共中央办公厅、国务院办公厅印发的《关于实施中华优秀传统文化传承发展的意见》提出，要推动高校开设中华优秀传统文化必修课，在哲学社会科学及相关学科专业和课程中增加中华优秀传统文化的内容，加强中华优秀传统文化相关学科建设。这说明，在高校中开设地方文化课程的设计也符合国家教育发展的规划。

2.2　可行性

广西由于其地理位置的特殊性，历来都是国家向周边国家和地区传播汉语文化的前沿阵地。从公元前南海九郡的汉文化传播，到中华人民共和国成立之初的广西南宁育才学校（1951年）和桂林中国语文专修班（1953年）对越南干部的汉语教学，再到1998年国家在广西控制布点设置对外汉语专业，无不体现了广西在中华文化海外推广中的桥头堡作用。（张西平，2009）广西与周边国家的亲密关系，除了地缘的原因，还有跨境民族在语言文化上的一脉相承的因素，如壮族与泰族、老族、岱侬族，京族与越族，等等，这些国外民族与广西少数民族在语言文化的相通相同，具有同根同源的意识。因此，在面向东盟的汉语国际教育中传播广西地方民族文化，不仅会让东盟国家的留学生倍感亲切，而且更容易培养其亲华爱华的感情。再之，相关领域如民俗学等专业对广西本土文化的研究已有相当成果，完全可以从中选取适合海外传播的内容进行开发利用，将其纳入专业课程体系当中。所以说，把广西本土民族文化纳入面向东盟的汉语国际教育中，不仅有理论的基础，也有现实的基础。

3　关于地方文化课程开发的建议

3.1　内容上

鉴于目前广西地方民族文化在汉语国际教育课程体系的缺失，课程资源开发应本着学以致用、服务社会的原则。有两条路线可以尝试：一是先参照现有课程纲要来开发相关的文化内容，即对现有课程进行拓展和补充，以丰富原有课程内涵，更好地达成培养目标，然后逐步扩展到现有课程以外的领域，最终形成适合汉语国际教育专业教学的课程体系。二是从社会实用出发，在一些在中外文化交流中迫切需要的领域进行课程资源开发，这样做的好处是有利于激发学生的学习兴趣，明确学习的目的，之后再逐步拓展补充，最后也要形成适合专业教学的课程体系。

3.2 进程上

要本着循序渐进、逐步扩展的原则进行。首先，可以利用相关教学内容在导入环节或课后拓展环节进行渗透，适当补充广西地方民族文化内容以丰富学生的相关知识。其次，在"中国文化"等相关课程教学中利用专门的课时介绍广西本地民族文化情况。这样不仅可以丰富课程的内容，而且可以增进学生对广西多民族地区的了解。再次，在条件成熟的情况下，可以设立专门的广西地方民族文化课程，系统地介绍广西人文社科各方面的情况，为树立广西在世界的形象，为广西民族文化走出去开辟一条新路径。最后，在专业人才培养方面，如果条件成熟，可以开设文化传播方向，专门培养传播中华文化的人才。

3.3 课程建设上

一是要做好相关教师的培训培养工作，使之同时具有文化学、传播学和教育学方面的知识。二是做好相关教材的编写工作，汉语国际教育专业的地方文化教材应具有传承地方文化精华，并适合海外传播的特点。三是要选择合适的教学模式，地方文化课程的教学可以是文化知识的介绍，也可以是文化考察或文化体验。

4 结语

总而言之，汉语国际教育专业地方文化课程的开发是专业发展的一项势在必行的工作，不仅有助于地方本土文化的传承，有助于丰富和完善中华文化的内涵，也有利于中华文化的国际传播。

参考文献

［1］费孝通. 中华民族研究新探索［M］. 北京：中国社会科学出版社，1991.

［2］李宏亮. 中国少数民族文化与对外汉语教学［J］. 贵州民族研究，2014（3）.

［3］李倩岚，李资源. 提升我国少数民族文化国际传播能力的几点思考［J］. 贵州民族研究，2015（12）.

［4］刘春梅. 广西三所高校汉语国际教育（本科）专业课程设置对比分析［J］. 高教论坛，2017（4）.

［5］滕星，苏红. 多元文化社会与多元一体化教育［J］. 民族教育研究，1997（1）.

［6］张西平. 世界汉语教育史［M］. 北京：商务印书馆，2009.

对外汉语阅读课教学思考

陈孝玲

提要 阅读理解技巧的培养和学生词汇量的扩大是对外汉语教学阅读课的教学重点。扩大词汇量，可以用听写生词的方式，督促学生掌握生词；通过朗读培养语感；扩大阅读量，让学生更多地了解中国社会和中国文化；积累中国文化知识，以点带面掌握并深刻理解词语。

关键词 对外汉语 阅读课 教学

阅读是"听、说、读、写"四大技能之一，是学生通过书面文字材料获得信息的智力活动过程。阅读课的教学目的就是帮助学生掌握阅读技巧，提高阅读能力。只有具备了阅读能力，才有可能通过阅读了解更多的语言和文化知识。

阅读课的教学重点一般是阅读理解技巧的培养和学生词汇量的扩大。技巧的培养，比如培养学生的猜词能力，可以适当地给学生讲一讲文字学知识，让他们了解一些形声字的知识，熟悉常见的义类。比如我们在教"病"这个词的时候，可以告诉他们凡带"疒"的词，其意义一般与疾病有关系，比如"疾、疼、痛、痰、疯、疗、痒、癌"，以此类推；还有带"氵"的字，其意义一般与液体有关系，比如"洗、澡、沐、浴、汤、泪、汗、汁、液、泡、浇"等；带"冫"的字意义一般与寒冷有关系，比如"冰、冷、冻、凄、凉、凝"等；带"日"字旁的一般与太阳有关系，带"目"字旁的一般与眼睛有关系，这样既可以让学生辨别一些容易混淆的字词，如"晴"和"睛"，还可以减少写错别字的可能性——懂得了"日"和"目"两个偏旁的意义，他们就不会再把"暖"字的"日"写成"目"，等等。

阅读技巧涉及的内容比较多，2008 年 12 月由北京大学出版社出版，周小兵、张世涛主编的《中级汉语阅读教程（Ⅰ、Ⅱ）》（北大版新一代对外汉语教材，基础教程系列）编得不错，这套书共 60 课，分别介绍了通读、跳读、查读等阅读方式，猜词、句子理解、段落理解等阅读技能，教师可以根据学生汉语水平等实际情况有选择地给学生介绍讲解。

本文结合笔者的阅读教学实践，主要就词汇量扩大的问题谈以下几点认识。

1　重视生词听写环节

听写是对学生是否掌握前一课所学词语的有效检验方式之一。学生如果能做到听到读音就能正确书写，所学词语才算是真正成为学生自己的了。心理学家对阅读过程提出了三种假设：第一种是"形—音—义"的假设，音是形和义的中介，词汇通过语音中介到达心理词典；第二种是"形—义"假设，读者从字面直接领悟到词义；第三种是双通道假设，认为以上两种途径在阅读中均被采用。季秀清通过实验表明，民族学生初学汉语者一般按照"形—音—义"的加工过程进行语义提取，而经过一年学习后，"部分阅读能力强、汉语水平相对偏高的学生，已显现出由字形直达字义的苗头"。以我们自己学习外语的经验来看也是如此，尤其是学习非字母文字的语言，比如泰语，初学时对字音的依赖程度很高，必须读出来才能想出该词的意义，只有在学习一段时间之后，才慢慢由对字音的依赖逐渐转向依靠字形，从字形直接理解词义。所以，阅读者认的字越多，懂的词越多，读得就越快。学生熟练掌握汉字字形是在为在阅读过程中从字面直接领悟词义打基础。

有学者认为，应该"把认记汉字、掌握词语作为初级阅读课的重点。汉字课和阅读课的关系是非常紧密的"。基于这种认识，有些阅读课教材，把汉字书写作为非常重要的一个环节放在课文后的练习中，专家编写教材的意图很明显，他们显然是认为汉字书写和阅读的关系很密切。我们强调听写和重视汉字书写的出发点是一致的，听写不仅是阅读课上检验复习的有效方式之一，口语课、综合课都可以运用，各科教师都重视，才能让学生重视起来，并养成为听写积极准备认真写好汉字的学习习惯。

2 重视朗读，培养语感

阅读活动的方式按照是否出声分为朗读和默读。我们通常所指的阅读技能其实是默读的技能，衡量的标准则是阅读效率的高低。朗读则是有情感的朗诵，也被认为是语言学习入门阶段的必要活动。其实，不仅是入门阶段，朗读在中高级阶段也应受到重视。通过朗读时的停顿、重音、语调等的处理，可以检测学生对阅读材料的理解是否准确。在教学实践中，我们也能发现，较优秀的学生在朗读中对句内语义上的停顿处理得比一般学生要好。

此外，朗读在大脑获得输入信息的同时进行了开口发声练习，这有利于提高学生听觉的敏锐度，增强语感。语言学习不是完全靠理性的分析，而是靠语言的直接感受，语言的感悟能力就是语感。怎样获得语感？熟读，多读！比如我们在教学生"不"的变调时，会先告诉他们变调的规律，但读过多次，熟练掌握之后，拿到语言材料他们马上就能准确地读出，此时规律已化为无形，这就是靠语感。这时候如果要他讲变调的规律，他可能还得想一下才能说得出。重复性的朗读本身，也可以促进词汇的掌握，进一步巩固和增加词汇量，加强对文章的深入理解，掌握有关的表达方法。对那些文句比较优美的片段或篇幅较短的整篇阅读材料，可以让学生熟读之后背诵，以背促读，目的还是让学生多读。"书读百遍，其义自见"的规律不仅适用于中国学生，同样也适合留学生。

3 重视课外阅读

培养阅读理解能力，必须课内课外相结合。很多留学生在课堂上跟老师说汉语，课后跟同学说母语，除了老师布置的作业，他们一般不会自主进行课外阅读。如果仅靠阅读课上接触的少量阅读材料，学生的阅读量是远远不够的，没有阅读量的积累，阅读能力的提高只会沦为空谈，所以只有增加课外阅读，并保持每周一定的阅读量，才能更快地扩大词汇量，在实践中提高阅读速度。

在课外阅读中，老师在读物的选择等方面的引导作用非常重要，还要有布置、有指导、有检查。要求他们不能一边阅读一边查阅词典，必须规定第一遍整体阅读的时间，在时间上有约束，学生才可能将课堂上学习的阅读技巧运用到阅读中。课外阅读材料的选择可以是多渠道的，比如 HSK 仿题和真题中的阅读题，阅读篇章后设置的练习正好可以检验阅读效果，还可以引导学生进行更广泛的阅读，比如推荐一些优秀的期刊杂志如《读者》《青年文摘》给学生。无论是哪一种形式的阅读材料，都要求学生在阅读后养成用笔记本积累生词的习惯，尤其是成语。成语凝练且内涵丰富，含义不容易猜到，很容易成为阅读中的障碍。教师可以通过课堂抽查提问或围绕某一篇阅读材料中的主题进行讨论的方式检查大家的阅读情况，这可以提高学生阅读课外书的积极性。

课外阅读除了在实践中锻炼阅读能力外，更大的好处还在于了解中国社会和中国文化。相宜君在研究中发现，对外汉语阅读教学中学习者存在的困难主要包括三个方面：外国学生对汉语阅读的焦虑感；知识储备不足的问题；阅读速度过慢的问题。"知识储备不足"就是阅读者对阅读过程中涉及的中国现状及文化的了解不够。在问卷调查中她发现，"在接受调查的 50 名留学生中，有 6 名学生认为汉语阅读学习中最难的是不了解中国的文化。"从这个数据可以看出，阅读者背景知识储备不足虽然不是阅读理解最主要的障碍，但至少是其中之一。受课时和课堂教学阅读材料内容的限制，在阅读课堂中能接触到的社会现象及中国文化毕竟有限，而课外阅读正可以弥补课堂教学的不足，课外阅读材料题材丰富，内容广泛，涉及中国的政治、经济、风俗、文化、体育、医疗、旅游、环保等方方面面，是他们学习中国文化很好的途径。实践证明，有趣味性、知识性的材料更能吸引学生的阅读兴趣。

随着学生阅读量的不断增加，不仅开阔了学生的视野，获取了各种信息和知识，认识了中国，了解了中国文化，而且积累了词语，提高了阅读速度，可谓一举两得。

此外，除了阅读课外书籍增加阅读量，听中文歌曲，看有中文字幕的电影、电视剧，听新闻，跟中国朋友网上聊天，留意身边的广告标语等也可以起到词语积累的作用，所谓身边处处是学问。

4　积累文化知识

语言和文化的关系是非常密切的。课外阅读可以帮助学生更多地了解中国文化，反过来，如果多一些对中国文化的了解，又可以以点带面，迅速掌握一批词语并深刻理解这些词语，从而降低词语理解的困难，加快阅读速度。在阅读课教学中，常会遇到类似情况。比如，有一次阅读课上，汉语言文化专业三年级的越南留学生因为对"出席"一词不理解，无法顺利完成组词成句题"嘉宾、有100多人、酒会的、出席"。对"出席"的不理解，根源在于学生不了解中国"席"文化，所以含有"席"的一系列词语如"酒席""宴席""缺席""入席""离席""座无虚席"等词，他们理解起来都有难度，有些词如"主席"，即使知道是什么意思，也是只知其然不知其所以然。了解了"席"文化，可以连带着解决一系列含"席"词语的意思，可谓以一当十，事半功倍。

教师在课堂教学中，偶尔引入一些中国文化知识，也可以增强课堂趣味性，活跃课堂气氛，激发学生的学习兴趣。

5 结语

随着中国综合国力的增强，汉语在国际生活中的重要性日益突出，成为许多国家同中国发展合作关系，开展经济、贸易和文化交流的重要工具。在这种背景下，来中国学汉语的外国人越来越多，而阅读能力直接关系到他们运用汉语进行交际的能力，所以作为一名对外汉语教学教师，我们要设法有效提高学生的阅读能力。

参考文献

［1］何亚平. 对外汉语阅读课的思考［J］. 安徽文学，2008（6）.

［2］季秀清. 外国留学生汉语阅读中字形与字音的作用初探［M］//程裕祯主编. 语言与文化论集. 北京：外语教学与研究出版社，2000.

［3］相宜君. 对外汉语阅读教学实践现状及策略探究［D］. 西安：西安外国语大学，2012.

偏误分析与
教学策略研究

外国留学生的汉语介音偏误及教学对策

熊　琦

提要　汉语语音研究和教学中都不大重视介音，但外国留学生学习汉语语音方面出现的偏误不少与介音有关，可见介音在对外汉语教学中并非无足轻重，而是一个值得我们重视并认真解决的问题。文章根据大量教学实践，归纳分析了外国留学生常见的两大类五小类介音偏误，提出了纠正介音偏误的具体教学对策，并设计了富有针对性的练习，以帮助外国留学生渡过这一学习难关。

关键词　外国留学生　汉语介音　偏误　教学对策

1　问题的提出

汉语的音节，除去声调可以分为声母、韵母两部分。韵母又可细分为韵头、韵腹和韵尾。其中的韵头因为介于声母与韵腹之间，所以又叫"介音"。充当介音的是三个舌面高元音 i、u、ü。汉语的韵母按结构可以分为单韵母、复韵母两类。介音只出现在复韵母中，更具体地说是出现在后响二合韵母、三合韵母和部分鼻韵母的开头。这样的复韵母一共有十六个（即 ia、ie、ua、uo、üe、iao、iou、uai、uei、ian、uan、üan、uen、iang、uang、ueng），占韵母总数的41%。

从发音上来看，介音的特点是轻而短，只表示复韵母的起点，一发就滑向后面的韵腹了。正因为如此，一般语音研究和教学中都不大重视介音。中国的现代汉语教材中关于介音的介绍往往只有寥寥数语，一些学者还在文章中透露出对介音的"不屑一顾"。但是，笔者在多年的对外汉语教学中发现，外国留学生学习汉语语音方面出现的偏误不少与介音有关。介音在对外汉语教学中并非无足轻重，而是一个值得我们重视并认真解决的问题。下面，我们就此问题略陈己见，以求指正。

2　外国留学生的介音偏误

根据笔者的教学经验，并参考有关专家的调查（朱川，1997），我们把外国留学生在介音上经常出现的错误归为两类：一类是介音本身的发音问题，另一类是由介音向韵腹过渡时的问题。

2.1　介音本身的发音问题

介音虽然只有三个，可要发好它，莫说是外国人，就是中国人（方言地区的）也不是件容易的事。这是因为受到了发音机理的制约。汉语的音节结构是"声母+介音+韵腹+韵尾"，介音处在声母与韵腹的夹缝中，要在较短时间内发出来已属不易，更何况 u、ü 都是圆唇音，发音时既要圆唇又要移动舌位，忙中出错，在所难免。据我们观察，外国留学生在发带介音的复韵母时，容易出现以下三种偏误。

（1）换介音，即把介音甲发成了介音乙。主要表现是把介音 ü 换成了介音 i。原因是由于介音处在声母与韵腹之间，发音本来就很短暂，而 ü 又要圆唇，留学生往往顾不过来，唇还没来得及圆便过去了。由于 i 和 ü 舌位相同，区别只在于唇形，所以当 ü 的撮口度不够，听起来就像是 i，结果造成不同韵母之间的混淆，如 üe→ie, üan→ian。这样一来，"学"就成了"斜"，"选"就成了"显"。

（2）丢介音，指该发的介音没有发出来。这个方面以介音 u 丢失的情况较多。原因同上，只是因为汉语中没有与 u 相对应的不圆唇音，所以听起来像丢掉了，结果同样造成不同韵母之间的混淆。如 uai→ai, uei→ei, uan→an, uen→en, uang→ang。于是，"快"听起来像"忾（kài）"，"怀"听起来像"还（hái）"。

（3）加介音，指有的音节本无介音，但留学生在声母和韵腹之间加进了过渡音。这种情况主要集中在有声母 r 的音节中，即在声母 r 之后，不自觉地加入一个 u，用 r+u 来和后面的音拼合。这样的话，"人"听起来就像"润"，"热"听起来则像"若"。

2.2　由介音向韵腹过渡时的问题

介音的问题都是过渡中产生的问题。前面说的是介音的替换、添减的问题，现在要说的是该发的介音都发了，但是发得不好听，有洋腔洋调。

如前所述，介音是复韵母的发音起点，发出以后，舌位马上向作为韵腹的主要元音滑动，从音强上看，是前轻后重；从音长上看，是前短后长。许多留学生在由介音向韵腹过渡时常犯比例失调、动程不够、平滑度不够和介音咬得太紧等错误。

为了说明问题，下面我们将汉语中 9 个带介音复元音韵母的共振峰模式（F1 F2）（吴宗济，1986）与英、日、韩、新（加坡）留学生所发中介音中与此对应的 9 个复元音韵母的共振峰模式（F1 F2）加以比照（朱川，1997）。

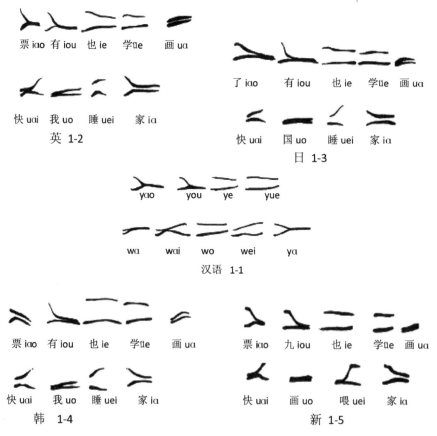

图 1

图 1-1 的特点：

①平滑：元音过渡平滑自然，没有突变。如 ya、wei。

②比例：韵头为次，韵腹为主，从所占时值可明显看出。如 wai，从聚到散很慢，a 的时值长。

③韵头不到位：you 的介音并没有到 i 的共振峰位置。

我们以此做标准模式，分别对比英、日、韩、新（加坡）留学生的中介音共振峰模式。

图 1-2 的特点：

①平滑度差：如 ia，从 i 到 a 的过渡明显出现棱角。

②比调失调：如 uei 与标准模式相比，e 占时值太短，从韵头刚过渡到韵腹，立刻就转向韵尾了。

图 1-3 的特点：

①比例失调：韵腹没占到主要时值。对比 uai 的模式，标准谱上明显看到的 F1 F2 相合的 "a"，在 1-3 谱上未见。可见韵腹只是一晃而过。

②韵头咬得太紧：韵头咬得太紧太死就会产生不自然。如 iou 的韵头 i，过于接近 i 的共振峰。

图 1-4 的特点：

①比例失调：如 ie 的韵头迟迟未过渡到韵腹。

②韵头太紧：明显地表现在 iou 和 uo 的韵头 i、u 上。对照标准谱，这两个韵头都没发到位，而中介音则真的发出了 i 和 u 的音了。

图 1-5 的特点：

①平滑度差：i 韵头过渡出现棱角，不平滑，自然度受影响。

②比例失调：对照标准谱的 uei，由于韵腹 e 占主导地位，所以韵头 u 和韵尾 i 均不必到位，而中介音的 u、i 均到位，必然挤占韵腹。

通过以上对比分析，我们可以看出留学生在介音向韵腹过渡时的主要问题是比例不当和平滑度不够（咬得太紧也必然影响到平滑度）。

问题找到了，接下来就是针对这些问题采取有效的教学对策。

3 纠正介音偏误的教学对策

3.1 纠正介音本身发音问题的教学对策

要解决这个问题，首先要让学生对汉语音节的拼合规律有一个整体上的了解，知道哪些声母不能跟带哪些介音的韵母相拼。了解了这一点，就可以避免很多错误，因为留学生发出的中介音中有不少是汉语音节中所没有的。

其次，丢掉介音 u、ü 以及把 ü 换成 i 的问题，实际上都是一个圆撮不够的问题。因此，从单韵母的教学开始，我们就要强调 u、ü 这两个音的特点是圆且紧，这是发好介音的前提。当 u、ü 做介音时，我们要告诉学生，它是融入声母中的。也就是说当声母后面带有以 u、ü 做介音的复韵母的话，圆唇动作从声母就开始了，而不是发完声母后再急忙圆唇，这样就不会忙中出错了。

为了帮助学生掌握这一方法，可以采用"声介合拼法"教他们拼音，即先把声母加韵头合成一个部分，然后再跟韵身相拼。如：

xi—āng—xiāng（乡），hu—ái—huái（怀），xu—ē—xuē（靴）

第三，解决加介音问题的方法，是与上面反其道而行之，强调汉语 r 的唇形是较展的，千万不能撮圆。只要帮助学生克服了发 r 时不必要的圆唇习惯，这个问题就迎刃而解了。

3.2 纠正介音向韵腹过渡时问题的教学对策

3.2.1 纠正"比例不当"的对策

首先要重点给学生介绍汉语复韵母中各元音的地位是不一样的，韵腹最为响亮，发音要到位，时值相对较长。总体把握后，还要明确告诉学生后响二合韵母和三合韵母的最佳时长比例是 4∶6 和 4∶4∶2（曹剑芬、杨顺安，1984）。从音强看，三合韵母是两头弱、中间强，即先由弱到强，再由强到弱，整体强弱变化近似橄榄型；后响二合韵母是渐强，变化模式就像橄榄型的前三分之二。强的部分发音时间较长，这是不难理解的。通过以上具体的数据和形象的比喻，大多数学生都能较快地把握带介音复韵母中各元音的时长比例。

3.2.2 纠正"平滑度不够"的对策

首先向学生出示 9 个复元音韵母的动程示意图：

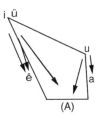

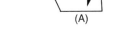

2-1　五个后响复元音韵母　　2-2　四个中响复元音韵母

图 2（林祥楣，1991）

　　然后结合动程图，进行音理分析。汉语复元音韵母的舌位动程变化是滑动的，即从一个元音逐渐滑到另一个元音，中间实际有许多过渡音，形成一连串音的序列。发音时气流不中断，中间也没有明显界限。这可以通过具体例子加以说明。

3-1　汉语［iou］　　　　3-2　英语［iu］

图 3（吴宗济，1992）

　　图中，英语［iu］的［i］是稳定了一个阶段再迅速滑向［u］的，而汉语［iou］的［i］却是以缓慢的趋势滑移到［u］。而且它走的不是斜直线，而是中段略弯，以［o］为过渡滑向［u］的（吴宗济，1992），介音［i］并没有稳定段，只是一个起点，［u］也只是表示舌位活动的方向，韵头、韵尾都不是咬得太死。

　　明白了这些道理，留学生在发音过程中就会有意识地用发音原理来指导发音练习，减少突变和不自然的发音偏误。

4　介音对比练习

　　为了加强外国留学生汉语介音和带介音复韵母的学习，我们还编了一些对比练习，以帮助他们渡过这一难关。

4.1 韵腹和介音的比较

i	衣—椰	移—爷	椅—也	意—夜
u	乌—蛙	无—娃	五—瓦	雾—袜
ü	迂—冤	鱼—圆	雨—远	遇—愿

以上练习可以帮助学生体会到介音是一晃而过的过渡音，不能像发韵腹那样稳定。

4.2 有无介音的比较

无	有	无	有	无	有
包 —— 标		泡 —— 票		毛 —— 苗	
班 —— 边		盼 —— 骗		满 —— 免	
担 —— 端		谈 —— 团		难 —— 暖	
烂 —— 乱		干 —— 官		看 —— 宽	
那 —— 虐		累 —— 略		忾 —— 快	

以上练习重在体会有无介音的重要性，认识到丢失或添加介音会造成表意混乱。

4.3 不同介音比较

i	ü	i	ü	i	ü
结 —— 决		些 —— 靴		列 —— 略	
先 —— 宣		切 —— 缺		尖 —— 捐	

以上练习可以帮助学生体会圆唇介音与不圆唇介音的区别，以解决换介音的问题。

4.4 滑动方向对比练习

ai—ia	海牙	来呀	ei—ie	每夜	伟业
ao—ua	好哇	笑话	ou—uo	狗窝	走火
iou—uei	有为	酒会	iao—uai	要快	校外

前四组前一个舌位由低向高滑动，后一个则相反。后两组前一个舌位由前到后滑动，后一个则相反。

4.5 掌握比例对比练习

ia—iao	家教	虾饺	ai—uai	海外	晒坏

ei—uei　　谁会　　累赘　　　　　ɑo—iɑo　讨教　　嘲笑

通过二合复韵母和三合复韵母，前响复韵母和后响复韵母的对比，帮助学生体会各自的比例之差。

5　结语

介音问题是留学生学习汉语复韵母时经常出现的问题，本文把常见介音偏误分为两大类五小类。要纠正这些偏误，首先要讲清大原则，让学生从整体上把握介音特点，然后做适当的音理分析，再通过对比练习，加深体会。这样就可以从整体到个别，从理论到实践，逐步地解决介音偏误问题。

参考文献

［1］曹剑芬，杨顺安. 北京话复合元音的实验研究［J］. 中国语文，1984（6）.

［2］郭锦桴. 综合语音学［M］. 福州：福建人民出版社，1993.

［3］林祥楣主编. 现代汉语［M］. 北京：语文出版社，1991.

［4］任崇安. 普通话训练教程［M］. 重庆：西南师范大学出版社，1996.

［5］吴宗济主编. 现代汉语语音概要［M］. 北京：华语教学出版社，1992.

［6］周殿福，吴宗济. 普通话发音图谱［M］. 北京：商务印书馆，1963.

［7］朱川. 实验语音学基础［M］. 上海：华东师范大学出版社，1986.

［8］朱川. 对外汉语中介音类型研究［M］//《第五届国际汉语教学讨论会论文选》编委会. 第五届国际汉语教学讨论会论文选. 北京：北京大学出版社，1997.

泰国学生汉语书面语应用
之偏误分析与思考

何山燕

提要 汉语口语能力在一定程度上构成了外国学生书面语交际能力的基础，但他们普遍存在汉语口语与书面语的混同的问题。本文以泰国学生的汉语习作材料为语料，从语体风格、词语搭配、语法结构、语篇衔接、音节韵律等角度进行偏误分析，认为汉语言文不一以及对对外汉语课时设置、教材设计、教学方法等是主要因素，并针对该问题提出了教学建议。

关键词 汉语 书面语 偏误分析 语言能力

在外国学生中、高级汉语写作教学中，汉语口语和书面语的关系十分特殊：一方面由于在口语形式中包含了大量近似于书面语的句法结构和表达方式，因此，口语技能在一定程度上构成了学生写作技能的基础；另一方面，在第二语言习得中，学生的听说能力领先于读写能力，写作能力相对滞后，因此在写作时，学生习惯于将已经掌握的口语表达方式移植到书面语的写作中，致使口语技能对写作技能的培训与提高产生负面影响。

赵金铭（2000—2001）在阐述对外汉语研究的基本框架时，提出了"四个层面研究相结合的系统研究的格局"，在本体论层面中提到"汉语篇章结构与汉语书面交际能力研究"，在认识论层面中有"汉语篇章阅读与写作过程的研究"；他在阐述"十五"规划期间的研究设想时，也提出了十项带有前瞻性的当务之急的重大课题，其中之一仍是"汉语篇章结构与汉语书面交际能力研究"。因此，如何有效改进汉语口语与书面语教学，提高汉语写作教学效率，这是一个既有理论价值又有实践意义的研究课题。

1　汉语写作能力是汉语语言能力的重要体现

"汉字对团结、维系汉族人民起了巨大的向心作用，'书同文'，形成了一股同文同种的强大内聚力，这种力量是很难被别的力量所同化的。从空间上看，它保持了汉语的独立性；从历史上看，它保持了汉语发展的稳定性。而书面语长期保持超常稳定的结果又使汉语历史上发生了言文脱节的独特现象。"

汉语口语、书面语存在一定的分裂性，这是汉字特性所使然。曾有学者指出："无论在语言学和教学理论方面，还是在教材编写原则和课程设置方面，不承认中国文字的特殊性以及不正确处理中国文字和语言所特有的关系，正是汉语教学危机的根源。"长期以来，口语和书面语教学的脱节导致外国学生汉语语言能力发展不平衡，学习效率低下。因而汉语书面语的运用能力成为外国学生汉语语言能力的重要组成部分，汉语书面语能力的培养自然也是汉语教学的重要目的。"语文教学固然涉及听、说、读、写，但是它的重点显然是培养学生的阅读和写作能力，特别是后者，即书面语言的表达能力。"

"语体变换能力是语言能力的表现之一……从汉语作为第二语言学习者的'中介语'中可以看出，语体变换是汉语学习中的难点之一……"。通常认为一个人的语言能力包含口头与书面表达能力两个方面，事实上，就汉语而言，语言能力还应包括第三个方面，即语体转换能力，这最能直接体现使用者驾驭语言的能力。

2　泰国汉语专业学生写作语料考察分析：汉语书面语运用的问题所在

本文所选语料为泰国清迈皇家大学汉语专业三年级学生的习作。体裁包括：记叙文《我的××》/《记一次难忘的……》、说明文《介绍一种泰国菜/点心/手工艺品的做法》、应用文《给××的一封信》、议论文《金钱与幸福》等。语料来源对象汉语学习的时间均达到三年或三年以上，接近或超过4500个学时。采集该专业21名学生78篇有效作文中出现的偏误共计1020处，具体情况如下表：

泰国清迈皇家大学汉语专业 03 级学生汉语写作偏误类别分析

序号	偏误类型	偏误数量	所占比例
1	汉字用字偏误	69	6.76%
2	词汇语体偏误	193	18.92%
3	词语搭配偏误	206	20.20%
4	语法结构偏误	259	25.39%
5	语篇衔接偏误	167	16.37%
6	音节韵律偏误	126	12.35%
合计	6	1020	100%

由于汉字偏误，即错字或别字现象，属于用字的问题，并非严格意义上的书面表达问题，本文暂不对此项目进行考察。

2.1 语体风格偏误

由于口语、书面语自身交际方式不同，而书面交际具有不在场性，语言表达要求较高，呈现出不同于口语的风格。其语体风格偏误可分为两种情况：

（1）学生常常以极其口语化，甚至不规范的口头表达来替代某些词汇或短语：

① 妈妈在工厂做事情，每天都很苦。

② 到清迈以后没有快点给你一封信，请原谅。

③ 水灯节是泰国人最浪漫的一天，那天男女生都穿漂亮衣服。

（2）学生将某些一知半解的书面语结构在原有的口语表达风格基础上加以嫁接、拼凑，导致书面语和口语体杂糅得"四不像"。

④ 他今天的心情十分高兴，有点春风得意的样子。

⑤ 这种泰国点心让人吃了刻骨铭心的好吃，忘不了。

⑥ 小雅的病情没有好起来，最后还是成了个残障人士，她再不能穿高跟鞋了！

2.2 词语搭配偏误

在聚合和组合两个坐标上的所谓"词语搭配"，那是就表层而言；就深层而言，任何词语搭配都是义位组合。组合规则，就是同现规则，包括选择规则和序列规则。

目前，在对外汉语教材中，词语教学只是对生词的解释，很少讲用法，更不注意分析词汇语义背景，所以外国学生在汉语词汇搭配方面出现各种啼笑皆非的问题并不奇怪。

⑦ 我们知道航空公司<u>开张新航线</u>，就很<u>猛烈</u>的想有机会一试。

⑧ 这<u>尾头</u>，祝你的<u>身体快乐</u>、进步无止境。你给我<u>回答一封信</u>。再见。

⑨ 我的哥哥是个<u>很本事的人</u>，他现在在美国工作，每年都给家里<u>巨额的钱</u>。

2.3　语法结构偏误

汉语属于孤立分析型语言，通过使用不同的词语组合来表达语义关系，属于 SVO 型语言。与口语体相比，书面语体对语言结构的规范要求更为严格，然而，外国学生习作中受口语体影响，常出现以下结构方面的偏误：

2.3.1　语序偏误

⑩ 一年级我们有<u>两个汉语老师北京的</u>，曾老师和卢老师，他们是夫妻。

⑪ 泰国人<u>都要洗澡每天早上</u>，因为天气很热，也是为了礼貌。

⑫ 我喜欢一个人去国外旅行，也愿意<u>在网上聊天和我的朋友</u>。

2.3.2　结构残缺

⑬ 披猜老师<u>教书很好</u>，我们都喜欢，但是他常常很严格，我们也怕他。

⑭ 上个周末我们去叶丰颂旅行，昨晚到家已经半夜两点了，<u>累了，今天起床不了</u>。

⑮ "宋当"是泰国很流行的沙拉，要做这个菜，你要<u>先把生木瓜切</u>，切好细细的丝。

2.3.3　成分多余

⑯ 我们在 <u>3 个月份放假</u>，<u>6 个月份开学</u>，因为 4 月份是我们泰国最重要的新年了。

⑰ 尊敬的韦锦海：您好！<u>我本校将有二十六名学生于明年三月来你们贵学院学习汉语一个学期</u>。

⑱ 妈妈能用几百多块钱做一顿很好吃的饭菜，每天把家里收拾得<u>干干净净极了</u>，大家都说她很厉害。

2.3.4　语义堆砌

汉语句子的语序要受到汉语信息结构模式"已知—未知"这一基本模式的制约，但因句子所要传递的信息量大，学习者对于采用何种确切的语法手段常常不得而知，极易出现语义堆砌的现象。

⑲ 家长是重要的人，<u>每件重要的事情被他负责解决，我们小孩子不太懂事，需要父母来管理</u>。

⑳ <u>在我学习很难，三年级了就一点儿说话。我应该做怎么样？可是我毕业、我就找工作、当汉语老师、当导游</u>。

㉑ 那条小路两旁都是树，<u>我们常常晚饭后，沿着小路走着很舒服，中国有句话叫作"饭后百步走，活到九十九"，就是这个道理</u>。

2.4　语篇衔接偏误

2.4.1　关联词的使用问题

句子之间存在一定的逻辑关系，关联词是体现语篇逻辑结构、句子间逻辑关系的一个重要手段，但是学习者对关联词掌握不好，分句间误用关联词。还有的学生在语篇中好用简单的口语常用性关联词，如"那么""还有"，或者干脆不用关联词。

㉒ 她学习很聪明，<u>每次考试都是得到高分，我很羡慕她</u>。

㉓ 老师也好像妈妈，像俗说话"严师能教出好学生"，<u>如果这个我的老师没骂、心肠好，是人的可爱</u>。

㉔ 他连最简单的汉字也写不好，<u>复杂的汉字写不好，学好汉语不是容易的事情，所以写汉语的小说没有可能了</u>。

2.4.2　省略与替代问题

韩礼德将人们言谈开始的角度和起点称为"主位"，即语言者组织信息的出发点。在书面语的篇章中，如果叙述的角度始终明确，分句之间可以共享一个主语，句子之间则可以用代词来替代；如果所叙述的事件或者问题有很多个出发点，或者在同一个小句中，涉及多个事物时，若在此位置上省略或替代就会造成语义不明，因此需要确定事物间的关系，补足信息。否则，省略或替代不当都会造成书面语表达的偏误：

㉕ 可是后来姐姐结婚了，而且离<u>她</u>好远，<u>她</u>只跟一个不是亲亲的姨妈

在一起，她的生活都不是很愉快，时常都是在痛苦中。

㉖ 记得老师讲过愚公移山故事，很佩服，想一年级学了汉语还有二年级三年级，只要坚持用一生的时间也可以学好汉语。

2.4.3 语篇缺乏逻辑性

韩礼德把语篇的衔接手段分为所指、省略和替代、词汇衔接三种方式。口语体篇章可以有特殊的连接手段，如省略、重复、补说，还有一些语气词等，即使不连贯也不影响信息传递。书面语则不同，讲究推敲仔细琢磨，讲究篇章结构、连贯照应以及句子之间、段落之间的逻辑关系，一个语篇应该有一个论题构成或者逻辑结构，否则就会出现语病：

㉗ 现在八月是雨季。妈妈身体好吗？您应该照看您的身体。我自从参加了体育锻炼，身体强健多了。下雨时间你要穿雨衣，免得淋雨，不得感冒。

㉘ 老师！您在清迈大学教学生怎么样？清迈大学的学生好看吗？我很想老师。什么时候你回来教我？我想带老师去动物园玩。我还记得一起拍摄一张照片。如果老师有空，你就回来看望我的家。我还是个孩子的时候，就喜欢游泳了，妈妈告诉我，我是班上第一个会写自己的名字的学生。妈妈除了教我读书以外还教我要做一个好人。我做错的时候她没骂过我，但会跟我说以后不要再做错了。

学生写作不仅包括词汇语法知识的选择运用过程，还存在连句成段、布局谋篇问题，必须讲究上下文之间的逻辑关系，而不能随意进行文字拼凑，以上两段内容都出现了衔接与逻辑方面的问题，影响了表达效果。

2.5 音节韵律偏误

王力先生曾说过，在音乐理论中，有所谓"音乐的语言"，在语言形式美的理论中，也应该有所谓"语言的音乐"。书面文字看起来似乎没有声音，但其实静止的文字在字里行间都涌动着作者思想感情的无声潜流，写作时应努力追求内容与形式的美。

汉语是富于音乐性的语言，元音占优势，声调分平仄，双音节占优势，容易形成音节和谐匀称的音律效果。然而，外国学生在汉语写作中，仅仅看重结构形式的组织，而忽略汉语韵律节奏的问题：

2.5.1 音节不匀称

均衡，是美学的基本原则之一，也是语言艺术的原则之一。均衡不仅表现于词语的选择、句式的搭配上，也表现于篇章结构上：汉语有单音节词，有双音节词，还有多音节词，音节不整齐不匀称，就会减弱诗文的节奏感和气势。音节匀称，使语言具有一种形式美和音乐美。

㉙ 我已经明白以前自己<u>错</u>，妈妈才是<u>正确</u>的。

㉚ 新闻说那个青年人抢劫杀了人，被<u>一审判死刑</u>。

㉛ 榴莲这种水果不但<u>香浓可口</u>，而且<u>多营养</u>，被叫做水果之王。

2.5.2 平仄不协调

现代汉语表达当然不必恪守古代格律，但是如果行文间出现了对举、整齐排列的句子，却不注意平仄相间，使同声调的字相连过疏或过密，就会失去音韵美。因此，适当讲究平仄是十分必要的。

㉜ 爸爸笑<u>了</u>，妈妈笑<u>了</u>，姐姐也笑<u>了</u>，大家都不再生气我<u>了</u>。

㉝ 我们从<u>太阳出来</u>到<u>太阳消失</u>，也没看见妈妈的影子。

2.5.3 韵脚不和谐

声音美同押韵有密切关系。押韵不但使语言具有旋律美、和谐美、悦耳动听，而且有助于抒发感情，便于诵读，韵脚不和谐大大影响表达效果：

㉞ 白白的<u>沙子</u>，蓝蓝的<u>海洋</u>，去过华欣的人都说那里景色真漂亮。

㉟ 钱可以买来<u>热闹</u>，但买不来<u>快乐</u>；买来结婚，但买不来<u>爱情</u>；买来<u>秘药</u>，但买不来健康……

3 外国学生汉语写作水平低下的深层原因分析

3.1 汉语内部言文不一的客观影响

英国语言学家 L. R·帕默尔曾指出，书写这件事，视觉和听觉符号的不同记忆条件使得书面语言具有较大的稳定性和更顽固的保守性。反之，口头语言通过语言演变的过程，在不知不觉中变化着。如果文字保持不变，经过一段时间，一种语言的书面形式和口头形式就会完全脱节。正如罗杰瑞指出，中国大学生多数能读懂唐诗，并能领略到唐诗的美，但英语国家的大学生，很少能读懂贝奥武夫或者乔叟的作品。

与印欧语相比，汉语有一个极其重要的特征，就是汉语的口语与书面语差异非常明显，呈现出一定的分裂性特点。作为表意文字的汉字可以脱离口语而存在，带有一定的独立性。由于汉语的言文不一致性，汉语的口语与书面语表现为两套表述系统，"书面汉语中这种与口头语不一样的'语言机制'就是汉字性"。

许多将印欧语系的语言作为第二语言习得的人经过一定时间的学习，可以较为自如地撰文著书，但将汉语作为第二语言习得的外国学习者却很少有人能用汉语写出较好的书面语。汉语的言文非一致性特点对于将汉语作为第二语言习得的外国学习者而言，无疑是汉语学习的一大障碍，从而导致大批外国汉语学习者"文盲汉语"现象的普遍产生——许多汉语学习者能较为流利地使用汉语进行口头交际，但是在阅读和写作，尤其是写作方面，很多人仍停留在文盲或半文盲状态。

3.2 课程设置与教学大纲脱节，训练强度不到位

写作是训练外国学生写作能力的一门重要课程，尤其对于中高级阶段的学习者而言，汉语写作是他们汉语交际能力能否达到新高度的一大制约因素。我国现有的《高等学校外国学生汉语言专业教学大纲》（以下简称《大纲》）对来华的汉语专业学生的各项语言技能要求做出了明确的规定，《大纲》中的篇章训练要求一年级（一级）先连词组句，再连句成段；文体训练要求低年级写日常应用文和简单记叙文，三年级写论说文、读后感、说明文等等。

目前外国学生汉语写作教材设计与教学《大纲》之间存在一致性。《大纲》课程设置规定四年中平均每周用两学时进行书面语训练，而写作课程也一般开设近四个学年，但汉语写作教学仍是师生普遍感到压力较大的课程，其根本原因在于《大纲》与汉语课程设置的实际情况之间存在量的差距：《大纲》要求四年习作总量达到55000字以上，即每学年的基本写作量字数达到10000字以上，一年级第一学期至少要达到3000字以上的写作量，而在高年级（三、四年级）阶段，每学年的汉语写作量应达到15000字以上，而我们在实际教学中往往无法达到这一量上的基本要求，实际上仅一年级就与《大纲》的要求相差约五分之二。

原因在于学生普遍视汉语写作为畏途，作业上交率低，消极性较大；更重要的原因在于，汉语写作教学本身难度较大，教师作业批改强度高，周期长，但大多学校对于作业批改并不计教学工作量，因此，很多教师不得不降低要求，导致基本的汉语写作量无法得到保证。这样看似降低教学

难度的举措似乎迎合了学生的求易心理，却也大大歪曲了汉语写作教学的本质要求。

布龙菲尔德认为语言是一种言语行为习惯，这种习惯是一系列的刺激和反应组成的，习得第二语言就是养成一个新的言语行为习惯。"不积跬步，无以至千里；不积小流，无以成江海"，一定程度的量变才能带来质变，汉语写作训练量的不足，难以保证学生对所学的字、词、语法和结构表达得到应有的巩固性练习，更谈不上汉语水平得到全面提高。

3.3 教材版本单一，设计理念缺乏科学性

尽管"写"是留学汉语能力的重要组成部分之一，汉语写作课堂的学习也是学生强化和提高写作能力的主要方式，但是纵观目前国内外汉语写作教材，不难发现，对外汉语写作教材在数量上严重不足，质量上也不能满足写作训练的需求。

随着对外汉语教学事业的发展，近年来汉语精读、口语以及阅读等教材无论在初级还是中高级，每年都以几何倍数增长，令人目不暇接，与此同时，写作教材却是常年无人问津。据统计，自2000年以来，全国各大出版社只出了四套汉语写作教材。有的高校甚至还在使用20世纪90年代的教材，专门针对汉语高级阶段的写作教材极为少见。而在初、中级阶段的汉语教学中，无论是教材还是教师用语都是经过改造的"中性语言"，这进一步导致其长期停留在"中性语言"阶段，汉语书面语能力得不到有效的参照和训练。

同时，数十年来汉语写作教材不仅数量上鲜有增加，教材设计上也缺乏科学创新，教材内容仍偏重于各种不同文体的写作训练，教材的编写体例、词语标注与例句呈现方式上与中国学生的写作教材无本质上的差别，具体内容设计上并没有体现出汉语书面语自身的内在规律与特点，也没有切实考虑外国学生现有的汉语水平与认知规律，对于汉语语体风格差异、汉语词语搭配规则、汉语句式选择方法、汉语音节韵律基本特点以及不同文体写作格式框架的异同等方面都缺乏基本的介绍，相关的写作练习也相当单调、粗糙，根本无视二语习得的基本规律与本质差异，写作教材内容设计上的系列问题使得外国学生提高写作技能的需求难以实现。

3.4 教学形式单一，教学手段陈旧

目前我国外国学生汉语写作课堂教学大多以"写"为唯一核心，很多

教师只片面注重写作练习或者读写训练，整个写作课堂里除了写就是写，造成学生听、说、读、写能力的不当割裂。

认知心理学认为，人的认识不是由外界刺激直接产生的，而是外界刺激和认知主体内部心理过程相互作用的结果。心理语言学的研究也表明，主体内部活动是外部活动的内化，视觉、听觉并用能更充分地调动学习者大脑左右半球的同步运作，不仅包括意义方面的信息，而且包括大量的附加信息。因此，写作课教学必须顺应人类认知心理的客观发展规律，把听、说、读、写结合起来，使其互相促进，训练学生用汉语思维的习惯。

不重视学生汉语口语和书面语的语体转换训练，也就无法训练学生的语码转换能力。目前针对外国学生汉语系写作教学中不仅教材没有口语与书面语词汇或者语体差异的对比内容设计，教师更缺乏语体转换训练的教学意识，这必然导致外国学生缺乏基本的语体转换意识，习惯于将所掌握的口语表达方式移植到书面语的写作中，致使口语技能对写作技能的提高产生负面影响。

文章作为系统，应该是高度有序化的。但目前汉语写作教学往往舍本逐末，只偏重各类文章体裁的写作训练，没有充分重视语篇写作训练，教学缺乏系统性。

汉语是组装型的，这当中一靠单位，二靠词序，有的还靠虚词。这就是积字成句，积句成章，积章成篇的单位系统。根据系统论的等级观，篇和结构段（章）体现了文章整体的有序化，即篇章结构的有序化；语段和句则体现了语言表达的有序化，是文章整体有序化的切分点。汉语文章的有序化，就系统而言，首先就在就"篇—结构段—语段—句—词—字"的衔接与连贯进行专项训练。

语言学习是一个复杂的心理过程，需要各种感官的协调配合，据心理学研究表明，人们感知客观世界，从外界获得信息，83%通过视觉，11%通过听觉，1%通过味觉，1.5%通过触觉，3.5%通过嗅觉。从传递信息的角度看，声音（语言、音乐等音讯）和图像（图形、影像等视讯）媒体比文字符号有更多的优势。学生群体成员绝大多是年轻人，他们性情活跃，对外界信息较为敏感，所以手段单一，形式陈旧，课堂气氛沉闷，学生兴趣淡薄，教学效果并不显著。

因此汉语写作教学应注重教学模式的更新，教学形式的多元化设置，除传统的教学外可增设听后写、读后写、看图作文、看录像作文、角色表演作文、故事接龙作文等灵活多样的教学形式，教学手段不仅限于黑板粉笔，画片、幻灯片、多媒体影音设备都可以作为写作教学的常规手段，教学手段的革新对于汉语写作教材的建设同样具有重要的价值。

4　结语

在汉语作为第二语言的教学中，只教现象而不教规律是无法从根本上解决问题的。汉语写作教学的关键不在于讲授某些现象、格式或者说法，关键在于教书面语规律，探索学习者的认知规律，并把规律以直观的形式体现在教材和教学实践当中。今后应进一步加强对汉语书面语规律的探讨，加强对书面语教学方法的研究，因为书面语不应再是"教不教"的问题，而是极具挑战性的"教什么"和"怎么教"的问题。我们应该认真研究第一语言为非汉语者怎样习得汉语书面语的规律，从认识层面解决"如何学"的问题，目前对外汉语学界对于汉语书面语习得过程的研究还相当欠缺。

参考文献

［1］胡晓慧. 浅析外国学生汉语写作中的口语体倾向［J］. 华侨大学学报，2008（3）.

［2］赵金铭. 对外汉语研究的基本框架［J］. 世界汉语教学，2001（3）.

［3］潘文国. 汉英对比纲要［M］. 北京：北京语言文化大学出版社，2002.

［4］白乐桑. 汉语教材中的文、语领土之争：是合并，还是自主，抑或分离［J］. 世界汉语教学，1996（4）.

［5］吕冀平. 汉语论集［M］. 北京：社会科学文献出版社，2002.

［6］吕必松. 组合汉语知识纲要［M］. 北京：北京语言大学出版社，2007.

［7］张志毅. 词汇语义学［M］. 北京：商务印书馆，2005.

［8］刘月华. 关于叙述体的篇章教学——怎么教学生把句子连成段落［J］. 世界汉语教学，1998（1）.

［9］李欣荣. 现代汉语实用修辞［M］. 北京：北京大学出版社，2004.

［10］罗杰瑞. 汉语概说［M］. 北京：语文出版社，1995.

［11］戚晓杰. 汉语口语、书面语分裂性研究［J］. 青岛大学师范学院学报，2008（2）.

［12］孟华. 在言文关系中研究汉语词汇［M］//戚晓杰，等. 汉语教学与研究文集. 北京：高等教育出版社，2005.

［13］刘壮. 重视书面语教学进行系统化研究［J］. 汉语学习，2005（4）.

［14］张寿康. 文章学导论［M］. 武汉：湖北教育出版社，1985.

［15］常宝儒. 汉语语言心理学［M］. 北京：知识出版社，1990.

［16］王希杰. 汉语修辞学［M］. 北京：商务印书馆，2005.

［17］潘文国. 字本位与汉语研究［M］. 上海：华东师范大学出版社，2002.

［18］M. A. K. Halliday. A Introduction to Functional Grammar［M］. 北京：外语教学与研究出版社，2000.

［19］Robinson. P. Cognition and Second Language Instruction［M］. 广州：世界图书出版公司，2007.

（本文原载于《国际汉语学报》2012 年第 3 卷第 1 辑）

针对东南亚留学生的现代汉语
课程教学策略

吴纪梅

提要　现代汉语课程是留学生在学习汉语过程中必修的一门专业课。本文从笔者多年现代汉语教学的经验出发，选取东南亚留学生学习现代汉语的情况作为研究对象，从教学现状、教学内容和具体教学策略等角度对东南亚留学生的现代汉语课程的教学进行了探讨和研究。

关键词　现代汉语　东南亚留学生　教学策略

现代汉语是留学生学习汉语过程中一门非常重要的专业必修课，它向留学生系统地讲授现代汉民族共同语的基础理论和基本知识，训练留学生运用汉语的基本技能，培养和提高留学生理解、分析和运用现代汉民族共同语的能力，为留学生们将来熟练运用汉语进行交流，并使用汉语从事语言文字工作奠定基础。

尽管现代汉语知识对于留学生学习汉语来说非常重要，但由于知识点多，理论性强，使得在学习过程中，很多留学生都认为现代汉语知识很难学，对现代汉语课程表现出了一定的畏难情绪，这也严重地影响了留学生们学习汉语的热情和效果。本文作者就是针对目前的这一留学生现代汉语课程的教学现状，从笔者工作的单位——广西民族大学——东南亚留学生学习现代汉语的角度入手，提出了一些在现代汉语课程教授过程中针对不同教学部分的具体教学策略，期望通过这些教学策略能提高东南亚留学生的学习热情，更快更好地学习到现代汉语知识，提高汉语水平。

1　东南亚留学生现代汉语课程教学现状

笔者作为一名高校教师，有 10 年从事现代汉语课程教学的经验，这其中也包括了对大量东南亚留学生进行现代汉语课程教学的经历。因此，笔者对东南亚留学生现代汉语教学现状比较了解。目前，在为留学生开现代汉语课程时，最大的问题是，我们并没有提供专门针对留学生的现代汉语教材，留学生和中国学生使用同样的教材来学习现代汉语，这就使得留学生学习现代汉语课程的难度骤然增大。因为作为国内汉语言文字学专业重要专业基础课程的现代汉语是一门语言学的基础课，教授的是关于现代汉民族共同语的语音、文字、词汇、语法、修辞等方面的理论知识，知识覆盖面广，理论深度大，中国学生阅读学习尚且感觉艰深，更何况汉语水平仍待提高的留学生？所以在学习过程中，很多留学生感觉学习难度大，对学习失去了兴趣。在这种教材缺乏的情况下，要提高学生的学习热情和兴趣，就必须采取合理的教学方法，帮助留学生克服学习过程中的畏难情绪。一般来说，目前通行的现代汉语教材都是从语音、文字、词汇、语法和修辞五个部分对现代汉语进行系统介绍，相对来说，语音、词汇和语法三个部分是教学的重点和难点。本文就从这五个部分入手，结合实际的教学经验，针对东南亚留学生提出一些具体的教学方法，以帮助留学生迅速提高现代汉语的理论知识。

2 现代汉语语音部分的教学策略

语音部分主要是为留学生系统介绍现代汉语声、韵、调的理论知识，使他们基本上能说普通话，初步具有推广普通话的能力。因此在语音部分的教学中，我们可以使用以下的教学策略。

第一，加大汉语拼音的教学力度。汉语拼音是目前汉语语音教学中最常用的记音符号，自1958年公布实施以来，汉语拼音经历了55年的实践检验，取得了丰硕的成果，特别是在普通话的推广过程中，它更是无可替代的必要的辅助工具。东南亚留学生一旦开始学习汉语，马上就会进入到对汉语拼音的学习中去。一般来说，对于成年的留学生来说，半年的时间就足以达到对汉语拼音熟练掌握和运用的程度。留学生可以依据这个参照物，在指导老师的帮助下，把较难模仿容易混淆的"音"提取出来进行强化训练，以便读准每一个声母、每一个韵母和每一个声调。因此在语音部分的教学中，我们一定要利用这个有力的工具，通过大量的练习使学生熟练掌握汉语拼音，从而正确指导语音学习。

第二，适当引入国际音标进行辅助教学。尽管汉语拼音在普通话教学中被广泛运用，但作为一种记音符号，汉语拼音自身也存在一些会造成学习困惑的地方。其中比较突出的就是用同一个字母记录不同的音素，如用字母"a"记录了三个不同的音素［ɑ］、［A］和［a］，这三个音素在普通话中发音不尽相同，但却用同一个字母来进行记录，这容易让留学生误以为是同一个音素，因此在发音中发出相同的音素，造成普通话发音上的不标准。而国际音标严格规定以"一符一音"为原则，即"一个音素只用一个符号表示，一个符号只能代表一个固定的音素"。它是目前符号最全、记音最准确的一套记音符号，将国际音标引入汉语语音教学，不仅能帮助留学生准确掌握汉语发音，还有利于使用这套符号比对汉语和自己母语相近音素之间的区别，提高汉语发音的准确性。

在现代汉语的语音教学中，形成以汉语拼音为主、国际音标为辅的教学模式，能很好地提高留学生学习汉语语音的可操作性，增强他们的自学能力。

3　现代汉语文字部分的教学策略

汉字是记录汉语的符号系统，它本身并不是汉语的一个构成要素，但在留学生学习汉语的过程中，汉字也是很重要的学习内容。汉字的认读情况，直接决定了留学生汉语学习的水平。文本作者作为广西民族大学普通话水平测试站的国家级测试员，曾多次在普通话水平测试中发现，很多留学生在参加普测时，并不是因为发音不标准，而常常是由于认错字而出现语音错误，从而影响了普通话测试的成绩。因此，在文字部分的教学中，需要加强留学生对汉字字形的识别能力，特别是对一些日常生活中使用频率高，字形又非常接近的汉字进行辨析，通过反复练习，甚至是通过一些文字游戏来不断提高留学生的汉字认读能力，让他们尽量减少前文所述的由于不认字造成的语言使用错误。

4　现代汉语词汇部分的教学策略

汉语是词汇非常丰富发达的语言，它拥有一个庞大的词汇系统。在对留学生进行词汇教学时，我们主要采取以下教学策略：

第一，详细介绍汉语词的结构类型。这个部分的内容是词汇学习中的难点，要由浅入深，先介绍汉语语素，然后介绍语素通过主谓、动宾、偏正等结构关系构成词。在讲解了理论之后，我们应该选取一些平常使用中类型比较明确的词让留学生来进行分类练习，在反复大量的分类练习后，留学生应该都能熟练地运用理论来解决汉语中实际的词汇问题。

第二，将每年汉语的热词引入词汇教学。热词作为词汇的重要组成部分，它动态地反映了汉语词汇系统的发展，也以最新鲜和时尚的面貌出现在汉语词汇系统中。一般来说，留学生都是 20 岁左右的年轻人，他们关注社会生活的方方面面，而语言生活也在他们关注的范围之内。如果我们在教学中引入每年度产生的新词和热词，如"给力""宅男宅女""雷人""山寨"等，不仅能让留学生们了解汉语词汇系统的构成，还能引起他们对汉语词汇浓厚的学习兴趣，真正融入到鲜活的汉语生活当中。

5 现代汉语语法部分的教学策略

现代汉语语法系统复杂，规则众多，特殊句式使用频繁，这些都是留学生学习汉语语法过程中不能回避的难点。加之语法理论本身抽象、艰深的特点，使得运用恰当的教学策略在语法教学中显得尤其重要。

第一，重点突出语序的对比教学。从语法类型上来说，汉语和很多东南亚语言一样，都属于"SVO"型语言，即句子的语序为"汉语+动词+宾语"。但这并不代表着汉语的语序与东南亚语言的语序完全一致。在语序方面，它们之间最大的差别就是修饰语和中心语的语序问题。汉语是修饰语在前，中心语在后，而东南亚语言基本都是中心语在前，修饰语在后。而且东南亚语内部又有细微差别，越南语中定语、状语都位于中心语后面，而泰语则一般只有状语位于中心语之后，因此在进行现代汉语语法教学的过程中，我们要尽量按国别照顾到东南亚留学生的语序问题，尽量避免他们在语序方面出现偏误。

第二，加强对特殊句式的教学。汉语中的特殊句式有"把"字句、"被"字句、双宾句、存现句、兼语句等，它们是汉语中极有特色的句式，熟练且标准地使用这些句式也是留学生汉语水平的重要体现。因此，在介绍了这些句式的构造规则后，我们在实际的语法教学中，需要训练留学生根据不同的语义去构造这些句式，找到它们适合使用的语用环境，准确地使用这些句式。

6 现代汉语修辞部分的教学策略

修辞是对语言进行调整加工的行为，汉语是极其注重修辞的。因此，一个留学生如果能在修辞方面做得很好，那么他的汉语水平也应该是相当不错的。在对留学生的修辞教学中，我们主要是教授各种修辞格的运用。而在教授修辞格的时候，一个很好的教学策略就是引入文化概念。中国文化博大精深，体现在各个方面，在修辞格的运用方面同样有所体现。例如，"婉曲"作为一种修辞格，它主要是通过含蓄婉转的方式来表达意义。我们在向留学生介绍这种修辞格的时候，可以配合介绍中华民族含蓄、内敛的民族特点，将文化和具体的修辞格结合起来讲解，使留学生理解得更深入。再如，汉语中有一种重要的修辞格——谐音双关，在教学过程中，可以向留学生展示很多中华文化习俗，如过年要吃鱼和鸡（寓意"吉庆有余"），结婚要在床上撒红枣、花生、桂圆、莲子（寓意"早生贵子"），通过这些生动有趣的节庆文化习俗，展示汉语修辞中的语音崇拜现象，让留学生既学到了修辞知识，又了解到了中华文化，一举两得。

7 结语

本文从语音、文字、词汇、语法和修辞五个角度，对东南亚留学生学习现代汉语理论知识提出了一些教学策略。这些策略或结合当下汉语发展的实际，或结合灿烂辉煌的中华传统文化，目的都是使东南亚留学生以最轻松愉快的方式结束系统专业的现代汉语理论知识，从而提高留学生的汉语水平，让他们能更好地使用汉语。

参考文献

［1］黄伯荣，廖序东. 现代汉语（增订四版）［M］. 北京：高等教育出版社，2007.

［2］董明，桂弘. 谈对外汉语修辞的教学［J］. 语言文字应用，2006（11）.

［3］魏丽萍. 汉语拼音在学习普通话中的重要功能［J］. 绵阳师范学院学报，2006（1）.

［4］张强. 关于对外汉语专业现代汉语教学的几点思考［J］. 徐州师范大学学报（教育科学版），2010（4）.

（本文原载于《东南亚纵横》2013年第4期）

泰国人学汉语的语音难点及教学策略

许艳艳

提要　当今学习汉语的泰国人越来越多，由于母语的负迁移，泰国人在学习汉语语音时出现了一些普遍性的偏误。结合教学实际，本文从声母、韵母、声调、语调四个方面进行分析，根据分析的结果提出了相应的教学策略。

关键词　泰国人　汉语语音　教学策略

汉语在泰国各行各业中的应用越来越广泛，目前汉语学习得到了泰国官方的明确肯定和大力支持，学习汉语的泰国人越来越多。各种语言的学习都是从语音入手，语音是语言的物质外壳，如果语音掌握不好，轻则让人听起来不自然、不顺耳，重则影响语义的正确表达。本文所谈到的汉语语音都是指汉语普通话语音。泰国人说汉语，不同程度地烙下了母语的印痕，形成了一种不同于其他母语背景习得者的群体发音特点。

泰国学生学汉语语音的难点是那些汉语里有而泰语中无的音，这些音他们很难发出来；还有那些汉、泰语相近而又有区别的音，他们就用泰语的语音来代替，这些都是泰语对汉语的负迁移。本文将从声母、韵母、声调、语调几个方面进行分析，希望本研究成果能对汉语语音教学有所帮助。

1　声母

泰国学生在声母方面的偏误主要集中在 h、j、q、x、zh、ch、sh、r。

汉语的 h 是舌根清擦音，泰语的 и[h]是喉间清擦音。汉语普通话的 h 自身的形状和泰语 и 国际音标的形状是一样的，而且两者都是清擦音。所以，受泰语的影响，泰国学生发汉语的 h 时喉音很重。实际上汉语 h 的发音方法是舌根隆起和软腭靠近，形成间隙，软腭上升，堵塞鼻腔通道，使气流从舌根和软腭之间摩擦而出，声带不颤动。在纠正学生时，注意让他们把舌根稍微抬高一点儿，才能发好汉语的 h。

汉语的 j、q、x 是舌面前音，泰语中没有，所以很多泰国学生就用相似的舌面中音ว[c]和前、高、不圆唇元音［i:］来拼读汉语的 j，用舌面中音ฅ[c']和前、高、不圆唇元音［i:］来拼读汉语的 q，用舌尖前音ซ[s]和前、高、不圆唇元音［i:］来拼读汉语的 x。这样发出来的 j、q 虽然不标准，但是还不至于和汉语普通话中别的音混淆，但是按这种方法发出来的 x，就差得太远了，成了汉语方言中的尖音。出现这种情况一方面是因为学生母语的负迁移，或者教师教学时方法不恰当，另一方面就是教材编写者不够严谨，笔者发现泰国的一些汉语教材这样用泰语给汉语拼音注音：j ว[ci:]、q ฅ[c'i:]、x ซ[si:]。讲到词语和句子时，有些教材中汉字的上面是汉语拼音，下面是汉字的泰语注音，这样不但不能帮助学生纠正母语的负迁移，反而更加误导他们。j、q、x 正确的发音方法应该是：发 j 时舌尖抵住下齿背，舌面前部上抬抵住硬腭前部，阻塞气流，软腭上升，堵塞鼻腔通道，然后舌面前部稍稍离开硬腭前部，让气流从中间挤出，声带不颤动；发 q 时舌面活动跟 j 基本相同，只是 q 在舌面前部稍离硬腭时有一股较强的气流冲出；发 x 时舌尖抵住下齿背，舌面前部接近硬腭前部，软腭上升，堵塞鼻腔通道，使气流从舌面前部和硬腭之间摩擦而出，声带不颤动。教师在教学生时要让学生体会和区别舌面前、舌面中、舌尖前这几个发音部位的不同，这样才能发好这几个音。

因为前面学过了舌尖前音 z、c、s，学生基本上掌握了平舌音的发音方法，教舌尖后音 zh、ch、sh 时，可以让学生把舌尖翘起来。因为教师在示范发音时，嘴要动，不能同时解释，可用手来帮助，用手代表舌头，用指尖的平和翘来指挥学生练习区分 zh、ch、sh 和 z、c、s。经过反复练习，让学生达到舌尖的平翘自如。

因为泰语中有舌尖中颤音ร[r]，而我们的汉语普通话中有舌尖后浊擦音 r。汉语普通话的 r 自身的形状和泰语ร国际音标的形状是一样的，再加上两者都是舌尖音，泰国学生发汉语的 r 音时常颤动舌尖，发成了泰语［r］。在教这个音时，可以先让学生发好 sh，体会舌尖的发音部位，然后舌位不动，振动声带，舌尖不颤动。

2 韵母

汉语的韵母 ü 对泰国学生来说是个难点，含"ü"的相关韵母和音节也都比较难发。其实 ü 和 i 的发音情况大致相同，区别在于发 ü 时圆唇，发 i 时展唇。可以用汉语的 i 带 ü，因为 i 与 ü 舌位相同，先发 i 再把展开的嘴角撮起来，舌位保持不动，ü 就发好了。发好 ü 后再练习含 ü 的韵母 üe、üan、ün，最后结合声母练习音节。

卷舌音 er 是学生的一大难点，其偏误形式主要是没有卷舌过程，完全发成央元音或者前元音 [e]，或者开口度太大听起来像儿化韵 [ar]。

在这里我们顺便说一下儿化韵。泰国学生的儿化韵偏误也比较普遍，主要问题也有两个：一个是和原来的韵母结合得不好，听上去像两个音节；另外是发得不自然。就教育的经济性原则而言，笔者认为没必要要求每位泰国学生准确掌握儿化韵的所有发音，因为这个要求即使对于中国南方方言区的人来说都不易达到。教会学生一些常用或者有区别意义作用的儿化韵就可以了。

3 声调

泰语也是声调语言，而且有 5 个声调，所以声调对泰国学生来说并不陌生，但是中国人的音高变化范围比较大，泰国人的音高变化范围比较小。这可能也跟泰国的文化有关，在泰国说话柔声细语被认为是礼貌的表现，所以很少见到泰国人说汉语能够字正腔圆、掷地有声。泰国学生的声调偏误主要表现在第一声不够高，第二声起调的高度找不准，第三声不饱满，第四声降得不够低。因为汉语的第一声是高平调 [55]，而泰语的第一声是中平调 [33]，有的学生可能误以为是一样的，直接用泰语的第一声来对应汉语的第一声。

在声调教学中，教师可以采用"手口相佐法"，每读一个声调就用手画一次调号。阴平手抬得高高的画横线；阳平手往上扬，因为阳平是中升调，关键是找到声调音高的中间位置，然后提升表示是升调；上声画曲线，单音节练习时一定要学生发声饱满到位；去声手从高处劈下来，要从最高降到最低。反复练习，让学生摆脱母语的干扰，有助于声调的正确掌握。

4 语调

在学习汉语语音时，声母、韵母、声调大家都很重视，但常常忽略语调偏误问题，其实语调偏误在很大程度上影响一个人语音整体面貌的纯正性。特别是汉语普通话，有其特殊的语调特征。有的泰国学生一个音节一个音节地读，很准确，可在语流当中却感觉"泰味十足"，为什么？其实就是语调偏误在作怪。本文所说的语调包括词的轻重格、停连、句调。

4.1 轻重格

汉语语音在词语结构中并非都读得一样重，各音节的轻重分量、强弱程度不尽相同，大致可以分为四级：重、中、次轻、轻。朗读和说话时如果不能基本正确掌握普通话的轻重格式，语感上听起来就不自然、不纯正。

重音是词语的重读音节。汉语词语中处在末尾的音节大多数读重音。如："生活、开会、走路"，后面的音节是重音。

中音是不强调重读也不特别轻读的一般音节，一般在多音节词的前一个音节和中间的音节。如"生活、学习、开会、走路"前面的音节是中音。

轻音是特别轻读的音节，比重读音节的音长短得多，也完全失去了原有声调的调值，而依前一个音节的调值形成轻声特有的调值，在双音节中只出现在后面的音节。

次轻音是与轻音相比，声调依稀可辨的音节，如"新鲜、客人、制度、教育"等后面的音节是次轻音。这类词的轻重一般不太稳定。

常见的汉语词语轻重音格式的基本类型为：双音节词语绝大多数读为"中·重"格式，例如白云、比较、花草、教室、友谊等。双音节词语中也有少数是"重·次轻"格式或"重·轻"格式，例如错误、教育、天气、孩子、老实、休息等。三音节词语大多数读为"中·次轻·重"格式，例如博物馆、了不起、差不多。三音节词语中也有少数为"中·重·轻"格式，例如爱面子、不在乎、看样子等；"重·轻·轻"格式，例如出来了、姑娘家、伙计们、顾不得等。四音节词语大多数读为"中·次轻·中·重"的格式，例如公用电话、网络文学、各行各业等；也有少部分四音节词语读为"中·轻·中·重"格式，例如坑坑洼洼、慌里慌张、糊里糊涂。

泰国学生说汉语有自己的语调，双音节词语基本上是"重·重"型。由于泰语是词重音后置的语言，使得学生在说汉语词语时也会把第二个音节读得过重。汉语中的韵母都没有长短之别，而泰语中的韵母都有长短之别。由于受母语的发音习惯的影响，泰国学生有时候也会把汉语韵母发成长元音韵母，其在区别意义上倒没什么问题，但是听上去给人拖泥带水的感觉，不自然、不地道。轻声也是泰国学生发音的一大难点，他们发得不够轻、不够短，笔者在教学中以及调查中都发现泰国学生经常把汉语的轻声发成第一声。

4.2 停顿

停顿是指朗读时段与段、句与句、词语与词语之间出现的语气或声音上的间歇。停顿不但是人们生理上的需要——朗读者需要换气，听众也不可能接受无间断的一长串音节，而且是表情达意的需要。停顿一般分为：结构停顿和强调停顿。

结构停顿又称语法停顿，它是按照篇章和句子的语言结构关系来确定的停顿。段与段之间的停顿较长，句群的各句之间的停顿稍短，句子内部成分之间的停顿则更短。

有标点符号的地方，一般就按标点符号所表示的间歇进行处理。停顿的时间不确定，一般是：顿号短，逗号稍长，分号、冒号又稍长，句号、问号、叹号、破折号、省略号又稍长些。

强调停顿，又称逻辑停顿或感情停顿。它是句中特殊的间歇，是为了强调某一事物，突出某种语意或情感，或是为了加强语气，而在不是结构停顿的地方确定一个适当的停顿，或者在结束停顿的基础上变更停顿的时间。强调停顿的时间，往往比结构停顿要长些；强调停顿的位置，也是随表情达意需要而灵活设定的。

泰国学生出现停顿不当的偏误，一方面是因为对整个句子或上下文的意思还不十分理解，另一方面是因为学生对停顿的要求或规则还不够清楚。

4.3　句调

"句调"是指语言表达中每一句话在音高上表现出的高、低、下降、上扬语气。汉语既有声调又有句调，在说话时必须将二者很好地结合起来，既不能用声调代替句调，也不能将其他语言的句调直接搬到汉语中来。

汉语的句调不能太夸张，它主要表现在语句末尾的音节上。对于句末这个音节，只是在原有字调的基础上，稍稍地表现出上扬或下降的态势即可，不能因为句调完全改变字调。如果语句末尾是语气词或者轻读音节，那么句调就表现在倒数第二个或者倒数第三个音节上。例如：

去不去？（"去"的字调是第四声降调，但是句调是上扬，因此不是将qù读作qú，而是将qù的整个音节说的轻一些，稍微上扬一些。）

去吗？（句末的"吗"是语气词，读轻声，不好表现句调，那么"去"字就要在原来降调的基础上，将句调稍微上扬一些。）

只有在大声呼喊时，要将最后一个音节的声调变为第一声，这样可以将声音拖长，传送得远一些，如：着火啦！（"啦"本来是语气词，轻读，但是在呼喊中，不能轻读，要读第一声，这样可以把声音拉长，传送得远一些。）

但是为了使句末的语调表现得自然明显，句子的前部也要做些铺垫：如果是上扬语调，那么句子前部的语调要处于低平语调状态；如果是下降语调，那么句子前部要保持稍显高平语调的状态。

句调是情感的产物，情感丰富多彩，句调也无固定格式，要以适合全句思想表达为准绳。句调和语句的意义直接相关，根据语义可以将汉语的句调分为四类：

（1）升调，表示疑问、反诘、号召、惊讶、呼唤，以及句中停顿，表达时将句末的音节上扬。例如：

她是谁？

老师，这是什么意思？

（2）降调，表示坚决、肯定、赞扬、祝愿、祈使、感叹，表达时将句末的音节变短变低。如：

这是我妈妈。

谁说他不是英雄。

韩红的歌真好听啊！

（3）平调，表示犹豫不决，没有明确的意见，或者想不起下文，或者表示庄重、悲痛、冷淡，不将话说完，表达时将句末的音节拖平拉长。如：

> 这幅画的作者是……
>
> 你爱去不去，反正……

（4）曲调，表示意外、惊奇、夸张或者特殊的感情，表达时将句中的某一个音节加强、拖长、中间有升降，可以是句末音节，也可以是句中音节。如：

> 他天天穿那么朴素，是大富翁？

不少泰国人说汉语时，即使一个字一个字的发音没有什么问题，但是一连成句子就不对味了，高低升降乱了套，变成了"洋腔洋调"。出现这种语调偏误的原因是：

（1）平时以书面语学习为主，对整个句子的语气和语调缺乏感性认识。

（2）汉语有声调，又有轻重格，还有句调，不知道怎么样把它们结合起来。因为每个音节有声调，学习者往往只重视声调问题，忽视了语调问题，或用声调代替语调，或将自己母语的语调用于汉语。

（3）教学中不重视语调教学，将语调教学简单化：陈述句是降调，疑问句是升调。

针对这些语调偏误，泰国学生在学习汉语时，首先要理解和把握语句的意义，从而确定语调的类型，另外就是要多听、多观察中国人说话的语气和语调。

总之，要想提高对泰国学生汉语语音教学的效果，应从以下几方面着手：首先教师自己要有比较过硬的汉语语音基本功，要有比较强的听音、辨音、纠音能力。教师为学生选用的教材最好是针对泰国人编写的、科学的高质量的教材。同时要重视配套录音光盘的作用，让光盘在课上、课下都充分发挥作用。如果能在课堂语音教学时结合标注国际音标，并能准确找出汉泰语音中的异同进行有针对性的教学，学生会掌握得好一些。让学生通过图解了解拼音的实际发音，或通过语音比较软件来使学生的发音逐步接近标准汉语读音。初级阶段的语音教学要重视，中高级阶段也不能放松，使语音学习贯穿汉语学习的始终。当然，学生自己也要努力，不能只满足于"差不多"，课上要认真学习，课下要多听、多说、多练，不要怕说错，不要怕丢脸。

参考文献

［1］房英，杨万洁. 泰语语音［M］. 北京：民族出版社，2004.

［2］王若江. 汉语正音教程［M］. 北京：北京大学出版社，2005.

［3］孙汉萍. 汉、泰语的同异性比较［J］. 湘潭师范学院学报，1995（2）.

（本文原载于《广西师范学院学报》2009 年第 3 期）

游戏教学法在对外汉语非课程教学中的运用

——以泰国玛哈沙拉坎大学孔子学院的"汉语训练营"为例

陆晓芹

提要 在泰东北汉语教学市场尚未得到充分培育的情况下，玛哈沙拉坎大学孔子学院开发了"汉语训练营"项目。它在时间、地点、学生、教师等方面有自己的要求，在实施过程中充分运用游戏教学法，寓教于乐，具有内容丰富、形式灵活、实践性强等特点，极大地激发了学习者学习汉语的兴趣，有力地促进了泰国东北部汉语教学市场的拓展。

关键词 泰国 孔子学院 对外汉语教学 游戏教学法

近年来，随着我国政治、经济、科技等综合国力的不断增强和国际地位的不断提高，在全球形成的"汉语热"仍在持续升温。由于与我国在地理位置、历史关系、文化传统、现实交往等方面的特殊关系，泰国民众学习汉语的兴趣越来越浓。但学习者也普遍反映，汉语比较难学，甚至表现出不同程度的畏难情绪。与此同时，学习者在不同生活环境、文化背景下而形成的多元化价值观、人生观、思维方式、学习习惯也对汉语教学提出了更高的要求。在汉语作为第二语言的教学中，以"寓教于乐"为目标的游戏教学法一直是广大教师着意探索、行之有效的方法，马智对此做过专门的梳理与论述。① 但这些探索，主要着眼于常规的课程教学。在海外汉语教学市场尚未得到充分培育、全日制汉语教学工作量不足的情况下，有必要开发非课程的汉语教学。在这个过程中，运用游戏教学法显得尤为重要。10 年前，面对中小学汉语教学基础薄弱的泰国东北部，玛哈沙拉坎大

---

① 马智.对外汉语课堂游戏教学法研究综述［D］.长春：东北师范大学，2011.

学孔子学院开发了"汉语训练营"项目，激发潜在教学对象学习汉语的兴趣，以促进其汉语教学市场的不断拓展。笔者曾于 2008—2010 年作为"国家汉办"公派教师在泰国玛哈沙拉坎大学孔子学院从事汉语的教学和中国文化的推广工作，又于 2014—2015 年到该大学做访问学者，亲身参与、见证了这一项目的实施过程，还曾指导留学生周丽婧对其模式特点做了初步考察。① 在此基础上，本文着意将这一项目放到对外汉语游戏教学法的背景下，探讨其在非课堂教学中的运用。

1 背景：泰国玛哈沙拉坎大学孔子学院汉语教学市场的不断拓展

玛哈沙拉坎大学孔子学院位于泰国东北部，是由中国广西民族大学和泰国玛哈沙拉坎大学合作建设的，成立于 2006 年 12 月。在成立初期，学院仅有教职员工 5 人，没有独立的教学班，只是派出教师（包括"国家汉办"公派教师和汉语教师志愿者）到各个学校开展教学。其活动范围，最初也仅局限于玛哈沙拉坎府，教学活动则仅在玛哈沙拉坎大学中文系展开，中小学生数几近空白。

经过多方努力，学院的汉语教学规模不断扩大。在全日制教学方面：2007 年下半年，学院在加拉信府两所中学开展汉语教学；2008 年，学院又发展出了黎逸府两所中学、两所大学的汉语教学；2009 年上半年，学院新增加乌隆府一所中学的汉语教学，还开始与玛哈沙拉坎大学合作培养中泰语言文化比较专业的硕士研究生，在 6 所中学共 51 个班、3 所大学共 19 个班开设了汉语及相关课程，学生共计 2300 多人，形成了中学、大学本科、硕士研究生三大教学平台；至 2010 年上半年，教学规模又有突破，有 15 所学校 157 个教学班，学生人数近 7000，其中硕士研究生 20 多人，本科生 370 多人，中小学生 6567 人；到 2014—2015 学年度，学院有公派教师 2 人、志愿者教师 30 人，还另外从国内聘用汉语教师 3 人，在玛哈沙拉坎大学及玛哈沙拉坎府、加拉信府、黎逸府、亚梭吞府、武里南府共开设教学点 42 个，学生注册人数为 29799。

---

① 周丽婧. 泰国玛哈沙拉坎大学孔子学院中小学汉语训练营模式研究 [D]. 南宁：广西民族大学，2013.

在全日制教学工作之外，玛哈沙拉坎大学孔子学院还开展了汉语训练营、本土汉语教师培训、汉语水平考试以及丰富多彩的文化活动。其中，汉语训练营作为学院的特色项目，着眼于汉语教学目标人群的培育，对于泰国东北部全日制汉语教学市场的拓展，起到了重要的推动作用。

2 汉语训练营：一个对外汉语非课程教学项目

汉语训练营是玛哈沙拉坎大学孔子学院利用节假日时间开展的一个非课程汉语教学项目，自 2007 年开始实施。当时，玛哈沙拉坎大学孔子学院刚成立不久，在泰国东北部影响力不大，全日制汉语教学最初只面向玛哈沙拉坎大学中文专业的 100 多个学生，规模很小。为了寻求更大的发展空间，学院主动走出去，与所在的玛哈沙拉坎府以及附近各府教育管理部门和学校联系，为其开展汉语文化活动，名为"汉语训练营"。它作为全日制汉语教学工作的补充，在时间、地点、学生、教师等方面有自己的要求。

在时间上，汉语训练营一律选在节假日，以避免与全日制教学发生冲突，活动时长也以 1~2 天为限。在地点上，它可以选择在教学对象所在或邻近的学校，也可以由孔子学院提供场地，但要保证有一个较大的活动空间和若干个小教室，并提供至少一套多媒体设备。参加项目的学员全部来自泰国东北部，最初主要是中小学校的学生，后来逐渐拓展到大专院校，一般以 200 人以内为宜，绝大多数是汉语低阶甚至零基础的学员。根据每一期学员的人数，学院配备了若干教师，一般是每 15~20 个学员配备 1~2 位教师，他们具有汉泰双语沟通的能力，各方面的能力也都比较强。

在项目实施中，通常是有关单位提出申请，孔子学院派出教师开展活动。在最初的两三年，为了推介项目，学院主动走出去，寻求地方教育管理部门、学校和社会人士的支持并送教上门。但由于影响力有限，汉语训练营的举办次数也不太多。2008 年下半年和 2009 年上半年各举办 3 期，大约有 800 人参与，地点在四色菊府、乌隆府、黎逸府。随着学院影响力的扩大，上门求教的单位日益增多，其申请主体也日益多元化，从最初的中小学校扩大到大学、职业学院、汉语中心、市政府、政府教育局等。其中，2012 年举办了 11 期，有 1690 人参与，辐射范围包括乌隆府、四色菊府、乌纹府、黎逸府、加拉信府、玛哈沙拉坎府。

在玛哈沙拉坎大学孔子学院的起步和发展阶段，汉语训练营起了很大的作用。经过 10 年经营，学院的影响力和教学规模越来越大，无论是占地面积还是学生人数，均居泰国各"孔院"的首位。

3 游戏教学："汉语训练营"的教学策略

第二语言习得是一个长期而比较枯燥乏味的过程，汉语又被公认为世界上比较难学的语言之一。因此，游戏教学法一直是汉语作为第二语言教学中常用的方法。那么，何谓游戏呢？曾健从广义和狭义两方面对其下了定义，认为广义的游戏指外语或二语课堂教学中一切有组织的语言活动，狭义可指在外语或二语课堂教学中为调动学生积极性，巩固运用所学语言知识，以趣味性、灵活性和多样性的内容穿插在教学过程中的语言活动。[①]据了解，与国内相比，泰国东北部中小学校的课堂更为轻松自由。面对陌生而比较难学的汉语，如果不能采取灵活的办法，很可能使学生产生畏难甚至厌学的情绪。为此，有任教者指出，要在课堂中引入游戏，寓教于乐。[②] "汉语训练营"作为玛哈沙拉坎大学孔子学院全日制汉语教学的补充，目的也是"寓教于乐"，激发学习者学习汉语的兴趣。因此，其内容丰富、形式灵活、实践性强，具有游戏性的特点。

首先，"汉语训练营"的教学内容非常丰富。其各期内容不尽相同，除了语言类以外，还有文化、娱乐等方面。仅以 2009 年 9 月份的两期为例：9 月 11 日在加拉信府阿努昆娜丽中学的活动有趣味汉语、歌曲、书法、会话、太极武术等内容，9 月 15 日在黎逸府帕兰差职业技术学校则有汉语文化介绍、汉字游戏、书写毛笔字、学唱中文歌曲等内容。除此之外，教学人员还设计了跳兔子舞、传气球、抢凳子、板鞋和拔河等游戏项目，让学习者在汉语学习和文化实践之后彻底放松身心。

其次，汉语训练营的教学形式非常灵活。举办这个项目，就是要寓教于乐，让学生们一边游戏一边学习。因此，教学人员要充分考虑多数学生是汉语零起点学生的实际情况，精心设计，务必使每个环节都简单有趣、

---

① 曾健. 游戏在二语习得和教学中的应用 [J]. 湖北成人教育学院学报，2006（2）.
② 廖三华. 寓教于乐 激发兴趣——教泰国孩子学汉语 [J]. 世界汉语教学学会通讯，2014（2）.

容易掌握，适合每一位参加活动的学生。

在语言教学中，由每组教学人员自行设计一节课的趣味汉语学习内容，以掌握简单会话和汉字为目的，内容涉及各方面，如：日常用语、中国地理、历史、传统节日、日常衣食住行等。在教学过程中充分运用卡片、图表等教具，力求直观，边玩边学，同时辅以丰富的身体语言。例如关于水果名称的汉字教学，教学人员准备了一些卡片，上面是教学对象熟悉的一些水果的名称和图画。教师将学生们分为若干组，每组持一种水果的图片，并学会其读音，然后由其中一组教学对象读出另一组水果名称，拥有该水果名称的小组听到后要按照教学人员的要求，做出下蹲或其他事先指定的动作，然后由其发出新的指令。这种"认水果学汉语"游戏，让学生们在轻松、愉快的游戏中学会了一些水果的汉语名称。

文化方面的内容更为丰富，除了采用幻灯片图文并茂、充满趣味地介绍中国概况、文化习俗、歌舞艺术、饮食文化、传统服饰、传统体育等内容以外，更要求学生亲身参与。其间，教学人员通过组织学生学习一首中文歌、一段中国舞、一个剪纸图案、几个太极拳传统招式、画京剧脸谱、画中国地图、做饺子和汤圆等内容，亲身体验汉语文化。活动结束时，每位学生都上交了学习成果，活动小组从中评出优秀作品并给予鼓励，激发大家的学习热情。

再次，在实施过程中强调实践性。作为常规汉语教学的辅助，"汉语训练营"以满足教学对象"在快乐中学习"为目标，希望激发潜在教学对象学习汉语的兴趣，使更多中小学生更加自觉地学习汉语。因此，在项目实施中，采取了集中和分组两种形式，让学生动起来。其中，项目开始和结束的仪式、每天分组教学之前的热身活动、结束一天教学的总结工作、学习剪纸等环节采取集中活动的方式。在分组教学中，教师以 1~2 人为一组定点在某个教室，学生也被分为 15~20 人一组，分别进入不同教学点。在 40 分钟的教学后，教学人员不动，教学对象转到下一个地点进行学习。轮过两节课之后，休息 20 分钟到半个小时，再继续进行后面的活动。上午可以轮三到四节，下午安排两节，然后集中活动，一起唱当天学过的歌，或学习剪纸、对当天的活动进行总结等。其间，无论是以放松身心为目的的跳兔子舞、抢凳子、绑腿竞走等游戏，还是唱歌、剪纸、打太极、做饺子等文化活动，抑或是汉语字、词、句的学习，都要落实到具体的教学对象身上。教学人员对所有学生要一视同仁，无差别对待，力求充分调动每个人的积极性。

4 结语

在经济文化相对落后的泰国东北部，由于汉语教学市场尚未得到充分发展，玛哈沙拉坎大学孔子学院在协助玛哈沙拉坎大学中文系和部分中小学进行全日制汉语教学的同时，把培育中小学汉语教学市场作为工作重点，开发了非课程的汉语训练营项目。在项目实施中，充分运用游戏教学法，为泰国东北部广大的汉语教学目标人群提供内容丰富、形式灵活、实践性强的课程，达到了寓教于乐的效果，使汉语学习变成了一个快乐的过程。通过多年努力，学院凭着这一平台，充分地展示了自己的教学资源，社会影响力也不断扩大，不断有学校上门要求举办汉语训练营，进而开设全日制的汉语课程教学，有力地促进了泰国东北部汉语教学市场的拓展。这一成果，是游戏教学法在非课堂汉语教学中的一次应用，可为如何培育海外汉语教学市场提供借鉴。

参考文献

［1］廖三华. 寓教于乐　激发兴趣——教泰国孩子学汉语［J］. 世界汉语教学学会通讯，2014（2）.

［2］马智. 对外汉语课堂游戏教学法研究综述［D］. 长春：东北师范大学，2011.

［3］曾健. 游戏在二语习得和教学中的应用［J］. 湖北成人教育学院学报，2006（2）.

［4］周丽婧. 泰国玛哈沙拉坎大学孔子学院中小学汉语训练营模式研究［D］. 南宁：广西民族大学，2013.

汉语国际教育中书法教学的切入点

李达旭

提要 汉语国际教育背景下的书法教学，是外国留学生写好汉字，体验中国书法艺术，了解中国文化的一个途径。由于汉语程度不同、文化背景差异以及学时的限制，寻找适合的教学切入点，是书法教学实现教学目标的重要环节，也是激发外国留学生书法学习兴趣的关键。

关键词 汉语国际教育 书法教学 切入点

书法教学作为汉语国际教育专业的一门选修课程，是该专业学生深入、全面了解中国文化的重要途径，也是汉字教育、汉字文化教育的重要补充，是外国学生了解中国艺术的一个很好的特别体验。中国书法作为一种艺术形式和中国文化的载体，外国学生对其有一种新奇感和神秘感，开设国际书法教育是中国文化与世界各国文化交流的重要纽带，具有特别的作用与意义。

汉语国际教育背景下的书法教学，因学时的限制（一般是 20~30 个学时），在教学设计上多是汉字书法基础知识、基本理论的简明介绍、初步书写体验，教学程度只能设为初级。而学生的文化差异以及国别的班级混合程度差异，促使在书法教学的组织上必须寻找到适合的切入点。下面是笔者在汉语国际教育中对于书法教学如何切入的一些思考：

1 古代象形文字的切入

从古代象形字切入，可以使外国学生了解汉字的发展历史，认识到中国文字的智慧，同时使初次使用毛笔书写汉字的外国留学生易于入手，并能激发他们对汉字的新奇感和书写的兴趣。

一般而言，象形文字是最早产生的文字。象形文字是指纯粹利用图形来做文字使用的文字，这些文字又与所代表的东西，在形状上很相像。用文字的线条或笔画，把要表达物体的外形特征具体地勾画出来。中国古代的篆书存在大量的象形文字。这些象形文字是华夏民族智慧的结晶，是原始描摹事物的记录方式的一种传承，也是最形象、演变至今保存最完好的一种汉字字体。另外，中国古代的会意字，是由两个或两个以上的象形字组成，亦具很强的图形性。从认知角度上看，象形文字就是看图识字，中国甲骨文的象形字"月"字像一弯月亮的形状，"龟"（特别是繁体的［龜］）字像一只龟的侧面形状，"马"字就是一匹有马鬃、有四腿的马，"鱼"是一尾有鱼头、鱼身、鱼尾的游鱼，"艹"（草的本字）是两束草，"门"（繁体的［門］更像）字就是左右两扇门的形状，"酉"字就像是装酒的酒瓶，而"日"字是一个圆形，中间有一点，很像人们在直视太阳时，所看到的形态。这些象形字具有强烈的概括性和辨识度。而会意字"休"的意思就是人劳作后在树底下暂时休息，"众"就是三个人形排列在一起表示"多人"的意思，"即"就是用一个人正在吃饭的具体形态表示正在进行的抽象的时间概念，相当于英文中的正在进行时"ing"的时态，"既"字即用一个人已吃完饭的具体形态表示过去时态，相当于英文中的过去式"ed"的时态，从具象到抽象，充满中国古人的思维方式和智慧。所以外国留学生的书法教育，从古代大篆中的象形字、会意字切入，写字就是一种"画字"的过程，非常易于掌握，同时可以让他们了解汉字的历史和智慧。教学中可以列表把古代的象形字、会意字与现代汉字进行对比，让他们直观感受，并进行书写示范，然后让他们书写体验，能激发他们的新奇感、神秘感与兴趣感。

2　形式美法则的切入

形式美法则，是人类在创造美的形式、美的过程中对美的形式规律的经验总结和抽象概括。主要包括：对称均衡、单纯齐一、对比调和、比例、节奏韵律和多样统一。研究、探索形式美的法则，能够培养人们对形式美的敏感，指导人们更好地去创造美的事物。掌握形式美的法则，能够使人们更自觉地运用形式美的法则表现美的内容，达到美的形式与美的内容高度统一。汉字中的正书（包括小篆、隶书、楷书）笔画结构讲究对称、均匀、平衡、整齐、大小统一，就是形式美法则的体现。通过形式美法则的讲解，让外国留学生深入了解中国汉字的规范性与美观规则。而汉字中的上下比例就是以人的形体比例作为参照，也是黄金分割比例的形式美体现。"对比调和"与"多样统一"的法则，则是汉字书写在要求规范的同时亦要求有丰富的变化，不仅具有工艺美术的装饰性，同时具有纯艺术的抒情性，也能体现不同的汉字风格。形式美法则是人类认识和创造美过程中的共知，不同的国家、不同的民族并不存在太大的区别。与中国学生相比，外国留学生具备同样的形式美的感知能力。所以从形式美法则切入书法教学，对于外国留学生来说，不存在美感认识上的隔阂。书法教学中形式美法则的运用，能让外国留学生易于感受汉字的一般美感，对促进他们写一手漂亮美观的规范汉字有特别的作用。

3　中国文化内涵的切入

汉字是中国文化的载体和表征，书法审美理想与哲学思想融为一体。中国古代哲学中阴阳和谐、相克相生、相辅相成的辩证思想是书法的理论根据。而刚柔并济的兼容思想是书法的文化内核。书法中存在各种各样的辩证关系，如长短、轻重、粗细、提按、动静、俯仰、向背、方圆、奇正等等。通过分析笔画组合、字与字之间的组合以及章法布局的规律，让外国留学生感受古人的哲学智慧和文化内涵。

中国自古以来就有"字如其人"的说法，通过书写行为可以投射出人的性格、心理、情绪、能力等方面的信息。苏轼在《唐氏六人书后》中曾以拟人的描述来评论书法"真如立，行如行，草如走"。楷书像人"站立"，行书像人"走"，草书则像人"跑"。他在《论书》中更进一步用人体构成五要素来比喻书法的构成和书法的五要素，他说："书必有神、气、骨、肉、血，五者阙一，不为成书也。"清人王澍又给苏轼补充了三项内容，他说："作字如人然""筋、骨、血、肉、精、神、气、脉，八者备而后可为人"。可以把这八个字做这样理解，字的筋、骨、血、肉体现作者的基本功力，字的精、神、气、脉则反映作者的修养素质。清人刘熙载在《艺概》中指出："写字者，写志也。"他并举出张旭教诲颜真卿的一句话："非志士高人，讵可与言要妙？"书法审美品格与为人、修养、处事的原则相同。为人品格如"正直、敦实、仁厚、宽容、风骨气节"即是书法品格的参照。而处事原则如"扎实稳健、圆融灵活、因时制宜"就是汉字书写过程的理想状态。书写过程就是自我观照、自我修养的过程，写字就是书写人的意志、情趣、追求。国际书法教学中，老师可通过书写示范和视频，展示具体例字的各种书法审美品格，让外国留学生在临习过程中体会书品与人品的统一，感受书法的修身养性的文化功能，并深入领略书写过程的愉悦。

"中和美"是书法审美的最高境界，而社会生活理想追求的"平衡协调""稳定平和"，两者同出一辙。在篆书、隶书、楷书教学中通过稳定与平和的运笔练习，可以使外国留学生体验扎实、平静、专注、中和的文化内涵。"积极向上"的社会风尚理想与"力量劲健"的书法审美表现高度吻合。书法艺术充满生命力、气象与趣味。书法艺术的形象就是一个生命的形象，充满着生命意识和生命力量，汉字挥运中的顿按、起伏、屈伸、转折、交叉、翻腾、跳跃、呼应、连绵，无时无刻不表现出生命运动的美感与气势。笔画的回锋与出锋、连贯的书写，每个动作都体现出生命个体的灵敏、协调和蓬勃的活力。在对外国留学生的教学中，要强调对笔力的把控和掌握，通过对"力量"的感受来表现汉字的生命力意识，让他们了解书法的正能量，同时激发他们感受书法文化中的豪迈感，通过挥笔的力量感受中国文化的厚实、刚强与灵变。

4　书法意象感受的切入

书法的艺术表现手段是"立象以尽意"。书法艺术最摄人心魂的是它的气象。大自然中的各种气象，在书法家的笔下得到充分的展现，如龙飞凤舞、洪流激湍、长河孤烟、夏云奇峰、枯藤老树、坠石飞沙、狂泻千里等自然气象，都是激发书法作者心中创作的灵感源泉，也是书法欣赏者的联想感受指归。东汉时代著名书法家蔡邕在《笔论》中说："纵横有可象者，方得谓之书矣。"他总结了坐、行、飞、动、往、来、卧、起、愁、喜、虫食木叶、利剑长戈、强弓硬矢、水、火、云、雾、日、月十九种意象。在书法欣赏课程中，可以通过榜书大字和狂草书的演示，让外国留学生感受中国书法抽象的意象美，充分享受书法艺术的无限创造力和审美联想，让他们了解中国书法可以"通天地、泣鬼神"的艺术魅力。

5　姐妹艺术美感参照的切入

在审美上可以说，书法艺术融建筑、雕塑、绘画、舞蹈、音乐等各种艺术趣味于一炉。

汉字的结构造型严如建筑，层层堆叠，环环相扣，部件安排妥帖，整体严密结实，又有强烈的空间感。同时也极具雕塑的特点，汉字的形象千姿百态，有正与奇、实与虚、长与扁、方与圆、拙与巧等，各显意趣。

书法是视觉的、静态的，展示于纸上的空间艺术，但其流转可见的线条，通过急徐、抑扬、顿挫的运笔，充满气韵律动的用墨变化以及点画结构的和谐统一，犹如一曲曲风格各异的"无声的音乐"。而且在书法作品中，作者的创作欲望、内心感受、意趣、情态、心境、气质、个性等都可以得到充分的表露，音乐的抒情性得以淋漓尽致地表现。

汉字书法表现在纸上，水墨有浓、淡、干、湿、焦、宿、泗等墨色变化，正如绘画色彩的灿烂。在结构、章法布局上讲究经营位置，与绘画的构图如出一辙。

书法的节奏感强烈，这又十分近似于舞蹈。它既表明形体美，又表现为心理情感、人格的美，既不描摹实物，又不完全抽象。笔画在挥动中塑造形象，始终贯穿着舞蹈的精神。如张旭、怀素书法有纵横腾跳的气势和旋转如风的情态，足以传达空灵动荡的意境。

书法就是这样"囊括万殊，裁成一相"，在对外国留学生的书法教学过程中，可以从书法与姐妹艺术的相关性进行分项讲解与演示，并进行比对，让外国留学生感受作为集大成者的书法艺术，是如此的博大精深。

6 小结

从以上多个角度的切入，汉语国际教学中的书法教学可以分为三个层次：一是实用美观层面上的教学，主要是使用硬笔学习书写规范汉字，以整齐、洁净、清朗、流畅、有力为目标；二是人品与书品统一层面上的体验练习，以感受正直、扎实、厚重、中和、劲健、舒展、流动、顺畅、协调、平衡的美感以及书法文化内涵为目标；三是书法艺术欣赏的感悟，以了解、领略书法丰富的艺术语言等为目标。总的教学目标是让外国留学生通过书法艺术了解中国文化的博大精深。

参考文献

［1］华东师范大学古籍整理研究室. 历代书法论文选［M］. 上海：上海书画出版社，2014.

［2］陈振廉. 书法美学［M］. 济南：山东人民出版社，2006.

国别化与文化传播研究

缅甸汉语教学概况

熊　琦　张小克

提要　缅甸的汉语教学最早是由旅缅华侨于 19 世纪末自筹资金开展起来的，至 20 世纪 60 年代达到鼎盛。但由于缅甸政府推行私立学校国有化政策，民间的汉语教学被取消。20 世纪 90 年代，随着缅甸政府有关政策的松动，民间的汉语教学开始复苏，至今已形成一定规模。缅甸大学的汉语教学，则自 20 世纪 60 年代起一直延续至今，办学形式也几经变化。上述情况，外界鲜有所闻。本文通过实地考察，从公办大学和民间两个方面，对缅甸汉语教学的现状做了比较全面的介绍，在肯定其成绩的同时，也指出了存在的问题。

关键词　缅甸　汉语教学　现状　问题

缅甸的汉语教学（当地称华文教育）起始于 19 世纪末，首先是由定居缅甸的华侨自行筹资在民间进行的。据有关记载，1872 年（清同治十一年），仰光广东观音庙即开设了以读《三字经》《千字文》为主的私塾。1904 年，闽侨富商在仰光创建了第一所正规学校——中华义学。至 1948 年，据缅甸华侨服务社所编《三十七年度仰光华侨社团商号目录》所附的一份全缅华侨中小学名录来看，有准确校名的学校即达 195 所（方雄，2001）。1965 年，缅甸政府在仰光外国语学院设立了汉语系，开始了官办的汉语教学。但与此同时，缅甸政府又公布了《私立学校国有化条例》，将全缅近 300 所华校全部收归国有，并按缅甸的教育大纲进行教学，从而取消了民间的汉语教学。1988 年，现政府执政以后，缅甸民间的汉语教学出现了转机，华文学校虽仍未取得合法地位，但各种汉语补习学校却迅速发展起来，至今已经形成了官办和民办两种形式并存的汉语教学格局。

1　缅甸大学的汉语教学

目前，缅甸只有仰光外国语大学和曼德勒外国语大学设有汉语系。

1.1　仰光外国语大学汉语系

1.1.1　历史沿革、办学层次及规模①

仰光外国语大学的前身是成立于 1964 年的仰光外国语学院，1996 年改为现名。该校汉语系建于 1965 年，40 年来先后采用过 4 种办学形式。创办伊始只有业余班，招收对象是已经获得大学其他专业本科文凭，且在政府机关工作的公务员。上课时间是下班后，即每天 17 时至 19 时（习称晚班）。学制为 4 年，毕业时发汉语专业大专文凭。从 1965 年起，每年招收一个班，无须入学考试，每班 20 多人，但各班能坚持学到毕业的往往只有 2～3 人。其二是汉语专修班，自 1986 年开始招生，招收对象同上，但上学时间为每天 10 时至 14 时 30 分（习称白班），学制 2 年，也发大专文凭。从 1994 年起，招收对象不要求一定是公务员，所以报名者较多。一个班入学时人数可达 70～80 人，但中途有些人辍学，有些人转入业余班（晚班），到毕业时各班只剩 10 人左右。该类班办至 1998 年停止招生。其三是大专班，上课时间为上午 7 时至 8 时 40 分（习称早班），从 1998 年开始招生，学制 4 年，需进行入学考试，也有名额限制，毕业时发大专文凭。与此同时，原来的业余班（晚班）不再发大专文凭，改发结业证，学制也改为 3 年。其四是本科班，从 2001 年起开始招生，学制 3 年，招收对象是高中毕业生，根据毕业考试分数录取。至 2005 年 9 月，共毕业了 7 个班 212 人。②

目前，仰光外国语大学汉语系在校本科生 3 个年级共 129 人，大专班 4 个年级共 329 人，业余班 3 个年级共 441 人，总计 899 人。

1.1.2　开设课程及教材

仰光外国语大学汉语系现有三个层次的汉语教学，即本科班、大专班（早班）、业余班（晚班）。三个层次的汉语教学开设的课程及使用的教材

---

① 这部分的资料主要由依依敏女士提供。

② 本文的写作，得到了缅甸仰光外国语大学汉语系原系主任依依敏、仰光福星语言与电脑学苑教师胡萍红、曼德勒福庆语言电脑学校副校长李祖清等人的大力帮助，谨致谢忱。

大体一致。课程基本按听、说、读、写四个方面设置，本科班增开文学、语法、翻译课。使用的教材主要有以下几种（除特别说明外，均为北京语言大学出版社出版）。听力课：《初级汉语课本听力册》《情景会话》。会话课：《中级汉语听和说》《速成汉语》。阅读课：《汉语中级教程》《汉语初级教程》（北京大学出版社）。写作课：《新世纪汉语》《汉语写作教程》。文学课：《桥梁》。语法课：《实用汉语语法（修订本）》。

1.1.3　师资力量

仰光外国语大学汉语系的教师人数是随着办学层次的提升和学生人数的增长而逐步增加的。1965 年至 1981 年只有 1 位专职教师，即曾在北京大学进修过的吴德灿伦先生，他也是第一位系主任。目前，汉语系共有教师 23 人，其中大多数都以各种形式来中国学习过，短的 1 个月，长的 6 年。现任系主任杜婷奇 1998 年获北京语言大学博士学位，后来又有 2 位教师获该校硕士学位。现在还有 2 位教师分别在西南师范大学和北京外国语大学进修。中国"国家汉办"从 2001 年起向仰光外国语大学汉语系派遣汉语教师，每次 1 人，任期 2 年，迄今已派出 3 人。

1.2　曼德勒外国语大学汉语系①

曼德勒外国语大学成立于 1997 年，一开始即设有汉语系，系主任及骨干教师均由仰光外国语大学汉语系派出，办学层次、课程设置、所用教材也与后者无异，只是规模较小。目前本科班 3 个年级共有学生 105 人，大专班（早班）4 个年级共 151 人，业余班（晚班）3 个年级共 225 人，总计 481 人。该系现有缅甸教师 13 人。中国"国家汉办"从 2003 年起也向该系派遣汉语教师，每次 1 人，任期 2 年，迄今已派出 2 人。

2　缅甸民间的汉语教学

缅甸民间的汉语教学自 19 世纪末开始以来，一直没有停止过。即使在 1965 年华校被收归国有后，也仍以佛经学校、孔教学校、家庭补习班等形式顽强地生存着。近年来，随着缅甸政府有关政策的松动，民间的汉语教学开始复苏，并呈现出日益活跃的趋势。以下我们分缅南和缅北两个部分

---

① 具体数据由曼德勒大学汉语系主任丹丹温女士提供。

选择几个有代表性的点进行介绍，管中窥豹，可见一斑。

2.1 缅南民间的汉语教学

缅南地区以缅甸最大的城市即首都仰光为例。作为昔日全缅华文教育的中心，近年来，这里的汉语教学又开始活跃起来，有福星语言与电脑学苑、东方语言与商业中心、九龙堂、福庆宫、舜帝庙、缅华妇女协会、晋江公会等众多办学单位。其中前两所规模、影响较大。

2.1.1 福星语言与电脑学苑①

福星语言与电脑学苑成立于 2002 年 9 月 1 日，由缅甸福建同乡总会创办，当时叫汉语培训班，2003 年改为现名。创办初期，开设了 1 个汉语基础班，1 个汉语会话班，学生多是缅校（包括中学和大学）的在校生和与中国有贸易关系的公司的职员，共 100 多人，以华裔为主。培训班利用缅校上课和公司上班前后的空隙时间以及节假日上课。2002 年 11 月，学校又开办了 2 个汉语水平考试培训班，学生将近 300 人。2003 年 10 月，学校新增了电脑培训班，每期 3 个月，先后开设了汉语拼音与中文打字、影视与动画制作、网页设计等不同教学内容的班次，共有 480 位学员参加了学习。发展到现在，该校已有各种教学班 31 个，其中普通汉语班 9 个，汉语水平考试辅导班 6 个，汉语会话班 6 个，普通话高级训练班 1 个，电脑培训班 9 个，共计学生 820 多人。学校拥有专职教师 11 人，其中当地教师 7 人，中国外派教师 4 人，是目前仰光地区规模最大的一所汉语培训学校。

2.1.2 东方语言与商业中心②

该中心成立于 2003 年 8 月 15 日，由仰光地区的缅甸文化艺术协会、缅甸华商总会、缅华妇女协会等 8 个华人社团联合发起创办。中心以弘扬传承中华文化、推展华文教育事业为宗旨，以传授汉语、培训汉语教师为己任，主要有以下三种办学形式。其一是双语幼儿园，以汉语为主要教学语言之一。其二是汉语课程班，又分为少年汉语班、汉语特别班、汉语会话班、汉语水平考试辅导班等不同类型。少年汉语班开设汉语、汉语会话、算术、常识、音乐、美术等课程，使用国务院"侨办"编写的《汉

---

① 本部分主要参考了胡萍红女士提供的《缅甸福建同乡总会福星语言与电脑学苑办学纪实》一文。

② 本部分主要依据《东方语言与商业中心筹建经过》一文和该中心招生简章写成。

语》做教材，现利用周六、周日上课，准备逐步过渡为半日制小学。汉语特别班相当于初中，目前入学人数不多。汉语水平考试辅导班下分基础、初中等、高等等不同班次，每周上课 3 次，每期 4 个月。其三是汉语教师培训班，开设的主要课程有汉语语法、阅读、写作、听力及第二语言教学法等，每周上课 3 次，每期 3 个月。目前该中心有各类学生 250 多人。

除了上述两所学校以外，仰光地区还有 10 余所规模不一的汉语补习学校。据不完全统计，至 2005 年底，这些学校共有在校生 3300 人左右，教师 100 来人①。另外，还有一些由单个教师开办的家庭式补习班未计算在内。总的看来，以仰光为代表的缅南民间的汉语教学才刚刚起步，规模也较小，发展的空间还很大。

2.2　缅北民间的汉语教学

相对于缅南地区的汉语教学起步较晚、规模较小来说，缅北地区由于其靠近中国的有利位置，以及当地华人华侨的不懈努力，汉语教学从 20 世纪 70 年代就开始复苏，并迅速发展，至今已颇具规模。

2.2.1　果敢文学校

果敢是缅甸东北部与中国云南接壤的一个地区，现为掸邦第一特别行政区。该地区的居民多为汉族，所谓果敢文就是中文。在果敢特区境内，普遍开设了果敢文学校，而且从幼儿园到高中，各种班次一应俱全，均使用汉语授课。据不完全统计，仅在果敢特区政府所在地——腊戌市，就有果敢文学校 30 所，其中高中 2 所，初中 8 所，小学 20 所。另有 34 所散布在其周边地区。这些学校共有教师近 1000 人，学生约 25000 人。如果将缅北地区其他城镇如曼德勒、密支那、眉苗、东枝等地的果敢文学校也算在内，大约有学校 100 余所，学生 5 万多名②。需要指出的是，这些学校大都使用台湾出版的教材，教师也多受台湾培训。学生高中毕业后，还可以参加台湾的高考。由此可见，台湾对缅北的华文教育有相当大的影响。

2.2.2　瓦城福庆语言电脑学校③

瓦城是缅甸第二大城市曼德勒的旧称。瓦城福庆学校由瓦城福建同乡

---

①　数据来自中国驻缅大使馆文化处提供的资料。

②　本处数据来自王东白先生所撰《华教沧桑——缅甸华文教育纵览》（未刊）一文。

③　本部分资料主要由李祖清先生提供。

会于 1993 年 11 月创办，是一所以补习汉语为主的业余学校，开设了多个不同层次的教学班，如幼儿班（学制 2 年）、小学班（学制 6 年）、初中班（学制 2 年）、高级汉语班（学制 1 年）、电脑班等等，另外还有云南大学汉语言文学专业专科函授班。目前该校共有各类在校生 1500 人，40 名教师中大多为本校毕业生，均获得了汉语水平考试高等或中等证书。学校使用的教材皆为中国大陆出版，专科函授班开设的课程大体上与国内相同，但多了一门汉语水平考试辅导课。

在曼德勒，除了福庆语言电脑学校以外，还有瓦城孔教学校、明德学校两所汉语补习学校。前者拥有 5 个分校，各类在校生 7000 人，教师 100 多人，办学规模居全缅之首。后者有在校生 500 来人，教师 10 多人。两校均使用台湾教材。

3 缅甸汉语教学取得的成绩与存在的问题

3.1 成绩

自 1965 年缅甸政府将华文学校全部收归国有以后，旅缅华人华侨即丧失了学习祖国语言的主要阵地，因此目前缅甸（除缅北少数地区以外）40 岁以下的华裔绝大多数已不懂汉语。近年来，随着中国的崛起和中缅友谊及经贸关系的发展，沉寂多年的缅甸（尤其是缅南）华文教育迎来了新的契机，并在不太长的时间内取得了令人鼓舞的成绩，不仅越来越多的华裔报名参加学习，而且不少缅甸人包括一些高官子弟也加入了学习汉语的行列。由中国"国家汉办"在缅甸举办的汉语水平考试即是明证。该考试自 2001 年起每年举办一届，首届只有仰光一个考点，第二届起又在曼德勒增设了一个考点。前三届的考生人数大体持平，即 2001 年 287 人，2002 年 255 人，2003 年 259 人，至 2004 年猛增至 440 人，2005 年也有 416 人[①]。与此同时，各种类型的汉语竞赛也频繁举行。如仰光缅华文化艺术会每年都举办华语演讲比赛和华语歌唱比赛，报名者甚众。2004 年 2 月 16 日，仰光外国语大学也举办了首届汉语演讲比赛，并且这一赛事以后每年都在该校举办一届。缅华教育界与外界中断了几十年的学术交流也得以恢复。

---

① 此处数据由中国驻缅大使馆文化处和"国家汉办"考试处提供。

如1999年12月在菲律宾举行的第三届东南亚华文教育研讨会，2000年12月由中国国务院"侨办"和中国海外交流协会在上海联合主办的海外华文教育工作座谈会等，缅华教育界均派出代表参加。中国对外交流协会文教部部长邱进博士一行3人和中国海外华文教育工作联席会议考察团，也分别于1999年7月和2005年12月应邀访问了缅甸。

3.2 问题

毋庸讳言，缅甸的汉语教学在取得以上成绩的同时，也存在着不少问题。就正规大学的汉语教学而言，主要有三。其一，教师队伍不够稳定，专业水平有待提高。缅甸的教师待遇低下，大学教授每月工资加补贴才相当于人民币100元左右，[①] 而缅甸的物价并不低，因而"跳槽"的事时有发生。另外，现有的教师大多是本校毕业留校的，一部分是从社会上招聘的，有的并非汉语专业毕业。由于自身学历不高，知识有限，加之待遇过低，无心向学，所以很多人难以胜任教学工作。其二，教学设备、图书资料匮乏。由于政府投入严重不足，又不允许学校创收，因而校方无力购置汉语教学必需的图书资料和设备。两所外国语大学图书馆所藏的中文书籍几乎全部是中国"国家汉办"赠送的，种类和数量均十分有限。汉语系的电脑、语音室等也皆为中方所赠。其三，教学管理滞后。仰光外国语大学汉语系虽然已有40年的办学历史，但至今尚未建立起一套完整的规章制度，无论是教师授课还是期末考试，随意性都很大。教师所教课程经常变动，互相听课、评课很少，缺乏教学研究。对学生的管理也比较松弛，没有必要的奖惩制度。由于上述原因，缅甸大学的汉语教学质量并不尽如人意。业余班、大专班姑且不论，就是本科班的学生，汉语水平也不高，以至于许多在读的甚至已经毕业的学生还需要去社会上的汉语补习班上课，真是咄咄怪事！

至于民间的汉语教学，则问题更多。首先就是缅甸政府对华文教育总体上仍采取限制政策，并未承认其合法地位，因而缅华教育界难以放开手脚，名正言顺地推行汉语教学。其次，目前存在的各种汉语补习学校和补习班，多是华人社团或宗祠寺庙开办的，普遍存在着经费短缺，场地狭

---

① 这是我们在缅甸时的情况，据悉缅甸政府最近增加了大学教师的工资，但总体水平仍不高。

小，设备简陋，师资、教材不足，教学质量不高等问题。由于缺乏统一领导，力量分散，要想发展困难重重，有的甚至难以为继。第三，更为严重的是学生的出路问题。目前在缅甸，学生如果光会汉语是难以找到理想工作或得到深造机会的。所以，即使学生想学汉语，但迫于求职或升学的压力，他们也不得不把主要精力放在学习缅语或英语课程上面，汉语学习常常是三天打鱼两天晒网，只有到了缅校放假时，才能集中一段时间学习汉语。

综上所述，无论是公办大学的汉语教学抑或是民间的汉语教学，存在的问题委实不少，而要想解决这些问题，实非易事，需要各方的共同努力才行。总之，缅甸的汉语教学任重而道远，我们在对其充满期待和希望的同时，也衷心祝愿其早日复兴，再现辉煌！

参考文献

［1］何慧琴. 缅甸仰光外语学院的汉语教学 ［J］. 世界汉语教学，1992（1）.

［2］方雄. 朱波散记——缅甸华人社会掠影（北京大学华侨华人研究中心丛书之八）［M］. 海口：南岛出版社，2001.

（本文原载于《世界汉语教学》2006 年第 3 期）

针对东盟国家汉语教学的国别化研究

李宗宏

提要　本文针对东盟地区汉语教学问题提出见解，认为在这一地区实行汉语的国别化教学势在必行。文章从东盟国家目前汉语的形势分析入手，讨论了该地区汉语教学存在的理论缺乏、教材不适、教材不足、教学模式单一等问题，并提出解决这些问题的对策是贯彻国别化的教学思想。此外本文还详细论述了一些国别化教学的具体操作措施，为国别化教学的实施提供了一定参考。

关键词　汉语教学　东盟国家　国别化　措施

东南亚汉语区是海外使用汉语人数最多的一个地区，使用汉语人口已超过2000万人，占海外使用汉语总人数的一半。东盟十国包括：泰国、越南、新加坡、马来西亚、印度尼西亚、老挝、柬埔寨、缅甸、菲律宾、文莱。这些国家说汉语的人数有的已超过百万，如泰、马、印、新四国。随着中国在东盟各国影响的扩大，以及中国—东盟自由贸易区的逐步建立，东盟"汉语热"正在升温，汉语教学发展势头强劲。但基于历史（20世纪50—70年代，各国均不同程度取缔华文学校）和现实（一些国家对华文学校仍有政策限制）原因，针对东盟国家的汉语教学还存在很多难题亟待解决。

1　东盟国家汉语教学存在的问题

1.1　缺乏先进的汉语教学理论和方法

虽然东盟地区汉语教学（或华语教学、华文教学）长期存在，但是教学水平和教学方法很多还处在口耳相授的基础阶段，缺乏比较先进的教学理论和方法的指导。很多华文学校的教师本身的汉语水平不高，教材缺乏，教学方式单一。对外汉语教学（汉语国际教育），属于第二语言教学，目前学术界关于第二语言教学的理论和方法研究已经取得了丰富的成果。但是在东盟地区的很多华语学校和教学机构仍然采用最原始的教学方法，如：语法翻译法，老师讲一句中文再翻译成当地语言。这样不仅老师教得辛苦，学生的学习效果也不够好。而且东盟地区的华语教师普遍感到自己的授课水平需要提高。以华人最多的印度尼西亚为例，该国的汉语教师，20世纪40年代到50年代出生的占80%，最高学历为中学的（包括初中和高中）的占82%，没有接受过专业训练的达到50%，有69%的教师认为自己的教学水平有待提高。从这个数据来看，在印度尼西亚甚至整个东盟，汉语教师的综合素质普遍不高，而掌握汉语作为第二语言教学的基本理论和方法的汉语教师，更是少之又少。

1.2 汉语教材使用混乱，缺乏针对性

目前国内高校的对外汉语教学发展相当迅猛，但是每个学校所使用的教材随意性很大，国内市场上也没有特别的针对东盟国家的国别化教材，大多数情况下，教师们会选择与英、法等国学生一样的汉语教材，或者即便是自己编写的教材，使用范围也非常有限，并且没有形成系统，也就很难达到科学教育的目的。东盟当地使用的汉语教材种类比较多，有来自中国内地、香港、台湾等地的，有当地政府与中国教育部门合作编写的，也有根据本国实际情况编写的教材。各国在教材的选择和使用上比较混乱，频繁更换教材缺乏稳定性，内容不连贯缺乏连续性，字体繁简不同缺乏统一性，这些因素严重地影响到了对东盟国家汉语教学的质量，尽管每年"国家汉办"都会赠送大量的教材和汉语书籍到这些地区去，但是普遍反馈都是教材不合用，不是太简单就是太难，或者说没有针对当地教学的实际问题。

1.3 教学模式传统、单一

目前国内大多数高校在进行对外汉语教学时仍然采用"老师教，学生记"的填鸭式教学方法，或者是传统的语法翻译法，以教师为中心，忽略学生的习得情况，在课堂上老师讲授的时间往往超过一半甚至更多，缺乏行之有效的学生操练环节。在语言学习的听、说、读、写四项基本技能

中，只注重读、写而忽视听、说，学生在课堂上学到的知识常常不能在实际生活中使用，以上这些都是第二语言教学的大忌。语言最重要的功能就是交际工具，使学生快速、高效地习得第二语言是目前对外汉语教学过程中的关键任务，因此改变传统单一的教学模式尤为重要。

1.4　师资力量匮乏

东盟各国的汉语教学先后经过一段衰落时期，由于政府政策的严格限制，迫使很多教师离开学校或者改行，当汉语教学和华文教育再次复苏时，坚持下来的汉语教师大部分年事已高，再加上学生的大量增加，已无法胜任高强度的汉语教学。此外，东盟各国汉语教师的薪水、待遇等普遍缺乏吸引力，很难吸引年轻教师前来工作，各种因素共同作用，各国普遍出现"汉语教师荒"。这个现象不只在东盟，在世界各国都是如此。来自"国家汉办"的数字显示，目前全世界汉语教师的缺口达到100万之多，这一问题在东盟各国表现得尤为突出。根据"国家汉办"提供的数字，2007年，马来西亚汉语教师缺口9万人，印度尼西亚汉语教师缺口10万人，泰国至少需要2000位汉语教师，而由中国派出的汉语志愿者仅有640名。菲律宾、越南、老挝、缅甸等国家对汉语教师的需求也相当的紧迫。

1.5　小结

这些问题的存在说明一个不争的事实，针对东盟国家的汉语教学水平尚处于初级阶段。而东盟十国内部的语言文化又有很大的差异，这就造成对东盟的汉语教学不能采用一般以英语为母语者的大众化汉语教学方式。也就迫使我们面临一个严峻的问题：如何让东盟国家汉语教学更有效，更有针对性，更能符合东盟学生东盟当地的教学要求？我们认为实行东盟国家汉语教学的国别化势在必行。

2　国别化的必要性

2.1　汉语教学形势的变化

中华人民共和国建立后，汉语推广和教育工作有了极大的发展和提高。教育部对此专业的名称也从"对外汉语"更改为"汉语国际教育"。这一称呼的更改并不是简单的专业设置改变，而是反映了国家对整个汉语推广事业的观念转变。过去的"对外汉语"更多的是从中国人的角度出发，意为"对外国人的汉语教学"，反映当时的汉语推广工作大多面向外国来华留学生。而随着这一事业的不断发展和推进，观念不能仅仅局限于"请进来"，更多的应该是着眼于"走出去"，把汉语推广、教育工作搬到国外。其实来华学汉语的留学生从世界范围来说毕竟是少数，学生们能到中国需要具备一定的经济、社会、家庭条件。特别是东盟地区尚有很多国家经济欠发达，而这些国家的人民又有着强烈的汉语学习欲望，希望通过跟中国的经济往来文化交流而获得更好的生活，学到更多的知识。这种热烈的形势目前正日趋高涨，因此我们非常有必要将汉语"送出去"，直接送到学习者身边，使他们能够更容易地、更快速地、更有效地接触到汉语。目前正在蓬勃发展的孔子学院和孔子课堂就是一个很好的办法。另外，国家还每年从大中专院校和社会上选拔大量汉语推广志愿者，到当地去从事汉语教育。这些工作体现了"汉语国际教育"的新思想，汉语教学不再局限于来华留学生，而是放眼于所有希望将汉语作为第二语言来学习的人。

2.2 国别化内涵

汉语国别化是指针对不同的国家、不同的语言特点，制订相应的教学措施和方案，避免汉语教学的大众化和不适应性。一直以来，汉语作为第二语言教学的研究更多的是面向使用人口较多的语言，或经济发达的国家。其主要原因，除了跟上文提到的"请进来"的汉语教学观念相关之外，还跟汉语作为第二语言教学的本身发展水平有关。过去到中国学汉语的留学生大多数来自欧美等发达国家，因此教学方式会更加侧重于针对说英语、法语等大语种的学生。另外，在汉语推广的起步阶段各种条件还不完善，比如师资力量不够、理论探索不深入、适用教材缺乏等问题大量存在，因此只能选取相对来说受众最多使用最广的语言来进行汉语教学，比如英语、法语等。尤其以英语居多，大部分对外汉语教学对象都是以英语国家的学生为主。因此，我们所说的汉语国际教育的国别化思想就是指在具备一定的条件下，要根据不同国家的学生特点以及他们不同的学习需求制订相应的教学计划和措施，而不再像过去那样单一采用大语种的教学方式。

2.3 东盟汉语教学国别化的必要性

2.3.1 语言关系错综复杂

东盟现有 10 个成员国，即印度尼西亚、马来西亚、菲律宾、新加坡、泰国、越南、老挝、文莱、柬埔寨和缅甸。位于南亚古代文明核心区与东亚文化区的汇融地带的东盟是个民族情况和语言状况都相当复杂的地区，如越南有 54 个民族，老挝有 60 多个民族，缅甸有 135 个民族，印尼有 100 多个民族；许多民族都有自己的语言，如菲律宾有 70 多种语言，缅甸有 130 多种语言，而印尼的民族语言更多达 200 种。① 东盟国家的语言状况相当复杂，普遍存在一个国家内多语言和谐并存的现象。由于地域影响，这些语言有一定的相似性，却又互相独立，自成系统。有些国家之间因为地缘上的临近和历史上的原因，语言有很多相似之处，比如老挝语和泰语，说这两种语言的人之间可以正常交流并无太大障碍，对于这种情况国别化又可以做出适当的调整。对于东盟地区错综复杂的语言关系和文化关系，我们更要区别对待，采用国别化教学方式进行汉语教学。

2.3.2 大语种的不适应性

东盟地区经济相对落后，语言关系也比较复杂，很多渴望学习汉语的的人不一定掌握了英语等大语种语言。虽然这一地区的部分地区过去曾是英、法等国的殖民地，受过他们语言文化的熏陶，但是总体来看会说英语、法语的人还是比较少的。而且殖民地时代已经过去几十年了，当初会说殖民国语言的人已经渐渐老去，而当下渴望学习汉语的人却以年轻人居多。这些年轻人虽然在接受国民序列教育时学习过英语，但大多数对英语是不太精通的，因此若要采用大语种教学其适应性上有许多困难，更别说许多人对英语是一知半解的情况，更加不适合采用以英语为对象的普适化教学模式。

3 东盟国家汉语教学国别化的具体实践

3.1 加强理论研究

要将东盟国家汉语教学做国别化处理，首先要提升学界对国别化问题

---

① 梁燕华. 东盟国家语言状况及广西语言人才培养策略［J］. 东南亚纵横，2004（5）.

的认识，理论上要对国别化问题进行深入研究。近二十年来，对外汉语教学研究已经很大程度上注意到要针对学习对象的母语特点及文化背景来制订汉语作为第二语言教学的方法和模式。学界很多专家也都提倡语言对比研究，特别以汉英对比、汉日对比、汉法对比较为突出，有些研究已经达到了相当高的理论水平。但是汉语和东盟国家语言的对比研究尚处于起步阶段，目前涉及这方面的论著总体来说数量不多，质量也有待提高。做这方面研究的主要是一些来华进修的外国硕士生、博士生，以及国内与东盟地缘关系较近的一些高校和科研机构。

究其原因，主要是长期以来对这一地区的语言关注不够。这些语言属于小语种，使用人口相对较少，使用范围也相对狭窄，很难引起大范围的集体关注。提高理论研究的水平，首要工作之一就是要加强汉语与东盟国家语言之间的对比研究。找到学生母语和目的语之间的差异性，再根据这些差异制订相应的教学方案。比如：汉语和越南语同属于孤立语，缺乏形态变化，但是相对来说越南语的孤立程度更高，形态变化更少。汉语的虚词比越南语丰富，汉语当中与越南语对应的一些词已经语法化为虚词了，可是在越南语中仍然保留实词的特点。又如泰语和老挝语中很多修饰性成分都是后置的，泰语中量词不如汉语丰富，而泰语中很多佛教词汇和皇室用语等在教学中该如何处理。这都需要我们在理论上做出深入研究，了解学生的母语特点及文化背景，才能找出语言间的差异，才能针对这些差异进行有的放矢的教学。

3.2　有效落实研究成果

要深入研究汉语与东盟国家语言间的差异，包括尤其以语言对比为重要角度的全方位理论探索，这是对贯彻国别化方向具有启发意义和指导价值的。但是这种纯理论上的研究会涉及一些问题，最重要的是理论成果如何有效落实到实际教学过程当中，使得教学过程和教学效果得到切实有效的改善和提高。例如语言对比的理论成果如何应用到实际教学中，一般纯语言的对比研究和指导教学实践的应用研究是有很大区别的，例如，汉语是缺少形态变化的孤立语，而印尼语是形态变化丰富的屈折语，汉语的被动句通过语序和句子结构来体现，而印尼语的被动语则需要改变动词的形态来表现。什么样的形态变化对应汉语中哪种句法结构，它们之间的复杂关系如何是语言理论上要探索的问题。做这些分析很有必要，但是在具体教学中是否有必要将烦琐复杂的理论直接输入给学生，或者说如何将这些理论以恰当的方式和选取哪些部分输入给学生，这都是需要考虑的。我们在具体教学中一定要区分语言学教学和语言教学的关系。

在实际的教学过程中不仅要吸收利用语言学的研究成果，还应该深入教学一线，了解学生的学习情况。特别是注意搜集学生作业中出现的偏误问题，并总结出规律和特点，不同国家的学生往往在学习汉语过程中出现不同类型的偏误。以这种方式来有效地预防和发现汉语学习中的各类问题，才是应用语言学的真正价值所在。

3.3　处理好国别化和普适化、语别化的关系

与国别化相对的是普适化，普适化是指不分国别的不针对特定国家的汉语作为第二语言教学的研究。这包括汉语本体研究，其中涵盖语音、词汇、语法、汉字等各方面。国别化教学是要以普适化教学为基础的，只有做好汉语客观规律的基本研究，我们才能从普适化教学中再提取合理部分进行国别化的区分。比如汉语的哪些知识是必须教的，哪些问题是可以忽略的，哪些问题是无论什么国家的人都需要学习的，哪些内容应该先教哪些内容可以暂缓进行。教学大纲的制订、汉语水平考试的研发等，都需要我们对普适化的教学再做进一步的探索。

在国别化教学中还有一个问题是不能忽视的，就是语别化。在东盟地区，很多国家除了官方用语外，还有许多常用语言。每个国家又有很多少数民族，这些民族语言又和官方语言有很大不同。不仅如此，东盟各国基本上都存在多种官方用语，如新加坡有 4 种官方语言，分别是马来语、英语、华语、泰米尔语；柬埔寨有 3 种官方用语，分别是高棉语、英语和法语，马来西亚和文莱使用马来语、英语、华语，菲律宾的国语是他加禄语和英语。① 可见东盟国家语言状况非常复杂，在进行国别化教学的同时还要考虑到学生实际语言的千差万别，即便是同一个国家的学生也可能有操不同语言的情况，甚至可能存在语言不通的现象。这也从另一个方面证明了汉语国别化教学是一个相当复杂的过程。

除了受目的语和母语差异的影响外，学生还可能会受到汉语方言和台湾"国语"的影响。众所周知，东盟地区有大量的华裔、华侨，他们的祖

① 梁燕华. 东盟国家语言状况及广西语言人才培养策略［J］. 东南亚纵横，2004（5）.

辈大多来自中国南方地区，比如广东、福建、广西等，这些人的后代在学习汉语时自然会受到家庭中说汉语方言的亲属影响，不自觉地带有方言习惯。另外台湾也在东盟地区大力推行他们的"国语"，赠送大量的教材，委派众多的教师，很多学生在学习汉语之初都会受到台湾"国语"语音、语调、词汇、文字等的影响。因此在国别化教学的同时要注意处理好与普适化、语别化的关系。

3.4　提高教材编写质量

教材是教学中的重要凭借，教学过程中离不开教材。教材编写的国别化是国别化教学中的重要一环。普适化的教材大多以大语种作为目的语进行翻译，而教学内容的选择、编排、练习的设计等都是以大语种学生为主要参照对象的。这样的教材并不适合东盟国家的学生使用，甚至有些国家将一些以英语为注释语言的教材直接翻译成当地语言，方便学生使用。但是这并非真正的国别化，如此一来学生使用起来还是会感到不顺畅，因为教材的编写对象上的错位会带来整个编写思路的不对应。目前仅仅由国内学者编写的对外汉语教材就已经有成千上万种，这还不包括在海外的教师自行编订的教材。"国家汉办"每年向海外赠送的汉语教材也多达数十万册，但得到的反馈仍然是教材不合用。可见，教材的国别化不仅仅在于将翻译用语改为目的国语言就可以了，需要根据当地的实际教学情况，重点编写打磨几套有针对性、有特色、涵盖面较广、等级层次丰富的教材。有条件的还可以建立声像教材，使学生能在更生动、活泼的环境下接触到汉语，避免初学时碰到困难产生的排斥感。

3.5　注重教师素质的提升

除了教材之外，教师也是教学的重要资源和环节。前面提到目前东盟国家对汉语教师的缺口巨大，每年国家汉办都要向这一地区派送数千名汉语志愿者和汉语公派教师。由于东盟国家大多数经济不发达，但恰恰是越不发达的区域对汉语教师的需求就越强烈，在选派汉语志愿者和汉语教师时，往往国内的优秀教师不太愿意选择去这些不发达地区，而是更向往经济条件好的国家。所以选送的很多志愿者或老师都是非专业人士，有些甚至是与汉语、语言学专业相去甚远的理工类专业、体育专业、音乐专业、计算机专业等，似乎是会说汉语，有一定英语功底，甚至是英语水平不过关的人都可以去国外教汉语。而且志愿者当中也有相当一部分不是本着教学目的去的，而是带着去国外长见识、又可以游山玩水的心态去从事汉语教学。因此，在志愿者选拔时应该有一定的专业倾向，国家政策也要对这一地区做适当的倾斜，比如经济不发达地区是否能配备较好的条件或者给予较为充足的资金支持，使得有经验、有专业、有能力的优秀教师愿意到这些地区赴任。

另外，如果这些国家的汉语教师长期依靠中国外派也不能根本解决教师缺口的问题，最切实长远的做法还是应该大力培养当地的汉语教师。这样师资队伍就可以相对固定下来，不会像志愿者或外派教师那样一年或两年一换。这对学生来说也不是一件好事，很多志愿者只去一年，前半年在熟悉情况，等到后半年慢慢适应当地生活的时候却马上就又返程回国了。刚跟学生建立了一定的感情，就面临分别，学生也会经常受到这种离别情绪的影响而阻碍了学习。所以为东盟国家培养优秀的汉语教师势在必行，这些教师回国后又可以再培养新一代的汉语教师，然后再辅之以中国派出的一定数量的"外教"，那么教师缺口问题就可以解决了。

4 结论

东盟地区与中国山水相连，目前又是世界上发展较快的地区之一，也是汉语需求量较大的地区之一，中国与这些国家的交流也将日益密切。因此，如何提高这一地区的汉语教学质量和教学水平是一个迫在眉睫的问题。东盟国家汉语的国别化教学势在必行，但是国别化进程又是一个复杂的课题，不是一天两天能完成的，需要我们长期地投入大量的时间和精力去研究、实践。

参考文献

［1］李如龙. 论汉语国际教育的国别化［J］. 语言教学与研究，2012（5）.

［2］梁燕华. 东盟国家语言状况及广西语言人才培养策略［J］. 东南亚纵横，2004（5）.

［3］宛新政. 孔子学院与海外汉语教师的本土化建设［J］. 云南师范大学学报（对外汉语研究版），2009（1）.

［4］张居设. 东盟国家官方语言及其相关的政策启示［J］. 东南亚纵横，2011（6）.

［5］许琳. 汉语国际推广的形势和任务［J］. 世界汉语教学，2007（2）.

浅谈语言跨文化传播的途径

蒲春春

提要 语言跨文化传播的途径多种多样，既有强权的军事、政治途径，又有和平的外交、宗教、移民、教育途径等。语言的跨文化传播是人类社会交往日益频繁的必然产物，拓展汉语传播途径，促进汉语走向世界，是丰富和发展自我的一个重要途径。

关键词 语言 跨文化 汉语传播 途径

语言的产生和发展是与人类的社会生活息息相关的，正如马克思所言：语言也和意识一样，只是由于需要、由于和他人交往的迫切需要才产生的。从一定意义上说，人们在什么范围内进行活动、发生交际，语言就在什么范围内传播与流通。人们走到哪里，总会自然地把本民族的语言带到哪里。语言跨文化传播的途径多种多样，在这些途径中，有的是有意识的传播，有的是无意识的传播。其中既有强权的军事、政治途径，又有和平的外交、移民、教育途径。不论哪种途径，都会对语言产生一些深远的影响，这在语言文化的演变与发展中非常突出。

1 军事、政治与语言传播

历史上的各场战争都不同程度地将一民族的文化移入到另一民族的语言中，语言因此具有了鲜明的政治色彩。如，亚洲国家中日本、韩国、朝鲜、越南等都深受中国文化的影响，其中受影响最深、最广者莫如越南，越南语至今仍保留了大量的汉语词汇。据统计，越南语中的汉语借词约占其词汇总数的60%，在某些领域，这一比例甚至高达70%～80%。更为重要的是，愈是在正式的场合，越南语中的汉语借词愈受垂青。① 何故？我们不妨翻开史书，从中可窥一斑。

史书记载：公元前214年，秦始皇命屠睢带兵五十万略取南越一带，统一岭南，置三郡——桂林、南海、象郡（包括今广西西南部和越南北、中部一带地方），并将大批有文化知识的中原汉人迁入象郡，同骆越人混居，汉语汉字自此开始零星传入越南。公元前111年，汉武帝命伏波将军平"南越国"，设交趾、日南、九真等九郡，锡光、任延分别担任交趾、九真太守，在当地"建交学校，导之礼仪"，使汉字更加迅速地在骆越人中广泛传播开来。三国东吴时交州太守士燮更是将中国的汉字广为传播。越南成了中国封建王朝的藩属后，统治者为了巩固其统治、发展他们的经济文化事业，皆明智地继续汲取、发扬中国历代政治制度、经济成果的精华和先进的文化。这样，在越南封建统治者推行中国的儒、道、佛和扩大科举考试，培养一批又一批儒士的情况下，越南"上至朝廷，下至村野，自官至民，冠、婚、丧、祭、数理、医术，无一不用汉字"。正因为越南在相当长的历史时期里并用越、汉两种语言或以汉语（汉字）为官方主要语言文字，越南语大量吸收并长期保存了汉语的许多成分。② 如越南语把图书馆称为"thư viện[thɯ¹ vien⁶]"，正是借用了古汉语"书院"。我国旧时称阴历年正月初一为"元旦"，现在称阴历年为"春节"，称阳历年1月1日为元旦，而越南至今仍称阴历年为"nguyên đán[ŋwien¹ dan⁵]（元旦）"。又如，汉语的"学士"在越南语中是"cử nhân［kɯ³ ŋən¹］（举人）"，"博士"是"tiến sĩ[tien⁵ si⁴]（进士）"。由此可见，古老的中华文化在越南的传播已深深地影响着越南的语言和文化。

然而到了十九世纪末，法国在越南建立了殖民地统治，法殖民者规定机关、学校使用法语法文，禁止使用越南语和喃字、汉字；而从法国运来的新产品、药品等涌入越南殖民地市场，因此，法语随着法殖民者军事、政治、宗教、经济等方面势力进入越南语领域。1954年，法殖民者撤走之后，法语仍有不少的词语尤其是近现代科技方面的词语遗存在越南语里。如日常生活中常见的"香皂"，越南语说 xà phòng，源于法语 savon；"咖

① ［越］阮江灵.重新认识汉语借词在越南语中的地位和作用［J］.民族语文，2001（1）.
② 程方.现代越南语概论［M］.南宁：广西民族学院民族研究所，1988.

啡" cà phê 源于法语 cafe；等等。

历史上汉语在东亚的传播，虽然开始或其间有过军事上的偶尔对抗，但其传播方式始终贯穿着文化交流这根主线，更多地在于这些国家的统治者在政治上对中国政治制度、生产技术、文化文学的崇尚与推行。而多数语言，最初都是凭借炮舰铁蹄等强权政治才在他国登陆传播的。如，15—16 世纪的西班牙人倚仗当时举世无双的海上无敌舰队，把西班牙语传播到拉丁美洲等地；17—18 世纪的法语和俄罗斯语，也是随着法兰西和俄罗斯两大帝国版图的不断扩张而影响遍及周边地区；时至今日，法语仍是非洲中部的国际通用语。军事打通了语言传播的通道，政治则巩固了语言的根基。

2　政治外交活动与语言传播

政治外交活动的最初目的并不是传播文化，但客观上却起到了物质文化传播的作用。物质文化的交流也必然会推动语言的传播。

公元前 139 年，汉武帝派张骞出使西域，此后两汉内地和西域的交流日见繁盛，著名的"丝绸之路"随之开通，中亚文化大量涌入汉土，汉文化也逐渐波及西方。西域对于当时的汉人来说，完全是一个新天地，不但语言、风俗、饮食、文物制度完全不同，而且还有许多闻所未闻、见所未见的异草奇木、珍禽异兽、奇货宝物。苜蓿、蒲桃（葡萄）、安石榴、师（狮）子等，这些东西被带到汉土时并没有合适的汉语词汇可以表达，于是或借用中亚现成的伊兰语的原音来称呼，如"葡萄"来源于古大宛语，相当于伊朗语的 *budāwɑ 或 bādaga；或用类似于汉土原有事物的名称，再冠以"胡"字，如"胡桃""胡麻"等。前者即是来源于中亚的最早的一批汉语外来词。

中国文化对世界文化贡献最大的，在物质方面是丝绸、造纸、火药、指南针和印刷术。中国的丝绸和"丝"这个词通过丝绸之路传遍全世界。"丝"（汉语上古音 *sjiəɣ）在其他民族语言中的对等词基本都是以 s 开头：新波斯语叫 sarah，希腊语叫 sēres，蒙古语叫 sóirgek，英语叫 silk 等。以中国为名的东西最突出的是瓷器，英语 china 就兼有"中国"和"瓷器"两种意思。

3　宗教传播与语言的传播

语言和宗教都属于文化范畴，二者的关系十分密切。宗教的各种特点，在语言中都会有所反映，还会在语言中保留某些痕迹；而宗教的产生、传播、变异也会影响语言的发展、变化及其使用功能。

汉语的翻译史表明，我国大批吸收外来音译词，盖始自佛教的传入。佛经的翻译，大量佛教词语进入汉语，形成了汉语发展史上吸收外来词语的高潮。佛经的翻译对汉语语汇的发展产生了一定影响，不仅增加了大量直译、意译的表抽象概念的词，在音节结构方面也加速了汉语词汇双音节化的进程。如：梵文词śarīra，译为"舍利"，原指释迦牟尼遗体焚烧之后结成的珠状的东西，后泛指德行较高的和尚死后烧剩的骨头。

佛教文化的传入，使汉语的成语更加丰富，更加五彩斑斓。如，"一尘不染"，"尘"为梵语 Guṇa 之意译。佛教把色、声、香、味、触、法称为六尘，六尘产生于眼、耳、鼻、舌、身、意六根。"尘"有不清洁之义，即"尘境"。包括眼所对的色、鼻所对的香、耳所对的声、舌所对的味等，总称"六尘"。"六根"与"六尘"相对接触，会引发许多迷妄与烦恼。佛教主张修道的人不被六尘所玷污，叫作"一尘不染"，后来成了汉语的成语，比喻十分清洁，也比喻人的品格清高脱俗。又如，"回头是岸"，佛教有"苦海无边，回头是岸"，意思是有罪的人好像掉进苦海，只要回过头来，决心悔改，就能爬上岸来，获得再生。佛教认为，众生在生死轮回中遭受种种苦报，生死之苦，茫茫无边，称为"苦海"。后来比喻做坏事的人，只要彻底悔悟，就有出路。以上这些成语的意义，随着汉语词汇的发展，一直没有多大的改变，有些成语虽然后来意义有所变化，但是，透过对它们语源的探讨，加深了我们对佛教作为一种文化现象在汉语史上所起作用的认识。从这些例子不难看出，源出于佛门的成语，或因佛家宣传，加进了一些佛词引申而得；或出于佛经的一些典故使之运用广泛的俗语而成，如"一日被蛇咬，十年怕井绳"；抑或由禅悟引申而得的，如"不因一事，不长一智"；等等。这些通俗、生动的语言，都蕴含着幽默、深刻的喻义，丰富了汉语词汇的表现力。

4　迁徙与语言传播

不同类型的文化从相互隔离进入渗透和交融状态，其最主要的原因之一就是人口迁徙，即移民。移民一方面造成文化的传播，另一方面又使不同地域的文化发生交流，产生新文化，推动文化向前发展。人口的迁徙促进了文化的发展，同时也使语言发生了很大变化。

我国的闽南方言（闽南语）不仅在东南亚地区广泛应用，而且菲律宾的他加禄语与印度尼西亚和马来西亚的马来语中，某些词语还直接源于闽南语。马来语吸收闽南语的词汇，甚为广泛，有生活用品用语、口头用语、称谓语、食品用语、敬语、交通、赌博、文化娱乐、文化用具、衡器、地名、动物、数字等等。例如，生活用品有：punki（粪箕）、teken（茶罐）、tong（桶）、ue（锅）、bakiak（木屐）等。生活口头用语有：angpau（红包、压岁钱）、bisae（不行、不可以）、bohwat（无法）等。称谓语有：apek（阿伯）、entia（阿爹）、tachi（大姐）、engko（阿哥）、adek（阿弟）等。食品方面有：misoa（面线）、hebi（虾米）、bachang（肉粽）、lachi（荔枝）、lobak（萝卜）、leng-keng（龙眼）、lengkuen（冬瓜）等。交通工具有：chic（车）、sampan（舢板）等。地名方面有：Ho-kian（福建）、Tiongkoh（中国）等。数字方面有：ji（一）、go（五）等。① 据史料记载，早在唐末就有泉州人往文莱经商贸易。宋元时期，泉州又是东方大港，是我国与东南亚各国海上往来的重要港口，这就给泉州一带的人移居国外创造了许多有利的条件；明朝中叶以后，漳州取代了泉州港，成为对外贸易的中心，漳州人出国也日益增多。由于漳泉一带移居印尼和马来西亚等地的人数众多，时间较长，加之与当地通婚以及他们在当地所处的社会地位等缘故，闽南语也就容易为当地人所吸收和借用。

大量移民是语言得以生根开花的沃土。俄罗斯人、西班牙人和英国人都在其民族鼎盛时期大量向海外移民，这些移民分别构成了该语言传播区域现代民族的重要族源之一。当今英裔的美国人、加拿大人、澳大利亚人和新西兰人都是17—18世纪英国移民的后裔。移民的定居、本地化及其陆续追加，使语言的跨文化传播有了更加深厚的基础。

---

① 林金枝. 福建文化在东南亚的传播及其影响［J］. 福建论坛，1989（6）.

5　教育活动与语言传播

教育是将前人的经验留给后人，将他国的经验引进到本国，因此教育是语言文化传播的又一重要媒介。我国的对外汉语传播最早从商末周初开始，一直没有中断，而在对外汉语传播交流史上，唐代占据着重要的地位。唐朝的空前繁荣、兴盛及绚丽的文化吸引着众多的外国友人。唐代的外国留学生往往随本国使节入朝而留居长安学习中国语言、文化，据《新唐书·卷四十四·选举志》上载，贞观年间，"四夷若高丽、百济、新罗、高昌、吐蕃，相继遣子弟入学，遂至八千人"。可见留学生之多，其中又以朝鲜、日本为多。

朝鲜的高句丽十分重视培养汉语人才，在朝鲜半岛的三国中最早建立太学，尤其重要的是重视平民教育，并在全国各地设平民学校——"扃堂"，《旧唐书·东夷列传·高丽》记载："俗爱书籍，至于衡门厮养之家，各于街衢造大屋，谓之扃堂，子弟未婚之前，昼夜于此读书习射。"扃堂所读之书有《五经》《史记》《汉书》《后汉书》《三国志》《晋春秋》等经史著作，还有《玉篇》《字统》《字林》等汉字文学著作及《文选》这一著名的历史诗文选本，进一步保证了汉语、汉字、汉文化在高句丽的广泛传播。

日本旧称倭国。到了唐朝，日本派使节来唐，以后"稍习夏音，恶倭名，更号日本"（《新唐书·东夷列传·倭国传》）。由此可见，日本之所以改"倭国"为"日本"也是学习汉语的影响。开元四年来唐的吉备真备和空海和尚根据汉字的文字结构，采用偏旁与草书创造出了"片假名"与"平假名"，结束了日本语文分家、没有文字的历史。与汉语传播有关系的还有：当时的中国学者到日本传授汉语。公元 798 年，针对日本人读书时吴音和汉音混杂的情况，日本天皇发布诏书一律用汉音。有专门的音博士正音。可见，"汉字文化圈"的形成，与东亚各国汉语、汉文字的教育分不开。

6　经济、科技的发展与语言传播

经济联系与文化影响是语言得以持续传播的两个内在基本动力。英国人在人类文明史上率先完成了资产阶级革命和产业革命，他们在政治上开创了民主制度，在经济上开创了工业化生产方式，加之后起的美国等英语国家共同创造了自由市场经济，使得英语所代表的国家在经济、政治、文化诸方面表现出整体的先进性和优越感。一方面，人们看到了英语所代表的国家在政治、经济、文化诸方面对全世界散发的利益诱惑和强权恫吓；另一方面，人们也看到了非英语国家面对这个两难选择所表现出的彷徨与困惑；与此同时，人们更多地还看到了英语作为一种区域民族语言，伴随资本的跨国移动，产品、技术和信息的大量输出而走遍全世界，这当然也包括了中国。

汉语中字母词的出现是当今社会信息化和经济全球化的必然产物，是汉民族文化和外民族文化相互接触、交流和融合的必然结果。在对外开放的过程中，新事物新概念尤其是科技领域的新名词随中外文化的频繁交流而大量涌入，如信息技术：Windows、Internet（因特网）、E-mail（电子邮件）、IT（information technology 信息技术）、OA（office automation 办公自动化）、IP 电话（网络电话）、BBS（电子布告栏系统）等；并出现新的职位：ICP（互联网提供商）、CEO（首席执行官）、CTO（技术总监）等；电子领域：CD（激光唱片）、VCD（激光视盘）、DVD（数字式激光视盘）、MP3（数字音频压缩格式）、DV（数字影像摄录机）、SIM 卡（用户身份识别卡）等。

7 结语

影响语言发展变化的途径可以是多重的，上述只是以汉语与亚洲几国、欧洲等语言的交流为例简单归纳了语言跨文化传播的几个途径，并不能包括社会文化生活的所有方面。而一种语言，之所以能够在国家（民族）间实现跨文化传播，必须具备内外部诸多条件：主观上讲，这种语言必须是成熟的语言，即真正为该国家（民族）所共同使用，是该国家（民族）的共同语。这同时也意味着操持这种语言的国家（民族）的社会在当时的本区域已经发展成熟到相当水平，从而使该国家（民族）的社会生活与交际范围已经超越了传统的活动区域，率先产生了与其他国家（民族）交往联系的社会需要。客观上讲，操持这种语言的国家（民族）与周边国家（民族）的关系较为密切，尽管这种关系并非总是和睦融洽的。一是其与周边国家（民族）交往的主要目的是出于经济、政治、文化等方面利益上的考虑，尽管这种关系并非总是平等互利的；二是这些国家（民族）的文化教育已经发达到一定程度，能为语言的跨文化传播提供可能和条件，既要有语言的传播者，又要有语言的接受者。①

当前，语言的跨文化传播是人类社会国际交往日益频繁的必然产物，也是全球经济一体化、信息网络化进程中出现的又一全球问题。在这一历史进程中，语言间的相互影响与竞争、文化上的彼此碰撞与摩擦、民族情结与经济理性的痛苦抉择将在所难免。因此，大力发展经济，加强对外交流，拓展汉语传播途径，促进汉语走向世界，便是丰富和发展自我的一个重要途径。

---

① 周福芹. 论语言的跨文化传播［J］. 东北师大学报（哲学社会科学版），2003（2）.

参考文献

［1］程方. 现代越南语概论［M］. 南宁：广西民族学院民族研究所，1988.

［2］［越］阮江灵. 重新认识汉语借词在越南语中的地位和作用［J］. 民族语文，2001（1）.

［3］史有为. 汉语外来词［M］. 北京：商务印书馆，2000.

［4］周淑敏. 汉语与佛教文化［J］. 北京联合大学学报，2000（6）.

［5］林金枝. 福建文化在东南亚的传播及其影响［J］. 福建论坛，1989（6）.

［6］高霞. 唐朝的对外汉语传播简介［J］. 楚雄师专学报，2001（4）.

［7］贺芸，庄成余. 论英语全球化传播的原因及其影响［J］. 云南师范大学学报，2004（11）.

［8］周福芹. 论语言的跨文化传播［J］. 东北师大学报，2003（2）.

［9］薛笑丛. 字母词研究综述［J］. 语言与翻译（汉文），2006（1）.

全球化背景下的汉语国际教育
与中国文化传播

——基于"中华才艺"课程的实践与分析

陆　翾

提要　汉语国际推广是当前全球化背景下汉语国际教育教学的新趋势，同时，语言推广也伴随着文化传播，两者相互渗透、相互融合，才能构成一个完整的语言文化传播体系。随着我国综合国力的不断提升，国际影响力不断扩大，全球范围内掀起了一股"汉语热"，汉语国际推广面临着难得的发展机遇。而在国内院校目前的汉语国际教育教学中，大多课程都以语言教学为主，文化因素较少。因此，在汉语国际教育教学的过程中，通过加大中国优秀文化的传播力度，加强中国文化与世界各国文化的互动，才能在更好促进语言推广的同时，实现世界各国对中国文化的认同。

关键词　汉语推广　中国文化　传播

随着世界经济的全球化发展，语言和文化的全球化也成为了一个国家提升国际影响力、促进多方交流和推进文化发展战略的重要举措。近年来，我国世界经济地位和国际影响力逐年提高，汉语成为了众多外国人热捧的一种语言，甚至有专家预言："二十一世纪是汉语的世纪"，"英文和中文会是未来世界上两种主要的语言，会是未来世界上文化的最重要的载体"。因此，汉语的推广就对汉语这一语言的全球化起到了非常关键的推动作用。

随着我国国际影响力的不断提高，汉语作为全球使用人数最多的语言，在国际交流中发挥着越来越重要的作用，国际地位也在不断提高。但是，在目前的汉语国际推广教育中，大多高校都偏重语言的教育，忽略了文化的传播。只有当我们自觉地用文化的魅力带动语言的推广，才能真正实现语言和文化的强盛，在世界上赢得更为广阔的发展空间。

1 全球化背景下语言与文化的发展趋势

美国教授约瑟夫·奈认为，"一个国家的综合国力既包括由经济、科技、军事实力等表现出来的'硬实力'，也包括以意识形态和文化吸引力体现出来的'软实力'，软实力集中归纳为文化影响力、意识形态影响力、制度安排上的影响力和外交事务中的影响力。"一个国家文化软实力的高低，取决于这个国家在国际社会所获得的文化认同感和影响力的大小。一个民族的语言和文化传播能力体现了这个国家的整体实力。因此，实力越强的国家就越重视民族文化的传播，也会越加努力地开拓和丰富其文化传播途径。

文化的传播离不开语言，语言的推广也会伴随着文化的传播，借助民族语言来推广本国文化，已成为很多国家加强文化软实力建设的不二选择，有的国家甚至把推广本民族语言和文化列入了国家的外交政策和文化政策。国家"汉教"志愿者的使命中就有一条是"传播文化，让世界了解中国"——志愿者教师作为中国文化使者，将汉语带到世界各地，教更多的外国朋友快乐、快速地学习汉语，了解中国文化。

由此可见，渗透和融合是全球化形势下语言和文化的发展趋势。因此，我们要学会在语言的推广中传播文化，更要学会以中华民族深厚的文化底蕴为支撑，来进行汉语推广。也只有这样，才能适应和满足世界各国急速增长的汉语需求和学习热情，加强与各国人民之间的交流与合作。

2 汉语国际教育与中国文化传播现状

据统计，截至 2016 年 12 月 31 日，全球 140 个国家（地区）建立了512 所孔子学院和 1073 个孔子课堂。孔子学院 130 国（地区）共 512 所，其中，亚洲 32 国（地区）115 所，非洲 33 国 48 所，欧洲 41 国 170 所，美洲 21 国 161 所，大洋洲 3 国 18 所。孔子课堂 76 国（地区）共 1073 个（科摩罗、缅甸、马里、突尼斯、瓦努阿图、格林纳达、莱索托、库克群岛、安道尔、欧盟只有课堂，没有学院），其中，亚洲 20 国 100 个，非洲 15 国 27 个，欧洲 29 国 293 个，美洲 8 国 554 个，大洋洲 4 国 99 个。可见，由于经济地位和国际影响力的提升，中国得到了世界越来越多的关注，世界各国对中国五千多年的深厚历史文化也产生了越发浓厚的兴趣，汉语国际推广迎来了难得的机遇。正如国家汉语推广领导小组办公室主任许琳所说："海外通过汉语学习中国文化、了解当代中国的需求十分迫切。'孔子学院'已成为体现中国'软实力'的最亮品牌。"

然而遗憾的是，汉语推广和中国文化的教育还远未达到应有的效果。在国内开设有汉语国际教育专业的院校中，大多课程都偏向于语言教学，文化教育比重相对较低，使得我们汉语国际教育专业的学生——作为传播中国语言和文化的主力军，对自己国家的文化都知之甚少，更谈不上用文化促进语言传播，在语言教学中传播文化，实现语言教育和文化传播的融合了。

汉字是一种表意文字，经历了几千年的时代变迁，其背后蕴含着深厚的文化内涵。所以，透彻理解一种语言必须与其文化背景紧密联系。从各高校汉语国际教育专业的课程设置中，我们不难发现，学生主要学习语言学和文学知识，有些学校还会有针对性地开设一些额外课程，对传统文化的学习是少之又少。据了解，各高校汉语国际教育专业基本都会开设"中国文化概论"课程，教学偏理论，缺少实践。最受学生欢迎和认可的传统文化教育课程是"中华才艺"。

2007 年，"中华才艺"作为一门课程首次列入汉语国际教育专业人才培养计划。截至目前，"中华才艺"这门课程已经经历了十年的发展。而根据相关统计数据，虽然国家和各大院校都认可"中华才艺"课程的重要性，但由于种种原因，开设这一课程的院校所占比例偏低。相关资料显示，目前我国各高校汉语国际教育专业的"中华才艺"课程基本是根据自己学校的师资特点来设置课程内容，差别较大。华中科技大学"中华才艺"课程的内容包括了书法和剪纸；华中师范大学主要讲授中华文化常识，无实践教程；湖北工业大学包括了剪纸、中国结、葫芦丝；辽宁师范大学开设内容包括剪纸、太极拳和秧歌；广西民族大学开设有太极拳、剪纸、中国结等。

综上可见，"中华才艺"课程最突出的问题在于两个方面：一是课程定位问题，二是师资力量问题。"中华才艺"课程开设至今仅十年，时间较短，课程定位尚不明确。在课程定位方面，很多高校对"中华才艺"课程定位为"研习中华才艺，并应用于教学实践"，有的高校侧重讲授中国文化的基础知识，有的高校将其视为丰富学生业余生活的一种方式，有的高校则将其视为提高学生综合素质的途径。这些观点在一定程度上影响着"中华才艺"课程的目标定位，进而影响到课程的具体实施。而且，绝大多数高校将"中华才艺"的课程性质设定为专业选修课，课时安排在 16~36 课时之间，这一课时数相对内容丰富的中华才艺课程来说是远远不够的，学习效果难以保证。再说师资力量方面，中华才艺涉及门类多，故开设本课程的学校只能根据自身的师资来选择课程内容，这就造成了目前"中华才艺"课程内容没有统一标准，无法建立起一个完善的课程体系。同时，由于中华才艺涵盖的范围广，大部分学校都缺乏集多种才艺于一身的教师，因此，在很多情况下一门课程经常是由几个老师来共同完成。因此这些条件也限制了中华文化的传承和发扬，也随之影响了中国文化的传播和汉语推广的效果。

3　汉语国际教育中的文化课程改革策略

语言可以通过学习掌握，而文化的接受不是靠学出来的，它是一个内化接收的过程。对学习汉语的外国人来说，本国文化自出生之日起就贯穿于日常的生活中，早已深入骨髓，他国文化的习得就非常困难，如果只是对他们灌输文化内容，是很难真正消化的。因此，传播中国文化，不能一味地"说"文化，而应当将我们民族优秀的文化要素渗透到语言推广中，通过不同文化之间的对话交流，彰显出我国文化的特质。

要实现不同文化之间的有效交流，首先就要培养出一批能熟练掌握本国语言和文化的人，让他们学会在语言教学的过程中传播文化，并能利用文化来辅助语言教学，以达到更好的教学效果。而这些人绝大多数会是汉语国际教育的学生们。因此，针对目前汉语国际教育专业中国传统文化课开设所存在的问题，我们得从根源出发，将课程体系、教学方式和师资队伍建设等几个方面逐渐完善和加强。

3.1　优化课程体系

中国文化之博大精深，不是一门"中国文化概论"就能让学生全部了解的，除了理论的学习，还要通过实践去更好地体验和吸收。"中华才艺"课程在高校汉语国际教育专业的实施，为中国文化的传播提供了广阔的土壤，同时，通过中华才艺课程的学习，也体现了汉语国际推广的目的，即传播中国文化。因此，"中华才艺"课程的优化和改革就显得更加迫切。而且中华才艺涉及门类众多这一特点决定了它不仅是一门课程，而应该是一个贯穿本科四年教学过程的课程体系。各高校应该根据自身的实际情况设置核心课程和相关的辅助课程，形成一个完整的课程体系。

3.2 改变教学方式

在教学过程中，为了让学生系统地了解中国文化，同时掌握传播汉语的几个技能和技巧，我们必须不断改进教学方法，更好地调动学生学习的积极性。互联网时代的到来为"中华才艺"课程的教学提供了更好的方式。"互联网+课堂"的方式可以让学生更灵活地去选择学习时间，学生只需在实践课环节与学校老师当面进行实践练习。如今众多的线上课程共享平台为广大师生提供了更灵活多样的学习方式。比如，在智慧树网的共享课程清单中，就有北京师范大学张璐开设的"中国民族音乐作品鉴赏"，南开大学张荣明开设的"中华国学"，北京大学、南京大学、台湾大学、上海戏剧学院等跨校共建的"昆曲经典艺术欣赏"以及华夏文明和传统文化等系列课程，都是对中国传统文化学习的一些很好的辅助课程。在考核方式上，应该以实践为主，注重理论与实践相结合。

3.3 加强师资队伍建设

由于"中华才艺"课程涉及门类多，因而对任课教师的综合素质要求就相当高，在很多情况下，一位教师无法单独完成这么多门类的授课，且目前很多高校还没有专门的中华才艺课程教师。为了更好地开展教学，高校必须培养和挖掘相对稳定的中华才艺教师队伍，不断拓展教师的专业知识。学校可以通过组织相关教师参加专业培训，或聘请校内外各种艺术特长的人才开展专题培训等方式来加强师资队伍建设。

文化和语言是相互渗透、密不可分的。中国文化是汉语学习的重要支撑，是汉语推广者需要熟悉掌握的知识和技能。我们的汉语国际教育应将更多目光放在中国文化的教育上，只注重对学生语言学和文学知识的教学方式将不适应汉语国际教育发展的潮流，怎样将中国文化与语言教学相结合，让学生的文化学习贴近生活、贴近现实，在课堂这个有限的空间内让学生最大限度地感受学习中国文化的乐趣，并将所学的文化精髓转化为内在的东西，这些都值得我们更进一步去思考和研究。

在当今世界经济、文化全球化发展的时代，汉语国际教育处于一个跨文化的特殊场合，文化的传播需求对语言的推广提出了更高的要求——不仅要让世界各国学汉语，还要让世界各国来学习和接受中国文化。而同时，掌握好了各种传统文化知识和技能，我们在进行汉语国际推广时就多了更多的方式和技巧。我们要坚持以多元文化观为价值取向，在推广语言的同时积极传播中国文化，实现语言和文化的渗透、融合与互动，才能更好地帮助世界各国人民建立一个平等、包容、尊重的文化观，实现世界各国对中国文化的认同。这才是我们汉语国际教育最终要实现的真正目的。

参考文献

［1］张西平. 简论孔子学院的软实力功能［J］. 世界汉语教学，2007（3）.

［2］孔子学院/课堂. 关于孔子学院/课堂［EB/OL］. 汉办官网：http://www. hanban. edu. cn/confuciousinstitutes/node_10961. htm.

［3］吴晶，吕诺. 孔子学院成为中国"软实力"的最亮品牌［EB/OL］. 新华网：http://news. xinhuanet. com/overseas/2007-01/01/content_5556842. htm.

［4］杨同用，赵金广. 对外汉语专业课程设置分析［J］. 河北师范大学学报（教育科学版），2009（10）.

［5］陈慧. 汉语国际教育本科专业中华才艺课程体系研究［J］. 湖北工业大学学报，2013（12）.

［6］王红. 论对外汉语专业中华才艺研习课程的教学策略［J］. 读与写（教育教学刊），2014（4）.

语言对比与习得研究

从汉语"上/下+X$_{时间单位}$"的泰译
看汉泰时间认知差异①

徐利新　张小克

提要　文章考察了汉语方位词"上/下"的时间隐喻义在泰语中的翻译，并说明汉泰两种语言对于时间认知的异同。由于汉语存在垂直方向和水平方向的时间隐喻，泰语缺乏垂直方向的时间隐喻，致使泰语水平方向的时间隐喻存在语义不平衡的现象。这种现象在其他东南亚语言中也普遍存在。

关键词　时间隐喻　方位词　认知

1　引言

"时空隐喻"是认知语言学的重要研究内容，一直以来备受中外学者如 Clark、Lakoff、董为光、周榕、李萍、张建理与丁展平等关注。从近年来的研究成果看，主要呈现出以下两方面特点：一是研究范围主要集中于汉语与英语的时间隐喻方式、差异产生原因方面的对比，有关汉语与东南亚语言的时间隐喻对比研究相对缺乏；二是研究角度主要从语言的词汇、文化、认知基础等宏观层面着眼，有关微观方面诸如方位词的时间隐喻对比分析相对较少。为此，本文欲突破原有研究范围和角度，选取汉语方位词"上/下"与泰语的相应表达进行对比分析，以期深入挖掘这两种语言的时间隐喻认知特点。

汉语方位词"上/下"是一对使用频率极高的词，并且其引申意义十

---

①　基金项目：2014 广西民族大学科研基金资助项目"汉泰'上/下'义词的对比研究"（项目编号：2014MDYB021）。

分丰富。"上／下"的方位概念义及引申的抽象范围义在泰语中的相应表达呈现出较整齐的对应关系。以汉语方位词"上"为例（见表1），汉语方位义"上"在发展过程中不断引申出其他意义，可以表达"物体表面""物体里面""物体内部"的意思，引申的抽象范围义可以表达"……范围""……方面"的意思，泰语分别对应 bun^{33}、nai^{33}、thi^{41}：、nai^{33}、tha：$\eta^{33}ta$：n^{41} 这些词语，呈现出较为整齐的"一对多"格式。在位置关系上，汉泰对应也比较整齐，汉语里的"上"位于名词之后，泰语的相应词语均位于名词之前。

表1 汉语"上_{方位概念义}"和"上_{抽象范围义}"的泰译

	上_{方位概念}			上_{抽象范围}	
泰语对应表达	bon^{33}	nai^{33}	thi^{41}	nai^{33}	tha：$\eta^{33}ta$：n^{41}
用例 汉	桌子上	墙上(的洞)	街角上	课堂上	内容上
泰	$bon^{33}to?^{45}$	$nai^{33}pha?^{45}naŋ^{45}$	$thi^{41}mum^{33}tha^{21}non^{45}$	$nai^{33}chan^{45}ria$：n^{33}	tha：$\eta^{33}ta$：$n^{41}nia^{45}ha$：^{14}
汉泰格式	名词＋上 $bon^{33}/nai^{33}/thi^{41}$：$/tha$：$\eta^{33}ta$：$n^{41}$＋名词				

但汉语方位词"上"除了具有方位概念义和抽象范围义以外，还与方位词"下"一同引申出了时间概念义，其时间概念义与泰语的相应表达呈现出较明显的不对称关系，这种不对称关系在其他东南亚语言中也普遍存在。据此，我们试从汉语"上／下＋X_{时间单位}"结构在泰语中的翻译入手，说明这两种语言对于时间认知的异同，从而解释由其引发的不对称关系，以期更好地了解人类对时间认知的规律，为汉泰语的词汇教学提供参考依据。

2 汉语"上／下＋X_{时间单位}"的语法结构和意义

"上／下＋X_{时间单位}"在汉语中有广泛且系统的运用，其中《现代汉语词典（第6版）》列出的词条包括：

上半晌／上半时／上半天／上半夜①／上辈／上辈子／上代／上古／上年／

———————————

① "上半夜/下半夜"在《现代汉语词典（第6版）》与《现代汉语八百词》中分别看成词和短语，不影响下文的分析。

上世／上午／上旬

下半晌／下半时／下半天／下半夜／下辈／下辈子／—／—／—／—①／下午／下旬

除此以外，《现代汉语八百词（增订本）》中也列举了"上／下＋名"的用法，包括：

上半夜／上半个月／上半年／上星期二／上两个月／—／上一季度／上个世纪

下半夜／下半个月／下半年／下星期三／下两个月／下一年／下一季度／下个世纪

可见，"上／下"既可以与"X$_{时间单位}$"形成固定搭配，组合成"词"，也可以与一些"X$_{时间单位}$"形成较为松散的结构，组合成"短语"。对此我们不做细分，统一称为"上／下＋X$_{时间单位}$"格式。

"上／下＋X$_{时间单位}$"格式中，"上／下"属于方位词，是名词的附类[《现代汉语词典（第6版）》]。另外，《现代汉语八百词（增订本）》提到"上／下"分别指"前一半时间或刚过去的时间"和"后一半时间或即将到来的时间"，"上／下"后接名词类似的形容词。据此，"上／下"与"X$_{时间单位}$"的结构关系也可以看作定中关系。

"上／下＋X$_{时间单位}$"格式根据语义还可以细分为两种情况，即"前一半时间／后一半时间"和"刚过去的时间／即将到来的时间"。"前一半时间／后一半时间"指的是一个完整的时间单位可以分成两部分。例如，对于"天"这个完整的时间单位，可以有"上半天／下半天"的说法，对于"月"和"年"也可以分别表述为"上半月／下半月""上半年／下半年"。

3　汉语"上／下＋X$_{时间单位}$"格式在泰语中的翻译

在语言谱系分类中，泰语和汉语同属汉藏语系，都是孤立语，也都以语序作为重要的语法手段。修饰关系上，泰语修饰语后置，汉语修饰语前置。汉译泰时，泰语的时间单位词大多在前，与汉语"上／下"相对应的

---

① "—"表示该书并未列出相应表达。另，《现代汉语词典（第6版）》列出"下世"一词为动词，意思是"去世"，不属于本文讨论范围。

词或短语大多在后，即形成了被修饰语在前，修饰语在后的"中定关系"。从汉语"上/下+X时间单位"格式的泰译来看，能够充当泰语时间单位修饰语的成分，类型十分丰富，与汉语差异较大，例如：

泰语：chua:ŋ⁴¹cha:w⁴⁵ sap²¹da³³：thi⁴¹:lɛ:w⁴⁵ ton⁴¹dɨan³³ khriŋ⁴¹pi:³³lɛ:k⁴¹ ban³³phaʔ⁴⁵buʔ²¹rut²¹run⁴¹ko:n²¹[10] (P1197~1203)

汉语直译：期间 <u>早上</u>　　星期 <u>过去的</u>　　<u>初端</u> 月　半 年 <u>最初</u>　　祖先 代 <u>先</u>

汉语意译：　　上午　　　　上星期　　　　上旬　　　上半年　　　　　上代

泰语：chua:ŋ⁴¹bai²¹：　sap²¹da³³:na⁴¹：　pla:i³³dɨan³³ khriŋ⁴¹pi:³³laŋ¹⁴ ban³³phaʔ⁴⁵buʔ²¹rut²¹run⁴¹laŋ¹⁴[10] (P1496~1501)

汉语直译：期间 <u>午后</u>　　星期 <u>前</u>　　　<u>末端</u> 月　半 年 <u>后</u>　　　祖先 代 <u>后</u>

汉语意译：　　下午　　　　下星期　　　　下旬　　　下半年　　　　　下代

从上述汉泰翻译来看，以下几点值得注意：

（1）同样表达"前一半时间或刚过去的时间"和"后一半时间或即将到来的时间"，汉语只用了两个词"上/下"，而泰语却用到了名词、副词、动词短语等各种形式。例如：cha:w⁴⁵（早上）、bai²¹：（午后）、pla:i³³（末端）是名词，na⁴¹：（下一个）、lɛ:k⁴¹（最初）、laŋ¹⁴（后面）、ton⁴¹（初端）、ko：n²¹（先）是副词，thi⁴¹：lɛ:w⁴⁵（过去的）是"的"字短语。

（2）其中 ton⁴¹dɨan³³（上旬）和 pla:i³³dɨan³³（下旬）的格式仿佛呈现"定中"的位置关系，其实并非如此。泰语里没有"旬"的概念，只能与汉语的"月初""月末"的意思相对应，所以 ton⁴¹（初端）和 pla:i³³（末端）成了被修饰语，放在了中心语 dɨan³³（月）前面，依然是"中定关系"。

（3）sap²¹da³³：thi⁴¹：lɛ:w⁴⁵（上星期）中的 thi⁴¹：是结构助词的标志，翻译成汉语的"的"，所以 thi⁴¹：lɛ:w⁴⁵ 可以看成是"的"字结构作定语，翻译成"过去的"，所以"上星期"也就是"过去的（那个）星期"。这种表达形式在泰语中较为普遍，可以形成"X时间单位+thi⁴¹：lɛ:w⁴⁵"的格式，表达"刚过去的时间"。与 thi⁴¹：lɛ:w⁴⁵（过去的）意义相反并且较常用的词是 na⁴¹：（下一个），可以构成"X时间单位+na⁴¹："格式，表示"后一半时间或即将到来的时间"。例如：

上个月 dɨan³³ thi⁴¹:lɛ:w⁴⁵　　　　　下个月 dɨan³³ na⁴¹：

上个季度 ro:p⁴¹rɨ⁴⁵du³³kan³³ thi⁴¹:lɛ:w⁴⁵　　下个季度 ro:p⁴¹rɨ⁴⁵du³³kan³³ na⁴¹：

上个世纪 $sat^{21}ta?^{33}wat^{45}thi^{41}$：$l\varepsilon$：$w^{45}$　　　下个世纪 $sat^{21}ta?^{33}wat^{45}na^{41}$：

上个学期 $th\partial$：$m^{33}thi^{41}$：$l\varepsilon$：w^{45}　　　下个学期 $th\partial$：$m^{33}na^{41}$：

另外，泰语中与"前一半时间/后一半时间"义的"上/下"相对的是 $l\varepsilon$：k^{41}（最初）和 $la\eta^{14}$（后），例如 $khri\eta^{41}pi$：$^{33}l\varepsilon$：k^{41}（上半年）/ $khri\eta^{41}pi$：$^{33}la\eta^{14}$（下半年）。

据此，我们可以根据"上/下"的两种语义找到两个与汉语"上/下 + $X_{时间单位}$"格式相对应的泰译，即"$X_{时间单位}+thi^{41}$：w^{45}/ na^{41}："格式和 "$X_{时间单位}+l\varepsilon$：k^{41}/ $la\eta^{14}$"格式。

4　汉泰时间认知的异同

4.1　汉泰时间认知的共性

人类对时间的认知往往滞后于对空间的认知，考察各种语言都会发现，大量表示时间的词都来自空间概念。Glucksbergetal 认为："人类语言的一个普遍特性，甚至说，人类思维的一个普遍特性，是系统地使用空间概念和词汇来喻指时间概念。"汉语和泰语也不例外，汉语利用"上/下""前/后"等方位词表达时间的早晚、先后，如"上半夜/下半夜""前半夜/后半夜"。泰语也利用方位词表示时间的早晚，如 pi：$^{33}na^{41}$：（明年）、da：$n^{41}na^{41}$：（前面）中的 na^{41}：本义为"脸/面"，引申义为"前/下一个"；再如，$khri\eta^{41}pi$：$^{33}la\eta^{14}$（下半年）中的 $la\eta^{14}$ 本义为"背"，引申义为"后"。这是汉泰时间认知的共性之一。

Yu Ning 把时间概念分成三种表现形式，分别为线性模式、周期性模式和螺旋形模式，认为"在线性模式中，时间只具有单一维度，从过去经过现在向将来运动，反之亦然。在周期循环性模式中，时间很显然是二维的，形成一个环路，人们可以沿着它向前走到过去。在螺旋形模式中，时间上下、前后、左右同时运动，占据三维空间。"从时间概念的表现模式来看，汉语和泰语都属于线性模式，即时间具有单一维度，从过去经过现在向未来运动。这是汉泰时间认知的共性之二。

4.2　汉泰时间认知的差异

4.2.1　泰语缺乏垂直方向的时间认知视角

上文已经提到，从时间概念的表现模式来看，汉语和泰语都属于线性模式。通常这种模式体现在两种不同的运动方向上，一个是垂直方向，一个是水平方向。汉语和泰语虽然都属于线性模式，但是在运动方向上却存在较大差异。下面我们主要针对这种差异现象进行具体分析。

通过汉语"上/下+X$_{时间单位}$"的泰译我们可以看到，泰语"X$_{时间单位}$+thi^{41}：lɛ：w^{45}/na^{41}："和"X$_{时间单位}$+lɛ：k^{41}/laŋ^{14}"两种格式中，第一种格式与"上/下"对应的部分是动词构成的描述性短语"thi^{41}：lɛ：w^{45}"，相当于汉语"过去的"的意思，还有"na^{41}："，相当于汉语的"前"；第二种格式中，"lɛ：k^{41}"相当于汉语的"最初的"的意思，"laŋ^{14}"相当于汉语的"后面的"的意思。这两对儿词语都仅在使用过程中形成临时的反义关系，而真正构成反义关系的方位词是 na^{41}：（前）/laŋ^{14}（后）、bon^{33}（上）/laŋ^{41}（下）。

泰语的方位词 bon^{33}（上）和 laŋ^{41}（下），没有隐喻到时间层面。《泰汉词典》里"bon^{33}（上）"有四个义项：名词——天堂，天上；动词——许愿；副词——上面（chan^{45}bon^{33} 上层）；介词——在 …… 上（naŋ^{14}sɨ^{14}ju^{21}：bon^{33}toʔ^{45} 书在桌子上）。"laŋ^{41}（下）"仅一个义项：副词，底下（da：n^{41}laŋ^{41} 下边）。通过这些义项可以看出，泰语的方位词 bon^{33}（上）和 laŋ^{41}（下）并没有产生较为复杂的隐喻，也没有隐喻到时间层面。

4.2.2 汉泰水平方向的时间认知视角不一

汉泰语虽然都具有水平方向的时间认知视角，但两者并非完全一致，仍然存在差异。

4.2.2.1 汉泰水平方向认知所承担的语法意义及表现形式不同

首先，在表示时间的概念上，汉语的"前/后"这对儿方位词可以用来隐喻"前一半时间和后一半时间"。在这种情况下，汉语的"上/下"基本可以与"前/后"互相替换，意思不变。此时，汉语水平方向的认知与垂直方向的认知承担了相同的语法意义。例如：上半年/前半年、下半年/后半年，上半天/前半天、下半天/后半天，上半个月/前半个月、下半个月/后半个月，（20 世纪）上半叶/前半叶、下半叶/后半叶。前文我们提到过，泰语不存在垂直方向的认知，所以也不会产生类似汉语的认知重叠现象。

其次，在一些具体语境中，汉语"前/后"和"上/下"的使用也有所差别："上/下"一般以当前说话时间为参照点，"前/后"一般以过去时间为参照点，两者承担的语法意义不同。例如下面这段对话：

A：上个月你参加的那个活动怎么样？

ki$ʔ^{21}$ca^{21}kam^{33}thi^{41}：thə^{33}：khau^{41}ruam^{41}mɨa^{41}dian^{33}thi^{41}：lɛ：w^{45} pen^{33}ja：ŋ^{21}rai^{33}baŋ^{41}

B：非常好，前一个星期培训，后一个星期实地考察。

pen^{33}ki$ʔ^{21}$ca^{21}kam^{33}thi^{41}：di：^{33}ma：k^{41}sap^{21}da^{33}：rɛ：k^{41}fɨk$^{21}ʔ$op^{21}rom^{33} sap^{21}da^{33}：laŋ^{14}du^{33}：ŋa：n^{33}nai^{33}sa$ʔ^{21}$tha：n^{14}thi^{41}：ciŋ^{33}

A：下个月我也打算报名。

dian^{33}na^{41}：chan$^{14}ʔ$eŋ^{33}ko$ʔ^{41}$taŋ^{41}cai^{33}：ca$ʔ^{21}$pai^{33}sa$ʔ^{21}$mak^{21}du^{33}：

"上个月"与"下个月"都是针对当前时间来说的，而"前一个星期"与"后一个星期"是针对"上个月"这个过去时间来说的。这时候"前一个星期"和"后一个星期"不能用"上一个星期"和"下一个星期"来替换，否则语义不明，时间认知混乱，导致听者理解困难。

而泰语在表达这两种时间点的时候，分别由半水平方向的"X$_{时间单位}$+thi^{41}：lɛ：w^{45}/na^{41}："和"X$_{时间单位}$+rɛ：k^{41}/laŋ^{14}"两种格式承担。之所以称之为"半水平方向"，是因为这个时候泰语的na^{41}：（前）和laŋ^{14}（后）被拆分，分别与不同的词或短语搭配，形成临时反义关系。此时"thi^{41}：lɛ：w^{45}（过去的）/na^{41}：（前）"相当于汉语中针对当前时间来说的"上/下"，而"rɛ：k^{41}/laŋ^{14}（后）"相当于汉语中针对过去时间来说的"前/后"。

由此可见，汉语是利用水平方向和垂直方向的认知结构来承担不同的语法意义，而泰语则是通过水平方向词语的拆分重组、利用临时反义关系来承担汉语相应认知结构的语法意义。

4.2.2.2 汉泰水平方向认知参照点不同

汉语用"前""后"分别表示过去的时间和将来的时间，还有一对儿不表方位只表时间的反义词"以前/以后"，也分别表示过去和将来。泰语也用na^{41}：（前）/laŋ^{14}（后）隐喻时间，但是语义上出现不平衡的现象，即na^{41}：（前）/laŋ^{14}（后）都用来隐喻将来的时间，同时增加了一个副词ko：n^{21}（先）隐喻过去的时间。例如：

wan^{33}ko：n^{21}（以前）/wan^{33}na^{41}：或 wan^{33}laŋ^{14}（以后）

so：ŋ^{14}sap^{21}da^{33}：ko：n^{21}（两个星期前）/so：ŋ^{14}sap^{21}da^{33}：na^{41}：或

laŋ^{14}cak^{21}nan^{45}so：ŋ^{14}sap^{21}da^{33}：（两个星期后）

H. Clark 认为人类对于时间的认知存在着"时间是运动的"或者"自己是运动的"两种情况。对于说汉语和说泰语的人来说，都存在"时间在动"的认知，但是在语言层面的投影位置上，两种语言出现差异，如图（"☺"代表"现在"）：

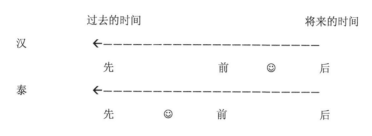

汉泰水平方向时间认知对比图

说泰语的人认为时间正迎面而来，所以将要来到的时间是"前"，晚些来到的时间是"后"，可以看出说泰语的人把"时间"本身作为参照点。说汉语的人则把"自己"作为参照点，认为经过了自己所处的时间是"前"，没经过自己所处的时间为"后"。所以汉语中"前一天"指的是经过了自己所处的时间，过去了的那一天，而汉语中"后一天"指的是还没到来的时间。翻译成泰语，过去的时间只能用 ko：n^{21}（先）或 ko：n^{21}na^{41}：（先前），不能单独用 na^{41}：（前），即 wan^{33}ko：n^{21}（前一天）或 nɨŋ^{21}wan^{33}ko：n^{21}na^{41}：nan^{45}（先前的那一天）。

除了汉泰水平方向时间认知的参照点不同外，泰语只存在水平方向时间认知的模式也给语言表达带来影响。由于泰语水平方向的时间认知承担了两种语法意义，致使 na^{41}：（前）/laŋ^{14}（后）这对儿反义词必须拆开使用，na^{41}：（前）表示当前参照点的将来，laŋ^{14}（后）表示过去参照点的将来，而在不需要区分时间是"过去"还是"将来"的句子中，na^{41}：（前）/laŋ^{14}（后）的用法就重叠了，最终导致了泰语 na^{41}：（前）/laŋ^{14}（后）语义不平衡。这种不平衡也同样体现在表序列的词语上，例如：khon^{33}run^{41}ko：n^{21}（前人）/khon^{33}run^{41}laŋ^{14}（后人），cha：t^{41}ko：n^{21}（上辈子）/cha：t^{41}na^{41}：（下辈子）。

4.2.3　时间表达上，泰语比汉语更多使用描述性短语或形象事物隐喻

我们看到汉语"上/下+X$_{时间单位}$"格式中，"上/下"的泰译十分丰富，

除了 thi^{41}：lɛ：w^{45}/na^{41}：以外，还有 cha：w^{45}/bai^{21}：、ton^{41}/pla：i^{33}、lɛ：k^{41}/laŋ^{14}、ko：n^{21}/laŋ^{14}，这与汉泰文化差异紧密相关。

中国人自古就利用天干地支历法表示年、月、时的次序。汉语将一天的时间以午时（11 点到 13 点）为分割线，分成上下或前后两个部分，自然孕育了"上午""下午"或"午前""午后"的说法。而泰语和其他语言不存在这种记时法，所以专门为这两段时间命名，cha：w^{45}/bai^{21}：由此应运而生。

汉语由"天"的分割法，衍生到"月"和"年"也都可以这样分。泰语的"月"和"年"跟"天"的分割法不同，用 ton^{41}/pla：i^{33} 分成两部分，其中 ton^{41} 本义是树、树干，引申为本源和开头的部分；pla：i^{33} 本义为尖端、树梢，引申为末尾的意思。ton^{41}/pla：i^{33} 这两个词都是表示具体事物的名词，在时间的认知上，泰语借用这具体事物来隐喻时间的前后，比较形象生动。例如，ton^{41}dɨan^{33}（上旬、月初）/pla：i^{33}dɨan^{33}（下旬、月末）、ton^{41}pi：^{33}（年初）/pla：i^{33}pi：^{33}（年末）、ton^{41}sat^{21}taʔ^{33}wat^{45}（世纪初）/pla：i^{33}sat^{21}taʔ^{33}wat^{45}（世纪末）。

5 余论

本文通过汉泰两种语言的对比，主要考察了它们在方位词时间隐喻方面存在的差异，发现泰语缺乏垂直方向的时间认知，水平方向的认知也与汉语存在不平衡现象。其实，这种差异在其他东南亚语言中也存在（见表2）。

表 2　部分东南亚语"水平方向方位词或短语"与汉语的时间认知对比

语种	水平方向方位词或短语			用例	
				上星期	下星期
汉语	先(表过去)	前(表过去)	后(表将来)	上星期	下星期
泰语	ko：n^{21}(表过去)	na^{41}：(表将来)	—	sap^{21}ta^{33}：ko：n^{21}	sap^{21}ta^{33}：na^{41}：
老挝语	lɛ：w^{41}(表过去)	na^{41}：(表将来)	—	ʔa：^{12}thit^{34}lɛ：w^{41}	ʔa：^{12}thit^{34}na^{41}：
印尼语	lalu(表过去)	dəpan(表将来)	—	miŋgu lalu	miŋgu dəpan
柬埔寨语	mon(表过去)	—	krauj(表将来)	ʔatətmon	ʔatətkrauj
越南语	—	cɯɤk^{45}(表过去)	saw^{33}(表将来)	tuɤn^{21}cɯɤk^{45}	tuɤn^{21}saw^{33}

通过表2，我们可以发现东南亚不同民族的人对水平方向的时间认知存在这样两个特点：一是方位词的时间隐喻主要映射在"前""后"两个词语上，但用哪个表示"过去"，哪个表示"将来"存在较大差异。具体说来，印尼语、泰语和老挝语的方位词"前"可以隐喻到时间上表示"将来"义，而越南语和柬埔寨语却是用方位词"后"隐喻到时间上表示"将来"义；二是除了汉语以外，只有越南语用方位词"前、后"成对儿地表达时间，其他语言则利用副词或者短语来表示过去的时间。从这种方位词时间隐喻不平衡的现象，我们可以看出不同民族对于水平方向的时间认知存在较大差异。

相比之下，同属汉藏语系的藏语存在既利用"上/下"垂直空间关系，又利用"前/后"水平空间关系隐喻时间的用法，并且跟汉语相同，也可以用 $tø\mathrm{?}^{51}$（上）、$\mathrm{ \eta \varepsilon n}^{55}$（前）表示过去的时间，$\mathrm{m\varepsilon?}^{51}$（下）、$\mathrm{t\varctsine e?}^{132}$（后）表示将来的时间。

例如：

$lo^{11}tø\mathrm{?}^{51}$（上半年）/$tshe^{55}tø\mathrm{?}^{51}$（上半生）/$mam^{11}tø\mathrm{?}^{51}$（上半夜）/$\mathrm{\eta \varepsilon n}^{55}t\mathrm{\varctsine \varepsilon?}^{51}$（以前）

$lo^{11}\mathrm{m\varepsilon?}^{51}$（下半年）/$tshe^{55}\mathrm{m\varepsilon?}^{51}$（下半生）/$mam^{11}\mathrm{m\varepsilon?}^{51}$（下半夜）/$t\mathrm{\varctsine e?}^{132}la$（以后）

但与藏语属于同一语族（汉藏语系藏缅语族）的缅甸语，其方位词却仅限于表达空间方位，基本不用于隐喻时间。

这引发我们的思考，同属汉藏语系的语言，在方位词的时间隐喻方面为什么会存在这么多差异？其中隐藏的认知机制是什么？这些问题都需要从类型学、历时与共时等角度做进一步的考察，以便更深入地了解语言在认知模式和认知策略上的共性及个性，同时也可为梳理语言、认知和思维之间的关系提供参考。

参考文献

［1］戴浩一. 以认知为基础的汉语功能语法刍议［J］. 国外语言学，1991（1）.

［2］董为光. 汉语时间顺序的认知基础［J］. 当代语言学，2004（2）.

［3］广州外国语学院. 泰汉词典［M］. 北京：商务印书馆，2006.

［4］胡坦. 藏语时间词探源［J］. 中央民族大学学报，1996（5）.

［5］李萍. 汉英空间隐喻"前""后"的认知和表达比较研究［J］. 湖北社会科学，2013（3）.

［6］张建理，丁展平. 时间隐喻在英汉词汇中的对比研究［J］. 外语与外语教学，2003（9）.

［7］吕叔湘. 现代汉语八百词［M］. 北京：商务印书馆，2003.

［8］中国社会科学院语言研究所词典编辑室. 现代汉语词典（第6版）［M］. 北京：商务印书馆，2015.

［9］周榕. 时间隐喻表征的跨文化研究［J］. 现代外语，2000（1）.

［10］Clark，H. H. Space，time，semantics and the child. T. E Moore（ed.）. Cognitive Development and the Acquisition of Language［M］. New York：Academic press，Inc，1973.

［11］Lakoff，G. The contemporary theory of Metaphor. Ortony，A.（ed）. Metaphor and Thought［M］. Cambridge：Cambridge University Press，1993.

［12］Glucksberg，S.，B. Keysar & McGlone. Metaphor understanding and accessing conceptual schema：Reply to Gibbs［J］. Psychological Review，1992.

［13］Yu，Ning. The Contemporary Theory of Metaphor：A Perspective from Chinese［M］. Amsterdam：John Benjamins Publishing Company，1998. 转引自岳好平，汪虹. 英汉时空隐喻的意象图式观［J］. 外语与外语教学，2011（2）.

（本文原载于《广西民族大学学报》2017年第5期）

汉泰定语标记"的"的隐现规律对比

李颖涵

提要　汉语中最常见的定语标记语是"的"，泰语最常见的是ของ，由于定语标记语的隐现会影响句子的意义并关乎语言表达的规范，为了使泰国留学生能更准确无误地使用汉语定语标记语"的"，本文将以汉语是否用定语标记语"的"为角度来对比两种语言在语言表达中的隐现差异，以期为泰国学生在学习汉语时更清晰地掌握此语言点。

关键词　汉泰语　"的"　隐现　对比

1　引言

汉语的"的"和泰语中的ของ和ที่都是连接定语和中心语的结构助词，构成领属关系或属性关系。但是汉泰语序不同。在汉语中，修饰语一般放在被修饰语的前面，泰语却恰好相反。例如汉语中的"漂亮的衣服"在泰语中是"เสื้อผ้า（衣服）ที่（的）สวย（漂亮）"。汉语里的名词和代词一般可以带上"的"字作定语修饰后面的中心语，例如"张三的衣服""我的书"；而在泰语中，结构助词ที่一般用于引导表示事物性质，以区别于其他类别的定语成分（词、短语、主谓结构），中心语大多为具体事物。例如：

（1）เขา　มี　บ้าน　ที่　สวย　ที่สุด
词译：他　有　家　的　漂亮　最
意译：他有最漂亮的家（他的家不普通）

（2）คน　ที่　ต้องการ　จะ　ไป　ยกมือ
词译：人　的　需要　想　去　举手
意译：想要去的人请举手（不想去的不用举手）

ที่后不可以是名词或代词，当名词或代词作定语修饰中心语名词时，要用结构助词ของ，ของ通常是表领属的含义。例如汉语中"我的汉语书"在泰语中为"หนังสือภาษาจีน（汉语书）ของ（的）ฉัน（我）"。当ที่后面是名词或代词时，ที่不再是结构助词，而是起介词的作用，例如"คุณ（你）พัก（住）อยู่（在）ที่（不译）ไหน（哪儿）"。

2 汉泰形容词作定语时"的"的隐现对比

2.1 单音节形容词+中心语

单音节性质形容词和中心语组合时，比如：

（3）ดอกไม้ แดง

词译：花   红

意译：红花

（4）บทเรียน ใหม่

词译：课本   新

意译：新课本

（5）ความคิด ที่ ดี

词译：主意 好

意译：好主意

在汉语中，单音节性质形容词在修饰中心语的时候，一般不加"的"，除非特别强调中心语的这种性状，比如："你喜欢红的花还是黄的花？""我喜欢黄的花。"通常是在这种强调两者之间有对比的时候，单音节性质形容词和中心语之间需要加"的"。

在泰语中，"红花"和"新课本"之间也是可用可不用"的"，如果加"的"也是对性状、特点的强调。但是由于泰语语序的问题，对于"好主意"这样较为抽象的中心语，"好"和"主意"之间必须用"的"，不然"好"会被误认为是"主意"的谓语。

此外，由于文化的差异，汉泰语里单音节性质形容词作定语时加不加结构助词会造成语义的不对应，例如，汉语里"黑的马"指的是黑色的马，但是若不用"的"构成"黑马"就既可以指黑色的马，还可以比喻竞赛或竞选中的意外获胜者，或者料想不到能取胜或做出优异表现的不知名的竞争者。而在泰语"黑马"中，不管用不用"的"，都只表示黑色的马。

2.2 双音节形容词+中心语

2.2.1 双音节性质形容词和单音节中心语组合时，比如：

（6） น้ำ ที่ สะอาด

词译：水的干净

意译：干净的水

在汉语中，双音节形容词后的中心语如果是单音节，大部分情况下是要加"的"的，比如"伟大的人""感人的歌"，但是也有少数情况双音节性质形容词和单音节中心语组合时，后面不加"的"，这种情况通常都是指称某一类人，具有属性意义，比如说"聪明人""年轻人"。在泰语中，由于泰语语序的关系，如若要表达词语间的定中关系则必须要加"的"，否则就成了主谓关系的短语了，例（6）中**น้ำที่สะอาด**如果**น้ำ**和**สะอาด**之间没有**ที่**，意思就是"水干净"，而不是"干净的水"。

2.2.2 双音节性质形容词和双音节中心语组合时，比如：

（7） ผู้นำ ที่ ยิ่งใหญ่

词译：领袖 的 伟大

意译：伟大的领袖

（8） ชีวิต ที่ มีความสุข

词译：生活 的 幸福

意译：幸福的生活

（9） แม่ ที่ สวย

词译：妈妈 的 漂亮

意译：漂亮的妈妈

（10） ท้องฟ้า ที่ ปลอดโปร่ง

词译：天空 的 晴朗

意译：晴朗的天空

（11） ผู้หญิง ที่ สวย

词译：女孩 的 美丽

意译：美丽的女孩

（12）แพนด้า ที่ ซุ่มซ่าม

词译：熊猫　的　笨拙

意译：笨拙的熊猫

在汉语中，当双音节形容词作定语时，通常可加"的"，可不加"的"，比如例（7）和例（8），可以说"伟大的领袖"，也可以说"伟大领袖"，既可以说"幸福的生活"，也可以说"幸福生活"，但例（9）"漂亮妈妈"和"漂亮的妈妈"在语用上略有区别，"漂亮妈妈"更像是一种口号，标语或是一个栏目的名称，紧凑的结构更朗朗上口，更具一种号召性。而加"的"后结构相较更为松散的"漂亮的妈妈"更趋向于一种单纯的描述。但是当定语为比较书面化的词语时，双音节性质形容词定语和双音节中心词之间要加"的"，比如例（10）、例（11）和例（12）。

泰语的中心语和定语之间必须有"的"，否则定语会变成谓语，ท้องฟ้าที่ปลอดโปร่ง中如果ท้องฟ้า和ปลอดโปร่ง之间没有ที่，就变成了主谓结构的"天空晴朗"，而不是定中结构的"晴朗的天空"。

3　汉泰名词作定语时"的"的隐现

名词作定语时，"的"隐现情况最为复杂，所以在这一部分，本文将依据定语和中心语的语义关系来说明"的"的隐现情况。总的来说，名词作定语时，汉语中定语和中心语的语义关系大致分为属性关系和领属关系，而无论是泰语还是汉语，在属性关系中，定语和中心语之间通常不加"的"，在领属关系中，定语和中心语之间通常加"的"。

属性关系是定语对中心语进行特征、性质、功能等方面的描写。比如说"玻璃杯""布沙发""语言专家"等等。属性关系中的名词定语和中心语结合得非常紧密，甚至有的已经凝固，趋向于成为一个固定的词汇，比如说"机器猫""纸老虎"等等，像这些词语的定语和中心语之间是绝对不能加"的"的。

在领属关系中，名词定语主要是确定指称的对象，主要作用于中心语概念的外延，一般不会影响中心语概念的内涵，定语与中心语的结合不是那么紧密，结构较为松散，而在属性关系中，定语的功能就是增加概念的内涵，并且一般都会缩小中心语的外延，相较于领属关系中的定语和中心语，属性关系中的这二者结合得更为紧密，更多情况下二者之间不用"的"。① 这是名词作定语时，"的"的隐现的一个大体情况。接下来，就将从这两个大的方向更具体细致地来对比汉泰两种语言中名词作定语时"的"的隐现情况。

3.1 领属关系

3.1.1 定语为人

3.1.1.1 定语为人，中心语为人

（13）**สามี ของ พี่สาว**

词译：丈夫　的　姐姐

意译：姐姐的丈夫

（14）**แม่ ของ พ่อ**

词译：妈妈 的 爸爸

意译：爸爸的妈妈

（15）**เด็ก ของ เพื่อน**

词译：孩子 的　朋友

意译：朋友的孩子

"妈妈的爸爸"指的是外公，如果把"的"去掉的话就成了妈妈和爸爸两个人了。而"姐姐"和"丈夫""朋友"和"孩子"中间必须有"的"。但是如果定语是表人的人称代词的话，"的"可有可无，比如说：

（16）**พ่อ ฉัน / พ่อ ของ ฉัน**

词译：爸爸 我 / 爸爸 的 我

意译：我爸爸/我的爸爸

（17）**พี่สาว เขา /　พี่สาว ของ เขา**

词译：姐姐 他　 /姐姐　 的　 他

意译：他姐姐/他的姐姐

在这种情况下，汉语和泰语"的"的隐现情况一致。

3.1.1.2 定语为人，中心语为物

（18）**โทรศัพท์ ของ พ่อ**

词译：手机　　 的 爸爸

意译：爸爸的手机

---

① 李绍群. 现代汉语"名1"的"名2"定中结构研究［D］. 福州：福建师范大学，2005.

（19）　หมวก ของ ครู

词译：帽子　的　老师

意译：老师的帽子

（20）　โต๊ะ ของ เขา

词译：桌子 的　他

意译：他的桌子

在这种情况下，定语和中心语之间必须加"的"，汉语和泰语"的"的隐现情况一致。

3.1.1.3　定语为人，中心语为抽象名词

（21）　นิสาย (ของ) คน

词译：性格　　（的）　　人

意译：人的性格

（22）　ความคิด (ของ) อาจารย์

词译：想法　　（的）　　老师

意译：老师的想法

在这种情况中，汉语里，"人"和"性格"之间必须有"的"，但是泰语可有可无。

3.1.2　定语为物，中心语为时间词

（23）　ฤดูใบไม้ผลิ ของ หนานหนิง

词译：春天　　　　的　　　南宁

意译：南宁的春天

在这种情况中，汉语和泰语一样，都要用"的"。

3.1.3　定语为时间

（24）　รายงาน (ของ) เดินที่แล้ว

词译：报告　　（的）　　上个月

意译：上个月的报告

（25）　หนังสื้อพิมพ์ (ของ) วันนี้

词译：　报纸　　　（的）　　今天

意译：今天的报纸

（26）วิชา(ของ)พรุ่งนี้

词译：课（的）明天

意译：明天的课

在这种情况中，汉语里必须用"的"，泰语可用可不用。

3.2 属性关系

典型的属性定语是指定语从性质、质料、特征等属性方面对中心语进行下位分类，属性定语强调的是中心语的某种属性特征，这种属性特征甚至可以成为中心语的分类依据。[①]

3.2.1 表质料

（27）ถุง พลาสติก

词译：口袋 塑料

意译：塑料口袋

（28）ประตู เหล็ก

词译：门 铁

意译：铁门

（29）หน้าต่าง กระจก

词译：窗户 玻璃

意译：玻璃窗户

上面的定语都表示质料，有时它与名词中心语结合得很紧，像一个词。这种情况下汉语中通常是不会在中心语和定语之间再加"的"了，除非特别需要强调的情况，而泰语则把这些短语归为合成词，中心语与定语之间不需要用ของ或者ที่。

3.2.2 表关涉对象

（30）ภาพยนตร์ (สำหรับ) เด็ก

词译：电影 （为） 儿童

意译：儿童电影

---

① 李绍群. 现代汉语"名1"的"名2"定中结构研究［D］. 福州：福建师范大学，2005.

（31）อาหาร (สำหรับ) หมา

词译：食物　（为）　狗

意译：狗粮

在这种情况中，汉语通常也是不用"的"的，而泰语中心语和定语之间通常用表关涉的连接词สำหรับ（相当于英语中的 for）来连接，而不是用ของ或ที่。

4　汉泰动词作定语时"的"的隐现对比

4.1　单音节动词+中心语

不管是在泰语中还是在汉语中，单音节动词作定语时"的"通常是需要出现的，比如：

（32）คำพูด ที่ พูด

词译：话　的 说

意译：说的话

（33）สัญญา ที่ ทำ

词译：合同　的 订

意译：订的合同

（34）กระดาษ ที่ ซื้อ

词译：纸　　的 买

意译：买的纸

因为这样的短语如果不加"的"，就成了动宾结构的短语了，而非定中结构了。汉泰两种语言都是如此。

此外，汉语和泰语有一些单音节动词作定语可以直接修饰中心语，组成专有名词，这些词通常和烹调有关，比如：

（35）ไก่ ทอด

词译：鸡　炸

意译：炸鸡

（36）เนื้อ ย่าง

词译：肉　烤

意译：烤肉

例（35）和例（36）这两个词，在汉语中，加"的"一定是定中结构，而在不加"的"情况下，可以是定中关系，也可以是动宾关系。但是在泰语中，通常情况下①，中心语总是在定语之前，所以无论中心语和定语之间有没有"的"都不会对词组的结构造成影响。

4.2 双音节动词+中心语

刘月华在《实用现代汉语语法》中提出双音节动词与"时间、地点、方式、方法、手段、现象、问题、情况"等名词组合的机会多，一般不用"的"②。但是在泰语里，中心语与定语间可用可不用ที่。比如：

（39）เวลา (ที่) ประชุม

词译：时间　开会

意译：开会时间

（40）สถานที่ (ที่) รวมตัว

词译：地点　　　集合

意译：集合地点

5　汉泰区别词作定语时"的"的隐现对比

区别词表示人和事物的属性，有对事物进行区分的分类作用，比如男、女、金、银、正、副、中式、大型、急性、中级等等，它与中心语结合得十分紧密，因此非谓形容词在作定语的时候，不管是泰语还是汉语后面通常不加"的"，比如：

（41）แหวน ทอง

词译：戒指　金

意译：金戒指

（42）ภาษาจีน ชั้นสูง

词译：汉语　　　高级

意译：高级汉语

---

① 极少数专有名词会出现定语在中心语之前的情况，比如"จุฬาลงกรณ์มหาวิทยาลัย 朱拉隆功大学"，"朱拉隆功"在"大学"前作定语。

② 刘月华. 实用现代汉语语法［M］. 北京：商务印书馆，2001.

6 汉泰数量词作定语时"的"的隐现对比

汉泰两种语言中，数量形容词作定语时直接修饰名词，都不加"的"。比如：

（43）นิทาน หนึ่ง เรื่อง

词译：故事　一　　个

意译：一个故事

（44）แมว สอง ตัว

词译：猫　两　只

意译：两只猫

（45）ของ จำนวน หนึ่ง

词译：东西　些　　一

意译：一些东西

汉语中重叠的量词作定语时，后面不用"的"，而泰语里中心语和定语之间需要用ที่，但ที่后需要加动词เป็น（相当于泰语里的"是"），即"中心语+ที่+เป็น+量词重叠"，比如：

（46）เมฆขาว ที่ เป็น ก้อนๆ

词译：白云　的　是　朵朵

意译：白云朵朵

（47）ภูเขา ใหญ่ ที่ เป็น ลูกๆ

词译：山　大　的　是　座座

意译：座座大山

7 总结

本文从形容词、名词、动词、区别词、数量词这五种类型的词作定语时，总结了汉泰定语标记语"的""ของ""ที่"的隐现情况。其规律如下表：

				汉语	泰语
形容词	单音节性质形容词		中心词为一般名词	± c	±
			中心词为抽象名词	±	+
	双音节性质形容词		单音节中心词	± c	−
		非书面语	双音节中心词	± c	+
		书面语		+	
名词	领属关系	定语为人	中心语为人	±	±
			中心语为物	+	+
			中心语为抽象名词	+	±
		定语为物	中心语为时间	+	+
		定语为时间		+	±
	属性关系	表质料		−	−
		表关涉对象		−	−
动词	单音节动词			+	±
	双音节动词			−	±
区别词				−	−
数量词	数量词不重叠			−	−
	数量词重叠			−	+

注："+"代表必须加"的"，"−"代表不能加"的"，"±"代表可加"的"也可不加"的"，但是意思不变，"± c"代表可加"的"也可不加"的"，但是意思改变，c 为英文单词 change（改变）的首字母缩写。

需要注意的是，由于本文讨论的范畴是"定中关系"，因而，加"的"不加"的"意思改变或不改变也是针对此范畴来说的。例如，在本文例（7）"ผู้นำ ที่ ยิ่งใหญ่ 领袖伟大"中，泰语加"ที่（的）"意为"伟大的领袖"，是定中短语，不加"的"意为"领袖伟大"，是主谓短语，因此，在定中关系的讨论范畴中，本文认为泰语中"ผู้นำ（领袖）"和"ยิ่งใหญ่（伟大）"之间必须加"ที่（的）"。

根据以上对比分析的结果，笔者认为在针对泰国留学生的对外汉语教学课堂上，教师可以不必一次性地将这些知识点全部讲完，将这些规律全部展现给学生看，而可以在难易程度上分层级分批次来对该知识点进行讲授。

首先，最易习得的就是两个语言项目中完全一样的语言点，因此教师可以将汉泰两种语言中"的"的隐现规律完全没有差别的那一部分传授给学生，比如：区别词作定语时；名词当中的定语和中心语之间为属性关系时；定语为人，中心语也为人时"的"的隐现规律。

然后可以以汉语为参照角度，讲在汉语中必须有"的"，但是泰语中"的"可有可无的情况，或是汉语中不能有"的"，泰语中"的"可有可无的情况。比如：定语为人，中心语为抽象名词时；单音节动词作定语时；双音节动词作定语时。

接着可以以泰语为参照角度，讲在泰语中必须有"的"，但是汉语中"的"可有可无的情况，或是泰语中不能有"的"，汉语中"的"可有可无的情况。比如：单音节性质形容词作定语，中心语为抽象名词时；双音节性质形容词作定语，中心语是单音节词时；非书面语双音节性质形容词作定语，中心语是双音节词时。

最后进行教授的是两种语言当中"的"的隐现情况完全相反的地方，比如：汉语中必须使用"的"，而泰语中不能使用，或是泰语中必须使用，汉语中不能使用的情况，比如在数量词重叠时；比较书面语化的双音节性质形容词作定语，中心语为双音节名词时的汉泰语"的"的隐现情况完全相反。

参考文献

［1］樊杰．"的"的隐现对名词定语的影响［J］．西华大学学报，2008（6）．

［2］陆俭明，马真．现代汉语虚词散论［M］．北京：北京大学出版社，2003．

［3］吕叔湘．现代汉语八百词［M］．北京：商务印书馆，2009．

［4］裴晓睿．泰语语法新编［M］．北京：北京大学出版社，2001．

［5］孙恰．状语标记"地"的隐现规律及其对外汉语教学策略［D］．长春：吉林大学，2014．

［6］王力．中国现代语法［M］．北京：商务印书馆，1985．

［7］王颖轶．从外汉教学角度谈 N1 的 N2 结构中"的"字的隐现规则研究［D］．上海：上海外国语大学，2009．

汉越语音对比与对越拼音教学

蒲春春

提要 通过现代汉语和越南语标准语语音的对比分析，找出两者的共同因素和不同因素，分析越南人学习汉语的优势和劣势，探讨越南学生如何利用优势轻松地掌握汉语拼音。

关键词 现代汉语 越南语 语音对比 语音教学

1 引言

吕叔湘先生认为，对比研究在语言学上对于认识一种语言或一种语言的变体的特点有重要意义。如果把研究成果用之于语言教学，则具有很高的指导意义。吕叔湘还说过："把汉语教给英国人，或者阿拉伯人，或者是日本人，或者巴基斯坦人，遇到的问题不会相同。"事实也正如吕先生所说的那样，外国学生学习汉语的难点和容易出错的地方是不尽相同的，从语言学角度来看是由于母语和汉语两种结构、语用以及思维方式的不同所造成的负迁移的结果。我们要确定外国学生学习汉语的难点及特点，有针对性地进行教学，就必须进行两种语言的对比研究。在一定意义上说，如果教师有了一定的对比语言学知识和修养，把握汉外语言的相同点、相似点以及不同点，就能预言、解释、改正并消除由于学生因母语干扰而出现的差错。这样就掌握了教学的主动权①。中国和越南"山连山、水连水"，文化相通，习俗相近，在语言上有许多"共同因素"，而这些"共同因素"在越南汉语学习者的学习中起着积极的正面作用。因此，与其他国家汉语学习者相比，越南学生有着许多相对优势。本文试图通过现代汉语

---

① 赵永新. 汉外对比研究与对外汉语教学 [J]. 语言文字应用，1994（2）.

和越南语标准语语音的对比，指出越南留学生学习汉语（指现代汉语普通话）语音时所存在的问题，并从汉、越语语音的差异中分析其原因，力求找出解决的办法，以期能给越南汉语学习者一些启发和帮助。

2　汉语、越南语接触史

越南语与汉语存在着许多惊人的"共同因素"，这是越南汉语学习者的一个优势。那么这些"共同因素"是怎么来的呢？这就需要回溯历史。在历史上，越南和中国有着悠久而密切的关系。公元 939 年以前，现今的越南是中国古代交趾、交州地区，由中国封建王朝郡县治理；后来成立的越南封建王国也是中国封建王朝的藩属之国。

据记载，从秦汉起汉语即开始在越南传播。公元前 214 年，秦始皇统一岭南，置三郡——桂林、南海、象郡（在北越），并将大批有文化知识的中原汉人迁入象郡，同骆越人混居，汉语自此开始零星传入越南。但正如《后汉书》所记载："凡交趾所统，虽置郡县，而言语各异，重译乃通。人如禽兽，长幼无别。"[①] 后"汉武帝诛吕嘉……颇徙中国罪人杂居其间，稍使学书，粗知语言"[②]，说明当时就有杂居在越人中的中国人开始教当地人识汉字、读汉文了。到了东汉初年，锡光、任延分别担任交趾、九真太守，在当地"建交学校，导之礼仪"[③]，使汉字更加迅速地在骆越人中广泛传播开来。三国东吴时交州太守士燮更是将中国的汉字广为传播，使交州成为诗书礼仪之邦。越南成了中国封建王朝的藩属后，统治者为了巩固其统治、发展他们的经济文化事业，皆明智地继续吸取、发扬中国历代政治制度、经济成果的精华和先进的文化。这样，在越南封建统治者推行中国的儒、道、佛和扩大科举考试、培养一批又一批儒士的情况下，越南"上至朝廷，下至村野，自官至民，冠、婚、丧、祭、数理、医术，无一不用汉字"[④]。与此同时，汉语更广泛而深刻地融入到越南民众的口语中。正因为越南在相当长的历史时期里并用越、汉两种语言或以汉语（汉字）为官方主要语言文字，越南语大量吸收并长期保存了汉语的许多成分（以借汉

---

① 程方. 现代越南语概论 [M]. 南宁：广西民族学院民族研究所，1988.
② 程方. 现代越南语概论 [M]. 南宁：广西民族学院民族研究所，1988.
③ 程方. 现代越南语概论 [M]. 南宁：广西民族学院民族研究所，1988.
④ 程方. 现代越南语概论 [M]. 南宁：广西民族学院民族研究所，1988.

词最为突出）。这就为越南学生学习现代汉语语音提供了得天独厚的有利条件。然而越南语毕竟是一个自成系统的语言，具有和汉语不同的特点，这些不同通常会起一定的干扰作用，妨碍学生正确地掌握汉语语音。如何扬长避短？下面便对汉越语音的异同做具体分析。

3 语音结构对比

特殊的历史使现代越南语的语音结构和现代汉语的语音结构存在着许多"共同因素"，主要表现在：

（1）都是以音节为语言的自然单位，且以单音节为句子的读音单位，每个音节又具有词汇意义或某些语法意义。例如：

例句：河内是越南的首都。

汉语拼音：HéNèi shì Yuè Nán de shǒu dū。

国际音标：$[x\gamma^{35} nei^{51}\ \text{s}_l^{51}\ y\varepsilon^{51}\ na:n^{35}\ t\vartheta\ \text{s}ou^{214} tu^{55}]$

例句：河内是越南的首都。

越南语：   HàNội là thùđô cùa Việt Nam.

国际音标：$[ha^{11} noi^{11}\ la^{211}\ thu^{214} do^{55}\ kuo^{214}\ vjet^{55} nam^{55}]$

（河内   是   首都   的   越南。）

这两个句子都有八个音节，每一个音节为一个读音单位，而且都有一定的意义。其中"的"和"cùa"具有语法意义，其他具有词汇意义。

（2）音节一般都由声、韵、调三部分组成，韵母一般分韵头、韵腹和韵尾三个部分，声调有区分词义的作用。例如：越南语 cá $[ka^{35}]$（鱼）这个词，其中"c[k]"是声母，"a[a]"是韵母，还有一个声调"／$[35]$"（sǎc 锐声）；这个音节加上不同的声调后又有不同的意义，如加上第一调就是 ca $[ka^{55}]$（歌）。

（3）句子也有词的逻辑重音，有不同的语调。一般要强调的词读重音，不同的语调表示不同的句子类型。例如：

Cô đồng ý rồi $[ko^{55}\ do\eta^{211}\ i^{35}\ roi^{211}]$. ——老师同意了。（重在说明谁）

Cô đồng ý rồi $[ko^{55}\ do\eta^{211}\ i^{35}\ roi^{211}]$. ——老师同意了。（重在说明动作）

Hạ Nội là thù đô cùa Việt Nam. ——河内是越南的首都。(陈述)

Hạ Nội là thù đô cùa Việt Nam? —— 河内是越南的首都？(疑问)

但越语和汉语终究是两种不同的语言，语音上自然存在着一定的差异。汉语初学者一般还不能认识到这种差异，在学习外语时，总会按母语的固定模式来感知、吸收和使用外语。这必然会干扰越南学生正确、迅速地掌握汉语语音。

3.1 元音的异同及教学

表1 汉语—越南语单元音韵母对照表

汉语单元音韵母	a[A]	e[ɤ]	ê[ɛ]		o[o]		er[ɚ]
越南语单元音韵母	a[a]	â[ɤ]	e[ɛ]	ê[e]	ô[o]	o[ɔ]	

汉语单元音韵母	i[i]	-i[ʅ]	-i[ʅ]	u[u]	ü[y]			
越南语单元音韵母	i[i]			u[u]		ă[ă]	Oʼ[ɤ:]	ư[ɯ]

（1）从表1来看，越南语语音系统中有11个单元音，用11个字母表示；汉语语音系统中有10个单元音韵母，汉语拼音方案单元音韵只列了6个字母。两种语言里发音相同的元音音素有7个：[a]、[ɛ]、[e]、[ɤ]、[o]、[i]、[u]。因此，越南学生在学习汉语的 a [a]、o [o]、e [ɤ]、i [i]、u [u]、ê [ɛ] 这几个基本元音时，一般不会有什么困难。越南学生难以把握的主要是越南语中没有的单元音 ü [y]、er [ɚ]、-i [ʅ] 和-i [ʅ]，o [o] 和 e [ɤ] 易出现混淆。

① 舌面前高圆唇元音 ü [y]。越南语中虽然没有这个音，但学生掌握起来并不困难，学习时将 i [i] 的舌位和 u [u] 的唇形相结合，在发 i [i] 时舌头不动，然后唇形由不圆变圆，就可以轻松地发出这个音了。困扰他们的是"为什么 qu、ju、xu 里的 u 发 [y] 而不发 [u]"。如他们常把"去" qù [tɕʼy⁵¹] 错误地发成 [tɕʼu]，把"须" xū [ɕy⁵⁵] 发成 [ɕu⁵⁵]，把"鱼" yú [jy³⁵] 发成 [ju]；有时又把 nu [nu] 念成 [ny]，把 lu [lu] 读成 [ly]。这是因为他们初学时并不了解汉语的拼写规则——ü行的韵母，前面没有声母时，写成 yu（迂）、yue（约）、yuan（冤）、

yun（晕），ü 上的两点省略；跟声母 j、q、x 相拼时，写成 ju（居）、qu（区）、xu（虚），ü 上两点也省略；但跟声母 n、l 相拼时，要写成 nü（女）、lü（吕)①。因此，教师在一开始就要和学生说明 ü 的拼写规则，并在实践中反复提醒。

②卷舌元音 er［ɚ］与儿化问题。越南学生常把"二"er、"儿"er 发成越南语中的 ơ［ɤ:］，因为 er［ɚ］是汉语中具有特殊音质的元音，越南语没有类似的卷舌元音，他们不清楚发音时要有一个卷舌的过程。如果这个元音发不好，后面学习中涉及的大量的儿化韵及其复杂的变化规则，就会像座大山一样压在他们心上，打击他们的学习信心。因此初学阶段，学生一定要注意［ɚ］的发音方法。<u>越南语有和［ɚ］音色相近的 ơ［ɤ:］，那么就发 ơ，同时把舌头卷起来对着硬腭（随着舌头的卷起，整个舌头的位置也会稍稍向前移动)</u>，这样发出的音就是［ɚ］了②。此外，学会了 er，再记住儿化后的元音变化规则，也就能把这座大山扳倒了。

③舌尖元音-i［ɿ］、-i［ʅ］。汉语元音系统中的 10 个单元音都有各自出现的条件，《汉语拼音方案》采用音位归纳法，只用 6 个字母表示。这就使得不了解这一点的汉语学习者在拼音时频繁出错，最具有代表性的就是字母 i。现代汉语中字母 i 所代表的基本音是舌面元音［i］，此外 i 还代表［ɿ］和［ʅ］这两个舌尖元音。但学生却常常按汉语拼音字母 i 的读音，将音节中的-i［ɿ］、-i［ʅ］这两个舌尖元音误发为舌面元音［i］。如：将"四"sì［sɿ］念成［si］，将"师"shī［ʂʅ］念成［ʂi］，将吃 chī［tʂʻʅ］发为［tʂʻi］。还有的学生能意识到发音音质的不同，模仿老师的发音，却将［ɿ］和［ʅ］发成舌位靠后的［ɯ］或［ɤ］，"老师"［lau²¹⁴ʂʅ⁵⁵］便读成了［lau²¹⁴sɯ⁵⁵］或［lau²¹⁴ʂɤ⁵⁵］。要解决这个问题，教师一定要学生清楚：i［ɿ］只出现在舌尖前辅音 z［ts］、c［tsʻ］、s［s］之后，发音时舌尖前伸，靠近齿龈前部；而 i［ʅ］只出现在 zh［tʂ］、ch［tʂʻ］、sh［ʂ］之后，发音时舌尖要上翘靠近硬腭前部；［i］是绝不和 z、c、s 及 zh、ch、sh、r 相拼的。因此，最简单的方法，是不必单独练习这

①　黄伯荣，廖序东主编．现代汉语（上册，增订二版）［M］．北京：高等教育出版社，1991：33.

②　周换琴，佟慧君．汉语和斯瓦希利语语音对比［M］//赵永新，毕继万编．汉外语言文化对比与对外汉语教学．北京：北京语言文化大学出版社，1997：123.

两个特殊元音，学会 [ɿ] 和 [ʅ] 前的辅音，舌头不动，拖长声音，即可发出 [ɿ] 或 [ʅ] 了。

④ 同形异质的字母 e 和 o。汉语和越南语都有 e 和 o 这两个单元音，但发音却是不同的。汉语的发音是 e [ɤ]、o [o]，越南语中则是 e [ε]，o [ɔ]。受字母的影响，很容易出现混淆。特别是 e [ɤ] 这个元音，与舌尖前音 z、c、s 及舌尖后音 zh、ch、sh、r 等相拼时，总觉得困难。在教学时告诉学生，e [ɤ] 和越南语的 â [ɤ]，o [o] 和越南语的 ô [o] 相对应，这样就相对容易掌握了。

（2）在复元音韵母方面，越南语包含了汉语中的前响复元音韵母 ai、ei、ao、ou，中响复元音韵母 iao、iou、uai、uei 及除 üan、ün 外所有的带鼻音韵母。所以越南学生难以把握的主要是复元音韵母 üe、ie、üan、ün 等。

表 2　汉语—越南语复元音韵母对照表

汉　语	ai[ai]		ao[au]				ia[iA]	ie[iε]]	iao[iɑu]
越南语	ai[a:i]	ay[ai]	ao[a:u]	au[au]	eo[εu]	êu[eu]		ia/ya[iə]	iêu/yêu[i:u]

汉　语	iou/iu[iou]			ua[uA]	uo[uo]	uai[uai]	uei/ui[uei]		
越南语	iu/yu[iu]	oi[ɔi]	ôi[oi]	ua[uə]			uôi[u:i]	ui[ui]	ưa[ɯə]

汉　语				ou[ou]	ei[ei]				üe[yε]
越南语	ươi[ɯɤi]	ưi[ɯi]	ươu[ɯɯu]	ưu[ɯu]	ơi[ɤ:i]	ây[ɤi]	ơu[ɤ:u]	âu[ɤu]	

类似的，汉语拼音 a 代表的 [a]、[A]、[ɑ] 出现的条件比越语的 [a] 复杂，但这三个音音色还是较相近的，也不区别意义；而另外一个音位变体，即出现在 ian、üan 中的 a [æ]，越南学生也容易误读成 [a]。

üe、ie 中的 e 发的是 [ε]，许多越南学生都按单元音 e [ɤ] 来拼，读成 [yɤ]、[iɤ]。

《汉语拼音方案》中用 "ong、iong" 表示 [uŋ]、[yŋ]，而没有采用 "ung、üng"，是为了使字形清晰，避免手写体 u 和 a 相混①，不了解这一

---

① 黄伯荣，廖序东主编. 现代汉语（上册，增订二版）[M]. 北京：高等教育出版社，1991：57.

点的越南学生在发这两个音时也往往受母语 ong［ɔŋ］影响。

从以上分析，我们可以看到，越南学生在汉语单元音学习中的主要障碍不只是汉语特有的［ü］、［ŋ］、［ʅ］、［ɚ］发不好，还有拼写规则及不同语音环境的音位变体造成的"迷惑"和"混乱"。要解决好这个问题，只能把这些问题、发音方法和规则分类列出，以便于记忆和逐个击破。

3.2 辅音的异同及影响

表3 汉语—越南语辅音对照表（注：加 * 的为方言语音）

国际音标	[b]	[p]	[pʻ]	[m]	[f]	[v]	[t]	[tʻ]	[d]	[n]	[ŋ]
汉语拼音		b	p	m	f		d	t		n	ng
越 南 语	b	p		m	ph	v	t	th	đ	n	ng ngh

国际音标	[n]	[l]	[ts]	[tsʻ]	[s]	[z]	[r]	[c]	[tʂ]	[tʂʻ]	[ʂ]
汉语拼音		l	z	c	s				zh	ch	sh
越 南 语	nh	l			x	gi dr	r	ch、tr	tr*		s*

国际音标	[z]	[k]	[kʻ]	[kv]	[x]	[tɕ]	[t ɕʻ]	[ɕ]	[χ]	[r]	[h]
汉语拼音	r	g	k		h	j	q	x			
越 南 语	r*	c、k		qu					kh	g（gh）	h

在汉语 21 个辅音声母及作韵尾的鼻音 ng 中，m、f、n、ng、l、s，大部分越南学生在学习中基本没困难，因为越南语中有发音一致的音素，小部分 n、l 不分。造成他们学习障碍的问题在于：

首先，是清浊与送气的问题。汉语和越南语中都有 b 和 P 这两个唇音字母，但越语中的 b 发的是双唇、浊、塞音［b］，p 发的是双唇、不送气、清、塞音［p］，并只做韵尾。因此，在拼读汉语音节时，越南学生常误将汉语的 b 浊化，p 则不送气或送气不够。这并不是说越南语没有送气音，越语中的 th［tʻ］就是一个送气音，汉语用 t 表示。越南语的 t 却是一个不送气的清音，汉语中与之相应的音是 d。一些学生自觉不自觉地按越南语的字母与发音的关系模式认读汉语拼音时，易将汉语拼音的 d 浊化成越语

的 đ［d］，将 t 念成不送气音。同样的，汉语拼音的 k［kʻ］（越语的 k 发
［k］），越南学生也常忘记送气。

其次，是关于 z［ts］-c［tsʻ］-s［s］、zh［tʂ］-ch［tʂʻ］-sh［ʂ］
和 j［tɕ］-q［tɕʻ］-x［ɕ］这三组音的问题。这三组音是越南学生学习
汉语的难点，他们常发不好这三组音，并在三者之间发生混淆。s［s］在
越南语中有 x［s］与之相对应，学生学习时没有困难，但却容易和汉语的
x［ɕ］混淆，再加上 sh 和 s 相近，他们基本上不能分清 s-sh-x："不少
（bùshǎo）—不扫（bùsǎo）—不小（bùxiǎo）"全念成"不扫"。而越语中
没有塞擦音（除个别方言外），且 z-c（舌尖前）、zh-ch（舌尖后）、j-q
（舌面前）这三组音的发音部位相近，发音方法相似，学生要是不注意发
音部位和发音方法，光靠听声音来模仿，都会把它们发成最易发音的舌尖
前音。如"主力（zhǔlì）—阻力（zǔlì）—举例（jǔlì）""仓（cāng）—
昌（chāng）—枪（qiāng）"，学生都念成舌尖前音。在这三组音里，学生
发音发得最不好的又是舌尖后音，因为学生们都不习惯卷起舌尖；特别是
ch［tʂʻ］，不但要卷起舌头还要送气，难点集中，是学生最感到困难的辅
音之一。j 和 q 的区别是送气和不送气，学生在教师的指导和训练下是能
够掌握的，但遇到声调为去声的音节，如"剧（jù）"和"去（qù）"，他
们又分辨不清了。而汉语的 r［ʐ］，多数越南学生受母音影响发成舌尖颤
音 r［r］。

这些发不好的特别是易混淆的声母必须纠正，不纠正就会影响"表情
达意"。纠正方法是：

（1）要记住汉语拼音声母中除 m、n、l、r 四个浊声母外，其余全是
清音；有六组对立的送气和不送气音 b-p、d-t、g-k、j-q、zh-ch 和 z-c，
送气音发音时气流较强，可把一张纸放在唇边感受，纸会被气流吹动。还
要进行对比练习，如把"井"和"请"、"该"和"开"、"杜"和"兔"、
"狗粮"和"口粮"等放到一块练习。

（2）z、c、s 是舌尖前音。z、c 发音时，<u>舌尖前伸抵住齿背</u>，然后舌
尖稍放松气流从窄缝挤出成声。s 发音时，<u>舌尖接近上齿背</u>，气流从中间
空隙挤出，摩擦成声。掌握了发音方法后，也可只记这些音的代表字，<u>z—
资、c—词、s—思</u>。

（3）zh、ch、sh 是舌尖后音。zh、ch 发音时<u>舌尖翘起顶住前硬腭</u>，然

后让气流把舌尖的阻碍冲开一道窄缝，并从中挤出，摩擦成声。sh 发音时，舌尖翘起接近前硬腭，形成窄缝，气流就从这个窄缝挤出，摩擦成声。三个音的代表字是 zh—知、ch—吃、sh—诗。

（4）j、q、x 是舌面音。j、q 的发音是舌面前部与硬腭前部靠近。x 发音时，舌面只是接近硬腭，舌面与硬腭之间留有窄缝。三个音的代表字为 j—鸡、q—妻、x—西。这一组音，发音时，舌尖放下来，可以接触到下牙齿背。

这三组摩擦音的纠正主要在于注意发音部分和发音方法，也是要多进行对比练习。

3.3　声调的差异及影响

越南语实际是长期在越南政治、经济、文化、人口等方面居主导位置而取得国语地位的京语。京语有声调，因此越南维系内部交际所需的共同语也是有声调的。京语的声调是自身发展而来，还是因借太多汉语词而造成，这个问题还需要进一步探讨。但是，对于多数西方留学生觉得不可思议的声调问题，越南学生却感到"似曾相识"，也十分重视声调区别意义的作用，也就学得比较认真，这是他们能较好地掌握汉语声调的一个重要原因。

表4　现代汉语—越南语声调对照表

现代汉语声调			越南语声调		
调类	调名	调值	调类	调名	调值
1	阴平	55	1	平声	33
2	阳平	35	2	玄声	211
3	上声	214	3	问声	313
4	去声	51	4	跌声	$3^?5$
			5	锐声	35
			6	重声	11

越南语中也有平调、高升调和降升调（调值略有差异），而汉语的第四声在越南语中是没有对应的。越南语第一声平调为中平调，大部分学生在读汉语拼音第一声时都达不到［55］的高。越南语的降调不是全降，而是低降，或从 2 度降到 1 度，或从 3 度降到 1 度[8]。汉语第四声的降则是

全降、陡降，由 5 的起音高度猛降到 1 度。学生读这个调常见的毛病是起音低，或者起音高却降不到底。特别是在读以第四声字结尾的疑问句时，往往会把本来是第四声的调，不自觉地往上挑，形成一种越南学生特有的"口音"。但这不是因为他们学不会第四声，而是他们在谈话时受到了越语调值的影响。只要他们多注意、多练习，去声、轻声和变调他们都是能掌握好的。

4 汉越音在教学上的运用

以上我们分析了汉越语在元音、辅音及声调上的一些较明显的异同以及这些异同给越南汉语学习者带来的优势和劣势，同时也提出了一些纠正的方法。但值得注意的是，语音的学习不只是研究单个的元音或辅音，还要能够认读整个音节。越语中大量汉语借词的存在正好给越南学生的语音学习提供了一个十分有利的工具。因为两种语言中许多意义一致的词在读音方面，或相似，或基本一致，学生很容易掌握。例如：

词义　汉越音　　　　　　汉语拼音

高　cao［kɑu¹］——gāo［kɑu¹］

包　bao［ʔbau¹］——bao［pau¹］

红　hông［hoŋ²］—— hóng［xuŋ²］

黄　vàng［vaːŋ²］—— huáng［xuaŋ²］

通报　thông báo［thoŋ¹　ʔbau⁵］—— tōng bào［thoŋ¹ pau⁴］

器官　khóquan［khi⁵ kwan¹］—— qì guān［tɕhi⁴ kuan¹］

同意　đồng　ý［ʔdoŋ² i⁵］—— tóng yì［thoŋ² i⁵］

航空　hàng không［haːŋ² xoŋ¹］—— háng kōng［xaːŋ² khuŋ¹］

以上这些汉语借词，有的音和汉语相同（如"高"），有的声母浊化（如"包"），有的声调不一致，等等。但整个读音是非常相近的，也有整齐的对应规律，一听就能心领神会了。当越南学生在学到类似的词时，便会反应迅速，理解正确，记忆深刻。这也就提高了越南学生学习汉语的兴趣，增强了他们的信心。

教师在进行汉语拼音教学前可了解汉越音与汉语语音的对应关系，以更好用于教学。

5 结束语

综上所述，学生在已经掌握母语的前提下培养外语语言能力，总会受到母语的干扰；干扰的程度既受两种语言差异的影响，也和学生本身语言感受能力及教师的教授有关。对于越南汉语学习者来说，越南语和汉语的亲属关系很近，共同的成分也很多，学习的优势很大。而不同之处造成的困难，只要学生在学习过程中自觉地对比，有意识地纠正，定能克服困难，掌握好汉语。作为教师，掌握了越南语语音与汉语拼音的异同点，便能更好地指导越南学生学习语音知识。

参考文献

［1］程方. 现代越南语概论［M］. 广西：广西民族学院民族研究所，1998.

［2］郭振铎，张笑梅主编. 越南通史［M］. 北京：中国人民大学出版社，2001.

［3］黄伯荣，廖序东主编. 现代汉语（增订二版）［M］. 北京：高等教育出版社，1997.

［4］吕叔湘. 现代汉语八百词［M］. 北京：商务印书馆，1999.

［5］雷航主编. 现代越汉词典［M］. 北京：外语教学与研究出版社，1998.

［6］赵永新. 汉外对比研究与对外汉语教学［J］. 语言文字应用，1994（2）.

［7］赵永新，毕继万编. 汉外语言文化对比与对外汉语教学［M］. 北京：北京语言文化大学出版社，1998.

［8］［越南］**Đặng Đình Hoàng**（音译：邓定黄）主编. **Phân tích những câu thờng gặptrong việc học tiếng Hoa**（汉语常见病句辨析）［M］. 河内：**Nhà xuấtbản văn ho, thông tin**（越南文化通讯出版社），1994.

越南学习者汉语"了"的习得研究[①]

彭　臻　唐文成[②]

提要　本文主要通过考察作文等自然语料对越南学习者"了"的习得进行研究。研究发现，越南学习者习得"了"最主要的问题是遗漏，"了$_1$""了$_2$"都是如此，并且"了$_1$"遗漏比"了$_2$"更严重，遗漏的主要原因来自母语负迁移。对带"了"的各语法次结构习得情况考察发现，习得最好的是"Adj+了""不+了"，其次是"V+了""V+O+了""V+了+O"，最差的是"V+了+数量（+O）""V$_1$+了（+O）+V$_2$"。这与英语母语者的习得情况不太一致，与现行的通用对外汉语教材排序也不一致。针对这一情况，我们对越汉语教学及教材编写中"了"的选项与排序提出了参考建议。

关键词　"了"　偏误　习得　教学建议

1　引言

二十年多来，"了"的习得研究有不少成果。但多集中于研究英语母语者的习得过程、规律等，如孙德坤（1997），赵立江（1997），邓守信（1999），杨素英、黄月圆、孙德金（1999），孙德金（2006），温晓虹（2008）。对越南学习者"了"的习得研究成果也有一些，如刘汉武、丁崇

① 本文获得了教育部哲学社会科学研究重大课题攻关项目"全球汉语中介语语料库建设和研究"（12JZD018）的资助，并得到导师周小兵教授的悉心指导，谨致谢意！本文已发表于《广西民族大学学报》（哲学社会科学版）2017年第5期，特此说明。
② 作者简介：彭臻（1981—），女，湖南茶陵人，广西民族大学国际教育学院讲师、博士，主要研究方向为汉语二语教学与习得、现代汉语语法。

唐文成（1980—），女，广西全州人，广西民族大学国际教育学院讲师、硕士，主要研究方向为汉语二语教学与习得。

明（2015），彭臻（2013），但多集中于研究其偏误表现，对其语法次结构的习得顺序、特点等研究不够。越南学习者习得"了"的过程有何规律、特点，各语法次结构的习得顺序如何，与英语母语者的习得有何异同，不同的句法结构、语义认知难度以及语际差异度等对"了"的习得有何影响，是本文要探讨的主要问题。

2 研究范围及语料来源

2.1 考察范围

本文考察的"了"包括以下两种：用在动词后，主要表示动作的完成的"$了_1$"，以及用在句末，主要肯定事态出现了变化或即将出现变化的"$了_2$"。

根据越南留学生的实际使用和习得情况，主要考察以下句法结构中"了"的习得：

T1：$V+了_1+O$。如：他成了我的好朋友。

T2：$V+了_1+$数量（$+O$）。如：我交到了一个最好的朋友。/我们爬了二十分钟。

T3：$V_1+了_1$（$+O$）$+V_2$。如：他偷了邻居的东西拿回家。/我下了课就去食堂吃饭。

T4：$V+了_2$。如：他回去了。[①]

T5：$V+O+了_2$。如：我们到动物园了。

T6：$Adj+了_2$。如：树叶绿了。

T7：不……$了_2$。如：我不想去了。

我们主要选取以上句法结构进行讨论的原因是：在"了"的用法中，这些结构是越南留学生和汉语本族语者使用频率最高的[②]，具有典型性和代表性。但在具体讨论时可能也会涉及其他使用数量较少的相关结构。

2.2 语料来源

留学生语料主要来自广西民族大学国际教育学院越南留学生平时的习

---

① 这里的"V+了"指位于句末的"V+了"，此处的"了"应是"$了_2$"或"$了_{1+2}$"，为方便统计，我们暂且归入了$_2$。

② 越南学习者的使用情况主要是根据我们搜集的学习者作文语料得出，母语者的使用情况是我们以王朔作品《过把瘾就死》为代表统计的结果。

作及考试作文，基本为书面语体的自然语料，共三十多万字。从中随机抽取了 247 篇作文，其中初级 110 篇，中级一 83 篇，中级二 54 篇。语料按学期分为三个等级（第一、二学期为初级，第三、四学期为中级一，第五、六学期为中级二）。另外还从北京语言大学 HSK 动态作文语料库中搜集了获得 9 级以上汉语水平证书的学习者作文语料，将其作为高级水平阶段语料。共搜集到"了" 1877 例。

3　结果分析

3.1　总体习得情况

越南留学生"了"的总体习得情况见表 1：

表 1　"了"的总体习得情况表

	了₁			了₂			合计		
	正确频次	总频次	正确率%	正确频次	总频次	正确率%	正确频次	总频次	正确率%
初级	79	150	52.7	238	296	80.4	317	446	71.1
中级一	135	216	62.5	268	364	73.6	403	580	69.5
中级二	182	280	65.0	184	255	72.2	366	535	68.4
高级	137	158	86.7	140	158	88.6	277	316	87.7
合计	533	804	66.3	830	1073	77.4	1363	1877	72.6

从上表可以看出，"了"的总体习得情况并不太理想，正确率为 72.6%。从初级到中级一，再到中级二，其总体习得并没有什么进步，正确率偏低。直到高级阶段，习得才进步较大，习得较好，正确率达到 87.7%。在习得过程中，"了₁""了₂"表现出明显不同的发展趋势。"了₁"的习得呈现出直线上升趋势，习得不断进步，正确率不断递升；而"了₂"的习得则呈现出 U 型发展趋势，初级阶习得较好，但中级阶段似乎有所"退步"，陷入低谷，直到高级阶段又突飞猛进，正确率大大提高。从总体来看，"了₂"的习得情况比"了₁"好，正确率高出 11% 左右。

进一步考察发现，"了"的习得偏误主要有遗漏、误加、误代、错序等几大类型，占比率分别为 64.4%、12.6%、8.2%、6.8%。可见"了"

的习得最大的问题是遗漏。并且，不管是"了$_1$"还是"了$_2$"，遗漏偏误都是最突出的问题，请看表2：

表2　偏误类型在"了$_1$""了$_2$"中的分布情况表

偏误类型　　　语言项	"了$_1$"		"了$_2$"	
	偏误频次	偏误频率%	偏误频次	偏误频率%
遗漏	175	21.8	156	14.5
误加	30	3.7	35	3.3
误代	26	3.2	16	1.5
错序	20	2.5	15	1.4
其他	20	2.5	21	2.0
合计	271	33.7	243	22.6

（注：了$_1$某类偏误频率=该类偏误的出现频次/了$_1$使用总频次：804；

　　　了$_2$某类偏误频率=该类偏误的出现频次/了$_2$使用总频次：1073）

从表2可以看出，"了$_1$"和"了$_2$"最主要的偏误类型都是遗漏，并且"了$_1$"的遗漏偏误比"了$_2$"更严重。例：

（1）＊我的老师买很多东西。（初级）

（2）＊吃烧烤完的时候，我们在那儿休息一会儿。（初级）

（3）＊小孩子听玉兰说的话果然不哭了。（中级一）

（4）＊妈妈再三叫我们笑起来，最后也照好。（中级二）

例（1）（2）动词后有物量、时量成分，为动作提供了终结点，表示动作已经发生或完成时，一般需要用"了$_1$"。例（3）动词带后续动作/小句，表示第一个动作完成后再进行第二个动作，第一个动词"听"后需要用"了$_1$"。例（4）是表连续动作的两个分句，动作已经发生，并且已完句，须在最后一个分句中使用"了$_2$"。

以上遗漏偏误原因都是母语负迁移，请看相关的越南语表达：

（1'）Thầy giáo　của　tôi　mua　rất　nhiều　đồ.

词译：老师　　的　我　买　很　多　　东西

句译：我的老师买了很多东西。

（2′）Khi ăn xong đồ nướng, chúng tôi ở đó nghỉ một lát.

词译：的时候 吃 完 烧烤 我们 在 那儿 休息 一会儿

句译：吃完烧烤的时候，我们在那儿休息了一会儿。

（3′）Đứa bé quả nhiên nghe lời Ngọc Lan nói không còn khóc nữa.

词译：孩子 果然 听 话 玉兰 说 不 哭 再

句译：孩子听了玉兰说的话，果然不哭了。

（4′）Mẹ nhiều lần bảo chúng tôi cười lên, cuối cùng cũng chụp xong.

词译：妈妈 多 次 叫 我们 笑 起来 最后 也 照 好

句译：妈妈再三叫我们笑起来，最后也照好了。

′对应的越南语句子中，都不需要使用đã或rồi①等表示"完成""实现"的语法形式。受其母语影响，学习者容易遗漏"了"。

何黎金英（2006）曾对汉语、越南语表示完成或实现的形式"了"、đã和rồi的对应情况进行过统计，对比材料主要来自老舍的《四世同堂》及其越南语翻译版，越南中篇小说《Đất rừng phương nam》及其中文翻译版《南方林海》。根据何文的统计，我们整理出表3：

表3 "了"在越南语中的对应情况表（以《四世同堂》《Đất rừng phương nam》为例）

	了₁		了₂		总计	
	频次	百分比%	频次	百分比%	频次	百分比%
Đã	85	14.3	10	4.9	95	11.9
Rồii	11	1.8	102	49.8	113	14.1
Đã……rồi	4	0.7	12	5.9	16	2.0
零形式	496	83.2	81	39.5	577	72.0
总计	596	100.0	205	100.0	801	100.0

从表3可以看出，"了₁"在越南语中主要对应的是零形式，比率为83.2%，"了₂"在越南语中主要对应于Rồii和零形式，对应比率分别为

---

① 越南语中，有两个表示完成或实现的语法形式đã和rồi，大体对应于汉语中的"已经"和"了₂"。越南语中这两个语法形式的用法和汉语中的"了"一样，不具有强制性和普遍性。

49.8%和39.5%。受其母语负迁移影响，"了₁"和"了₂"都存在大量的遗漏偏误，并且"了₁"遗漏偏误情况比"了₂"更严重。

3.2 "了"在各句法结构中的习得情况

我们对"了"在各句法结构中的正确率进行了统计，请看表4：

表4 "了"在各句法结构中的习得情况表

	正确频次	总频次	正确率%
T1：V+了+O	216	297	72.7
T2：V+了+数量（+O）	220	331	66.5
T3：V$_1$+了（+O）+V$_2$	67	107	62.6
T4：V+了	326	423	77.1
T5：V+O+了	197	271	72.7
T6：Adj+了	82	95	86.3
T7：不……了	67	79	84.8

从表4可以看出，习得最好的结构是T6（Adj+了）、T7（不……了），正确率都在80%以上。习得居中的结构是T4（V+了）、T1（V+了+O）、T5（V+O+了），正确率70%~80%。习得最差的结构是T2〔V+了+数量（+O）〕、T3〔V$_1$+了（+O）+V$_2$〕，正确率60%~70%。

下面我们将分别讨论各句法结构中"了"的习得。

3.2.1 习得较好的结构：T6、T7

3.2.1.1 T6（Adj+了）的习得

T6中的"了"是"了₂"，凸显"已然""变化"义。越南留学生对这类结构中"了"的用法习得非常好，共使用95频次，正确率高达86.3%。例：

（5）春天来了，树叶绿了。（初级）

（6）我们父母都老了，我们家有两个儿女，你要替我照顾他们。（中级一）

（7）这样，各得其所，家庭生活就会更加融洽了。（高级）

这类结构习得情况非常好，主要原因可能有两个：一是母语正迁移，这类结构一般对应于越南语的"Adj+rồi"。请看相关的越南语表达：

（5′）Mùa xuân đến rồi, lá cây xanh rồi.

词译：春天　来了　叶树　绿　了

句译：春天来了，树叶绿了。

（6′）Ba mẹ của chúng tôi đều già rồi.

词译：父母　的　我们　　都　老　了

句译：我们父母都老了。

另一个原因就是这类结构的语义认知难度和结构复杂度较低。这类结构中，"了"的语义正好符合人们生活经验中理解的"变化"义，因此语义认知难度较低。同时，这类结构中"了"的隐现规则也比较简单，只要是表示"变化"义，"了"就一般都出现，因此学习者对这类结构中的"了"习得较好。

3.2.1.2　T7（不……了）的习得

T7 中的"了"也是"了$_2$"，凸显"已然""变化"义。越南学生对这类结构中"了"的用法习得也非常好，共使用 79 频次，正确率高达 84.8%。例：

（8）听说有表演京剧我想跟她一起去看，但是有很多东西她还没看过，所以她不想去了。（初级）

（9）从得到那颗杨桃那天起，哥哥夫妻不去干活了。（中级二）

（10）尤其是现在越南不使用汉字了，但很多词语都从汉字来的。（高级）

这类结构习得也非常好，原因可能也有两个：一是母语正迁移，越南语中 rồi 也有这一用法，这类结构在越南语中一般对应于"không……nữa(rồi)"（rồi可用可不用）。请看对应的越南语表达：

（10′）Hiện tại Việt Nam không dùng chữ Hán nữa(rồi).

词译：现在　越南　不　用字汉再了

句译：现在越南不使用汉字了。

二是这类结构中"了"的语义认知难度和结构复杂度也低。其中的"了"语义符合我们日常生活中理解的"变化"义，且表示变化义时一般都需要使用"了"，"了"的隐现规则也比较简单。

3.2.2　习得居中的结构：T4、T1、T5

3.2.2.1　T4（V+了）

T4 中的"了"是"了$_1$"还是"了$_2$"，学界还有争议，由于其位于句末，我们暂且归入"了$_2$"。这类结构共使用 423 频次，是使用频率最高的一类结构，正确率为 77.1%，习得程度居中。例：

（11）时间<u>到了</u>，我马上走。（初级）

（12）对中国的生活我也<u>习惯了</u>。（初级）

（13）走过来什么也没说，就帮我把<u>车修了</u>。（中级一）

（14）你们的信上星期就<u>收到了</u>。（中级二）

（15）这个不用说很多不抽烟的人都<u>明白了</u>。（高级）

这类结构中的"了"，同样符合生活经验中理解的"已然"或"完成"义，其语义认知难度应该也不高。这类结构中没有宾语，不需要考虑"了"放在宾语前还是宾语后，句法加工难度比"V+了+O"和"V+O+了"相对低一点，但其中"了"的隐现涉及非常复杂的篇章因素，因此习得程度居中。

这类结构中出现的偏误主要是"了"的遗漏，共出现 72 频次，遗漏偏误率为 17.0%，例：

（16）＊可是那天我们班上课上了半个小时他还没有来。咱们都想他<u>不来上课了</u>的时候，他突然出现（遗漏"了"）。（中级一）

（17）＊我又高兴又激动，忍不住<u>哭起来</u>（遗漏"了"）。（中级一）

（18）＊而山晶在群众的帮助下，很快就把礼物<u>找回来</u>（遗漏"了"）。（中级二）

（19）＊这只小鸟也许很累，很饿了，它一口吃掉了一口杨桃。弟弟<u>看到</u>（遗漏"了"），快跑到杨桃下，对小鸟说……（中级二）

（20）＊我还记得，在我五岁的时候，有一次我把母亲的镜子<u>打破</u>（遗漏"了"）。（高级）

以上例句都出现在叙述过去事件的叙述体文章中，例（17）～例（20）动词后面还带有结果补语，即使不用"了"，上下文语境也可以体现出"已然"或"完成"义。这种情况下，学习者以为可以不用"了"，从而造成遗漏。学习者这种错误分析一方面由于对"了"的隐现规则不了解，另一方面也是受到母语的负迁移影响。据何黎金英（2006）对《四世同堂》和《南方林海》的统计，"V+了"对应于越南语"V+rồi"所占的比例最高，约47%，但对应于"V/V+补语"的比例也很高，约占38%。受其母语影响，学习者很容易在"V+了"结构中遗漏"了"。请看与以上偏误相关的越南语表达：

（20′）Lúc   tôi năm tuổi có một lần tôi làm   vỡ cái gương của   mẹ.

词译：时候 我 5 岁 有 一 次 我 把 破 个 镜子 的 妈妈

句译：在我五岁的时候，有一次我把母亲的镜子打破了。

3. 2. 2. 2   T5（V+O+了）

T5中的"了"是"了₂"，表示"变化""已然"义。这类结构学习者使用的频率也很高，共271频次，正确率72.7%，习得程度居中。例：

（21）我<u>有男朋友了</u>。（初级）

（22）坐到9：30<u>就到动物园了</u>。（初级）

（23）以前我就<u>参加书法会了</u>，特别好，对我学习很有益处。（中级一）

（24）后来我把那只<u>茶杯送给他了</u>。（中级二）

（25）有人把挫折比喻成学生的功课，做完后又<u>出现新的了</u>。（高级）

这类结构中，"了"的语义也符合日常生活中理解的"已然""变化"义，语义认知难度应该不高，主要困难仍然在于"了"隐现规则的复杂性。主要偏误类型也是"了"的遗漏，共41频次，遗漏偏误率为15.1%。例：

（26）＊那天是第二次我又<u>忘记做作业</u>（遗漏"了"），老师生很大气。（中级一）

（27）＊在哥哥的生日我就<u>认识他</u>（遗漏"了"）。（高级）

（28）＊可是突然有一天，市长送给了他一个精巧新颖的杯茶，据说是一个外国人送给了他，他却把这个<u>茶杯送给李老头</u>（遗漏"了"）。（中级二）

（29）＊她认为大玉已经<u>有别人</u>（遗漏"了"），现在不爱她了。（中级一）

（30）＊老师饶了小兰的这次事情，给小兰进教室小兰非常高兴。她不但不挨批评而可以进教室听老师讲课。小兰感谢老师，高兴地<u>进教室</u>

（遗漏"了"）。（中级一）

以上例句也都出现在叙述体文章中，都是叙述过去发生的事件。（26）、（27）出现了表示过去时间的词语"那天""在哥哥的生日"。（28）出现了表示过去时间的"突然有一天"，并且病句前面的两个分句都出现了"了"。（29）出现了表已然的副词"已经"，并且后一分句出现了"了"。因此，学习者认为，这些例句不用"了"也可以体现出"已然""过去"义。再加上对应的越南语结构中rồi经常可以不出现，导致学习者遗漏"了"的频率较高。例：

（26'）Hôm đó là lần thứ hai tôi lại quên làm bài tập

词译：那天   是   次   第 二   我   又   忘 做   作业

句译：那天是第二次我又忘记做作业了。

除了遗漏偏误，学习者在使用这类结构时还出现了一些误加和错序偏误：

（31）＊因为这是第一次我离家乡，所以<u>感到寂寞了，难过了（误加"了"）</u>。（初级）

（32）＊我们都知道会有分手的今天才会有上大学的明天，<u>这是生活的规律了（误加"了"）</u>，流泪也不能干什么。（中级二）

（33）＊真倒霉，我姐姐的头脑撞到桌子，以至<u>流了血（错序）</u>。（中级一）

（34）＊晚上，天突然<u>下了大雨（错序）</u>。（中级二）

例（31）"感到"是心理状态动词，不涉及状态的变化时，一般不与"了"共现，学习者将"感到"理解为结果动词而非状态动词，为了强调动作的结果而误加"了"。（32）"是"也是状态动词，叙述规律性情况，不能用"了"。（33）、（34）则将该位于句末的"了"误用在句中动词后，体现出学习者对"了"的位置把握不准。

可见，这类结构中"了"的使用，涉及复杂的篇章因素，还涉及各种句法限制，隐现规则非常复杂，再加上学习者母语的干扰，导致习得情况不太好。

3.2.2.3　T1（V+了+O）

T1中的"了"是"了$_1$"，表示完成义。这类结构的使用频率也很高，共使用 297 频次，正确率为 72.7%，习得程度居中。例：

（35）我对中国的历史<u>产生了兴趣</u>。（初级）

（36）昨天我<u>忘了写作业</u>。（中级一）

（37）后来儿子一步一步地<u>走上了死路</u>。（中级一）

（38）他愤怒得<u>失去了理智</u>。（中级二）

（39）但有些变心的丈夫，却无情地<u>抛弃了自己的妻子</u>。（高级）

这类结构中动词的使用限制较多。"了₁"表示"完成"义，一般要"结果"义动词才能较自由地用于这类结构中，如以上例句中的"产生、忘、走上、失去、抛弃"等。如果是动作动词，用于这类结构时不太自由，如"我吃了饭"自足性不强，一般需要添加数量定语，比如"我吃了一碗饭"，或添加后续动作"我吃了饭就去找你"，句子才能自足。对于这一动词语义的规则限制，学习者似乎具有天生的敏感性，能较好地掌握，自动地将结果动词用于这类结构中。甚至出现了一些由于有"结果"义动词而误加"了"的偏误。例：

（40）*越南人民过春节三天，可是春节的拜年持续半个月，<u>到了</u>（误加"了"）正月十五那天。（中级一）

（41）*在越南每年七月都<u>发生了</u>（误加"了"）水灾。（中级二）

（42）*父亲用毛巾给我擦了擦脸上的泪，说："不管你是男的还是女的，父母应该好好教育你，愿你<u>成了</u>（误加"了"）好处的人。（中级一，"好处的人"本意应为"有用的人"）

（43）*在这个时候孩子的爱好也受到影响，是因为老呆在父母身边，他们的爱好也会慢慢地<u>变成了</u>（多"了"）自己的爱好。（高级）

（44）*昨天我<u>看见了</u>（多"了"）你正在银行换钱。（初级）

例句（40）、（41）是叙述规律性情况，例（42）动词"愿"表明其后的宾语是未然情况，例（43）助动词"会"表明其后的动作是推测可能实现的未然动作，例（44）动词"看见"后面带的是小句宾语，因此这些例句都不能用表示完成义的"了₁"。学习者看到句中的结果义动词"到/发生/成/变成/看见"就习惯性地在其后加上"了₁"，而忽略了整句话的语义及句法限制，从而造成偏误。

这类结构也出现了一些遗漏"了"的偏误，共出现 45 频次，遗漏偏误率为 15.2%。例：

（45）＊在广州，我们<u>去</u>（遗漏"了"）公园，广州电视台。（初级）

（46）＊从此，李老头的家又<u>回复</u>（遗漏"了"）往日的平静。（中级二）

（47）＊我看见父母脸上<u>出现</u>（遗漏"了"）满意的笑容。（中级二）

（48）＊在我一年的努力和老师的帮助下，我终于<u>考上</u>（遗漏"了"）大学，<u>实现</u>（遗漏"了"）我愿望。（高级）

这类结构中"了"的遗漏同样和母语负迁移有很大关系。请看和偏误相关的越南语表达：

（46′）Từ đó, gia đình họ Lí lại trở lại sự yên bình trước kia .

词译：从此   家   老头 李 又 回复   平静   往日

句译：从此，李老头的家又回复了往日的平静。

以上和偏误相对应的越南语表达中，都可以不用rồi，受其母语影响，学习者容易遗漏"了"。何黎金英（2006）对《四世同堂》和《南方林海》中的这类结构进行了统计，"V+了+O"对应于越南语"V+O"所占的比例最高，约占 77.35%，而"đã+V+O"只占 18.2%，小部分对应于"đã+V+O+rồi"或者"V+O+rồi"。这一强烈的数据倾向也说明，学习者在这类结构中遗漏"了"可能很大部分原因来自母语的影响。

3.2.3　习得较差的结构：T2、T3

3.2.3.1　T2〔V+了+数量（+O）〕

T2 中的"了"是"了₁"，表"完成"义。这类结构学习者的使用频率也非常高，共使用 331 频次，正确率为 66.5%，习得较差。例：

（49）在这儿我<u>学了很多东西</u>。（初级）

（50）除了学习汉语以外，我还<u>参加了一个书画学习班</u>。（中级一）

（51）这个问题我们<u>讨论了半天</u>。（初级）

（52）想来想去<u>想了好几次</u>，我终于找出一个好办法来治她。（中级一）

（53）有可能，它人会觉得我的这个假期很没意思，但它对我其为重要，因为它让我<u>完成了一篇论文</u>。（高级）

这类结构都带有数量定语或时量、动量补语，这些限时、限量成分为动作提供了一个终结点，如"参加了一个书画学习班""讨论了半天""想了好几次"，当表示动作完成时，一般都要求使用"了₁"。句子情状类型对"了₁"的这一隐性语法要求，学习者似乎较难理解，出现了很多遗漏"了"的偏误，共81频次，遗漏偏误率高达24.5%。例：

（54）＊有一次我到阅览室去，认识（遗漏"了"）一个中国朋友。（初级）

（55）＊下班，小胡就去百货商店，他讲究地选择（遗漏"了"）一很漂亮的衣服，他还买（遗漏"了"）一个好吃的蛋糕给孩子。（中级一）

（56）＊吃烧烤完的时候，我们在那儿休息（遗漏"了"）一会儿，然后一起回去。（中级一）

（57）＊过了一会儿，我们四个人也买到了自己喜欢的衣服。我还给小妹买（遗漏"了"）一件粉色的外套，看得很有女性的。（中级二）

这类结构中"了"极高的偏误率和母语负迁移也有很大的关系。这类句子在越南语的对应表达中几乎不用 đã 或rồi。何黎金英（2006）从《四世同堂》中共找出176个带物量、动量、时量词语的例句，其中，只有5例带时量词的例子在越南语中出现 đã 或rồi。请看与以上偏误相对应的越南语表达：

（56′）Khi　　ăn xong đồ nướng, chúng tôi ở đó　　nghỉ　một lát .

词译：的时候　吃　完　　烧烤　　我们　　在 那儿 休息 一会儿

句译：吃完烧烤的时候，我们在那儿休息了一会儿。

3.2.3.2　T3［V₁+了（+O）+V₂］

T3 中的"了"是"了₁"，表示完成义。这类结构使用频率也较高，共使用107频次，但习得较差，正确率仅62.6%。例：

（58）我下了课就去食堂吃饭。（初级）

（59）我认为学了语言就给我无数知识。（中级一）

（60）有一次，儿子偷了邻居的东西拿回家。（中级一）

（61）记者听了感到很不一般。（中级二）

（62）为了维护家庭的幸福，故而毫不犹豫地辞了职回家过主妇生涯。（高级）

这类结构中，"了"的语义符合日常生活经验中理解的"完成"义，认知难度应该也不高。但学习者对这类结构的习得程度是最差的，正确率最低。最主要的偏误类型也是遗漏"了"，共出现24频次，遗漏偏误率高达 22.4%。例：

（63）＊我听（遗漏"了"）她的话只抱着她，流着眼泪说："姐姐放心，注意身体。"（中级二）

（64）＊人们知道（遗漏"了"）他们仨的故事感到非常同情。（中级二）

遗漏偏误的主要原因也是来自母语负迁移，以上偏误相对应的越南语表达中都不需要用 rồi，例：

（64′）Mọi người biết câu chuyện của ba bọn họ cảm thấy vô cùng đồng cảm.

词译：人们　　知道　故事　的 三 他们　感到　　非常　　同感

句译：人们知道了他们仨的故事感到非常同情。

这类结构习得最差的另一个原因则来自结构复杂度，由于句中带宾语，且含有两个动词，"了"是位于动词后还是宾语后，是用于第一个动词后还是第二个动词后，排序问题给学习者带来较大的困难，因此错序偏误也比较多，例：

（65）＊古代有一个国王，他准备千金想买了千里马。（中级二，错序）

（66）＊刷牙完了我出去吃早饭。（初级，错序）

（67）＊解决事情了我们都笑很大。（中级一，错序）

例（65）两个连续动作表示目的关系，"了"应位于第一个动词"准备"之后，例（66）、（67）都是误将"了"放在宾语之后。偏误体现出学习者对该类结构中"了"的句法位置把握不准。

4　讨论

4.1　"了"的习得顺序及对教学的启示

我们的研究结果显示，对越南学习者而言，"了$_1$"习得程度较差（正确率 66.3%），难度较高；"了$_2$"习得程度较好（正确率 77.4%），难度较低。带"了"的 7 类主要句法结构的习得难度顺序如下（括号中数字均为正确率）：

习得较好、较容易：T6（Adj+了，86.3%）、T7（不……了，84.8%）。

习得居中：T4（V+了，77.1%）、T5（V+O+了，72.7%）、T1（V+了+O，72.7%）

习得较差、较难：T2［V+了+数量（+O），66.5%］、T3［V_1+了（+O）+V_2，62.6%］

习得较好、较容易的都是带"$了_2$"的结构，而习得较差、较难的都是带"$了_1$"的结构。可见，在对外汉语教学中，先教"$了_2$"、后教"$了_1$"的共识也符合越南学生的实际。

但是，在带"了"的各句法结构中，T6（Adj+了）和T7（不……了）的习得程度最好、最容易，甚至比T4（V+了）和T5（V+O+了）的习得程度还好，这一结果与邓守信（1999）对英语母语者的习得研究结果并不一致。邓先生的研究结果是，英语母语者对"V+了""V+O+了"的习得最好，其次是"N/数量+了""Adj+了"。不同母语者在习得同一语法点时，习得顺序、习得难点等存在不一致的情况，这启示我们应该针对不同母语的学习者编写国别化教材，才能更好地提高对外汉语教学效率。

同时，我们考察了现在国内使用较普遍的两本对外汉语通用教材，一本是《汉语教程》（杨寄洲主编），一本是《发展汉语》（初级综合一，荣继华编著），发现两者对"了"的教学顺序安排较一致，都是先教句末表示"已然"义的"$了_2$"，即"V+（O）+了"，再教表示完成义的"$了_1$"，即"V+了+数量/形/代+O""V_1+了+（O）+V_2"，最后教表示"变化"义的"了"，即"Adj+了""N/数量+了""不……了"。这些教材的安排都不太符合越南学习者的习得情况，当我们面对的是以越南学习者为主的班级时，急需我们在教学及教材编写中做出改进。参照学习者的习得情况，我们认为，对越汉语教学"了"的选项及排序可以设计如下：

（1）表示"变化"义的"$了_2$"，即：Adj+了，不……了。

（2）表示"已然"义的"$了_2$"，即：V+了，V+O+了。

（3）表示"完成"义的"$了_1$"，即：V+了+O，V+了+数量+O，V_1+了+O+V_2。

至于其他一些使用频率较低的结构，比如"N/数量+了"、双"了"结构等，可以在课文注释或练习中出现，老师稍加讲解即可。

4.2　影响习得难度因素的探讨

影响习得难度的因素有很多，比如语义复杂度、结构复杂度、语际差异度、语言输入频率等等。各句法结构中，"了"的语义符合生活经验中理解的"完成""变化"或"已然"义，语义认知难度应该都不高，并且这些都是语言输入频率较高的主要结构。这里我们主要讨论结构复杂度和语际差异度对习得难度的影响。

表5　各句法结构的复杂度及语际差异度比较

句法结构	结构复杂度	语际差异度
T1：V+了+O	+	+
T2：V+了+数量（+O）	+	+
T3：V_1+了（+O）+V_2	+	+
T4：V+了	+	−
T5：V+O+了	+	−
T6：Adj+了	−	−
T7：不……了	−	−

（注："+"表示程度高，"−"表示程度低）

　　将表5和表4对比，我们可以明显看出结构复杂度和语际差异度对习得难度的影响。T1、T2、T3都是带"了$_1$"的结构，"了$_1$"在越南语中没有对应的语法形式，其语际差异度都很大。并且，这几类结构的复杂度都很高，T1中对动词具有选择限制，一般要求是具有结果义的动词，如"我到了北京"。T2中带有数量宾语或时量、动量补语，为动作行为提供了一个终结点，当表示动作完成时，一般要求用"了$_1$"，如"我拿了一本书"。T3有后续动作/小句，表示完成第一个动作再进行第二个动作时，一般也要求用"了$_1$"，如"我拿了书就回去了"。对于这些复杂的句法、语义限制，学习者很难理解和掌握，再加上母语中没有对应的语法形式，导致其习得困难，特别是T2、T3习得程度最差。

　　T4、T5都是带"了$_2$"的动词（短语）结构，这两类结构中的"了"在越南语中都有对应的语法形式rồi，因此语际差异度较小。但是，这种对应也只有大约50%左右，越南语中rồi的隐现规则跟汉语的"了"并不一样，当用于叙述过去事件的叙述体文章，当句中出现过去时间词，出现数量词语、结果补语，当上下文中出现了rồi等等，rồi经常可用可不用。这种不完全对应给学习者造成了困扰，再加上T4、T5中"了"的隐现规则也非常复杂，至今我们都没有完全研究清楚，其结构复杂度很高，因此这两类结构习得也不太好，习得程度居中。

　　T6、T7 也都是带"了₂"的结构，其中的"了"在越南语中都有对应的语法形式 rồi，语际差异度也较小，但也不是完全对应。特别是 T7（不……了），在越南语中一般对应于"không……nữa(rồi)"，rồi 也经常可不用。但这种不完全对应似乎并没有给学习者带来太大的干扰，当学习者有表示"变化"的语义要求时，一般都会用上"了"而不会遗漏，这可能得益于其结构复杂度低。这两类结构形式比较简单，并且其中"了"的隐现规则也较简单，当要表示"变化"义时，一般都需要用"了"。因此，学习者对这两类结构中的"了"习得较好，正确率较高。

参考文献

［1］邓守信. The Acquisition of "了. le" in L2 Chinese ［J］. 世界汉语教学，1999
（1）.

［2］邓守信. 汉语动词的时间结构 ［J］. 语言教学与研究，1985（4）.

［3］何黎金英. 越南学生汉语 "了" 习得研究 ［D］. 广州：中山大学，2006.

［4］刘汉武，丁崇明. 汉语 "了" 在越南语中的对应形式及母语环境下越南初级
汉语学习 "了" 的习得 ［J］. 语言教学与研究，2015（4）.

［5］彭臻. 越南留学生汉语助词 "了" 的偏误分析 ［J］. 海外华文教育，2013
（1）.

［6］孙德坤. 汉语 "了" 的习得过程：个案研究一 ［M］//王建勤主编. 汉语作
为第二语言的习得研究. 北京：北京语言文化大学出版社，1997.

［7］孙德金. 外国学生汉语体标记 "了" "着" "过" 习得研究 ［M］//王建勤主
编. 汉语作为第二语言的学习者习得过程研究. 北京：商务印书馆，2006.

［8］温晓虹. 汉语作为外语的习得研究——理论基础与课堂实践 ［M］. 北京：北
京大学出版社，2008.

［9］杨素英，黄月圆，孙德金. 汉语作为第二语言的体标记习得 ［J］. 中文教师
学会学报，1999（1）.

［10］杨素英，黄月圆，曹秀玲. 汉语体标记习得过程中的标记不足现象 ［J］. 中
文教师学会学报，2000（3）.

［11］赵立江. 汉语 "了" 的习得过程：个案研究二 ［M］//王建勤主编. 汉语
作为第二语言的习得研究. 北京：北京语言文化大学出版社，1997.

（本文原载于《广西民族大学学报》2017 年第 5 期）

汉语二语习得易混用词辨析

——以"了₂"和"已经"为例

彭　臻

提要　"了₂"和"已经"是两个意义相近的表"已然""实现"的语法成分，本文主要探讨二者在语义、句法、语用三方面的差异。语义方面，两者都表"实现"，但与参照时点的关系不同，动作的影响和效应是否具有延续性和有效性也存在差异。句法方面，二者与动词情状类型、一些副词共现都存在着不同的选择限制。语用方面，是否具有"否定"的语用功能，在宣告句、祈使句中的使用等，都存在着差异。

关键词　了　已经　语义　句法　语用

1　问题的提出

"了₂"和"已经"都是汉语中表示"已然""实现"的成分。两者的语法意义较接近，但有细微差异，用法也有同有异。什么时候用"了"，什么时候用"已经"，这给汉语二语习得者带来较大的困扰，出现了不少偏误：

（1）＊我也没想到那次我已经考砸了。（广西民族大学留学生作文）

（2）＊祝贺你，你已经有一个男孩子了。（广西民族大学留学生作文，"男孩子"指"儿子"）

（3）＊昨天晚上，宿舍里已经发生一件偷钱的事。很多警察过来调查但还没找到小偷。[留学生作文，引自周小兵，何黎金英（2010）]

（4）＊她是一般来我家时，到车站以后给我电话，但过十点也没有电话。我有点担心，但想是汽车来晚的原因，我已经等了一个小时，她直接

到我家。(北语 HSK 动态作文语料库)

(5) *她认为大玉已经有别人，现在不爱她。(广西民族大学留学生作文)

例（1）、（2）都是误加"已经"；例（3）中，"宿舍里已经发生一件偷钱的事"，误加"已经"而遗漏"了"；例（4）中，"我已经等了一个小时"误加"已经"，"她直接到我家"则遗漏"了"。例（5）用了"已经"而遗漏"了"。

下面，我们将从语义、句法、语用三方面对两个词进行比较，找出其异同，以帮助汉语二语学习者更好地掌握二者的用法，促进对外汉语教学，并进一步深化本体研究。

2 语义比较

2.1 "已经"的语法意义

对于"已经"的语法意义，马真先生（2003）有过准确的表述："强调句子所说的事情、情况在说话之前，或在某个行为动作之前，或在某个特定的时间之前就成为事实了。"即：强调动作、情况在某一参照时间点之前实现了。例：

(6) 何雷何雷，我已经是你老婆了，搁着撂着也跑不了，别逮不着似的。(北大 CCL 语料库，王朔作品)

(7) 我已经使出最大劲儿了。(北大 CCL 语料库，王朔作品)

以上句子中，都没有出现时间词语，默认的参照时间显然都是说话时间，"已经"强调在说话时间之前，"是你老婆""使出最大劲儿"的情况实现了。这类句子是使用数量最多的一类。

(8) 没事，吃了药烧就会退的，这会儿已经好多了。(北大 CCL 语料库，王朔作品)

(9) 现在这种烟在市面上已经不大容易买到了。(北大 CCL 语料库，王朔作品)

以上例句中，有时间词语"这会儿""现在"，参照时间都是现在（说话时间），"已经"强调在说话时间之前，"好多了""不容易买到"的情况实现了。

（10）瞧，明天晚上这时候她也许已经是艾希礼·威尔克斯夫人了！（北大 CCL 语料库）

（11）明年春天啊！也许到明年春天战争已经结束，好日子又回来了。（北大 CCL 语料库）

以上句子中，都有表示将来的时间词语，这些时间词语就是参照时间。例（10）用"已经"强调在"明天晚上这时候"之前，"是艾希礼·威尔克斯夫人"的情况实现了。例（11）用"已经"强调在"明年春天"之前，"战争结束"的情况实现了。

（12）报名在昨天已经截止。（北大 CCL 语料库）

（13）他去年已经毕业了。（北大 CCL 语料库）

以上句子中，都有表示过去的时间词语，这些过去时间词语就是参照时间。例（12）用"已经"强调在"昨天"之前，"报名截止"的情况就实现了。例（13）用"已经"强调在"去年"之前，"毕业"的情况就实现了。

（14）我拉着石静走出人群，此时雨已经小多了，接近于淅淅沥沥的程度。（北大 CCL 语料库，王朔作品）

（15）石静转过脸来，我已经席地而卧，在两张铺开的报纸上。（北大 CCL 语料库，王朔作品）

以上例句中都有表示参照的动作词语。例（14）表示在"我拉着石静走出人群"之前，"雨小多了"这一情况实现了。例（15）表示在"石静转过脸来"之前，"我席地而卧"这一动作发生了。

2.2 "了₂"的语法意义

"了₂"用于句末，同样可以表示"已然""实现"的意义。但"了₂"的实现意义与"已经"的实现意义有细微差异，它表示在某个参照时间点之时，动作、情况发生或实现。例：

（16）她们都回家了，宿舍里就我一个人。（北大 CCL 语料库，王朔作品）

（17）真的，真叫人难以置信，她长大了，而我也没长老。（北大 CCL 语料库，王朔作品）

以上例句中，都没有出现时间词语，默认的参照时间就是说话/叙述时间，"了₂"表示在说话时刻，"她们都回家""她长大"的动作、情况已发生、实现。

（18）现在就觉得我烦了，那将来我看咱们也没什么好结果。（北大CCL语料库，王朔作品）

（19）"你现在是绝对不行了。"肖超英说，"过去我也喝八两没问题，现在三两就头晕。"（北大CCL语料库，王朔作品）

以上例句中都有表示"现在"的时间词语，这些时间词语就是参照时间，表示在说话时间点（现在），"觉得我烦""不行"的情况已发生、实现。

（20）当时天凉了，我穿着一身扣子扣到脖颈的深色中山装。（北大CCL语料库，王朔作品）

（21）杜梅跑了，半夜两点从家里跑了。（北大CCL语料库，王朔作品）

以上例句中，有"当时、半夜两点"等过去时间词语，这些时间词语就是参照时间。例（20）用"了₂"表示在"当时""天凉"的情况已发生、实现。例（21）用"了₂"表示"半夜两点"时，"跑"的动作发生、实现。

（22）明天这个时候我到家了。

（23）明年我就毕业了。

以上例句中，都有将来时间词语，这些时间词语就是参照时间。例（22）用"了₂"表示在"明天这个时候"，"到家"的情况发生、实现。例（23）用"了₂"表示在"明年"的时候，"毕业"的情况发生、实现。

（24）我的脚能走路时我就自己走了。（北大CCL语料库，王朔作品）

（25）当1866年霍乱第三次袭击英国时，感染和死人的情况没有以前那么多了。（文汇报，《细菌传》，2004-3-23）

以上例句中，都有另一个表示参照动作的动词词语。例（24）用"了₂"表示在"我的脚能走路"时，"自己走"的动作发生、实现。例（25）用"了₂"表示在"霍乱第三次袭击英国"时，"感染和死人的情况没有以前那么多"这一情况发生、实现。

2.3 两者的语义比较

2.3.1 与参照时间点的关系

根据以上分析，"已经"和"了₂"都表示动作、情况发生、实现，其参照时间都是不确定的相对时间（可以是现在，也可以是过去，还可以是将来，或者另一个参照动作发生时间）。不同点在于，两者表示的动作与参照时间点的关系不同。"已经"强调在参照时间点之前，动作、情况发生、实现，而"了"表示在参照时间点之时，动作、情况发生、实现。

在参照时间点之前发生的动作、情况当然在参照时间点之时也发生了。因此，使用"已经"的例句，一般都可以在句末添加"了$_2$"。例：

（26）我们终于明白，那种心无芥蒂、无拘无束的融洽感，已经一去不复返。（北大 CCL 语料库，王朔作品）

（27）早晨醒来，第一抹阳光照射到我床头时，我如梦方醒——我已经永远不可能再见到阿眉。（北大 CCL 语料库，王朔作品）

（28）我打完电话，又听到有人用钥匙捅门，而且已经进到走廊。（北大 CCL 语料库，王朔作品）

（29）书店也来了信函，说我订的《中国人名大辞典》已经到货，让我马上交钱提书。（北大 CCL 语料库，王朔作品）

以上使用"已经"的例句中，都可以在句末添加"了$_2$"，句义基本不变。

在参照时间点之时发生的情况在参照时间点之前则未必发生。因此，对于那些在参照时间点才发生的新情况，可以用"了$_2$"，但绝对不能用"已经"。例如：

（30）木兰花这一次，是真的呆住了！木兰花呆了约有半分钟之久……（北语 BCC 语料库，倪匡《金库奇案》）

（31）有人来了，赵陆大惊，怎么在这个节骨眼上发生意外了！……（北语 BCC 语料库，啸天狼《妖在西游》）

（32）"张总，我们又见面了！我们老板叫我代他问候你的家人，这是送给你家人的礼物，请笑纳。"（北语 BCC 语料库，海枯石烂《龙形徽章》）

（33）七月，翠翠的腰忽然不能动了！大赛一天天临近，可偏在这节骨眼上，她的腰却伤得这样重，……（北语 BCC 语料库，《"女王"情》，《杭州日报》，1990-9-27）

例（30）"呆住了"是"这一次"才发生的新情况。例（31）"发生意外"是"在这个节骨眼上"发生的新情况。例（32）"又见面了"是说话时刻才发生的新情况。例（33）"腰不能动了"是"七月"忽然才发生的新情况。这些例句中，都使用了"了$_2$"，但都不能添加"已经"。

由于不明白"了$_2$"和"已经"表示的动作与参照时点的关系差异，留学生使用这两个词时出现了以下偏误：

（2）＊祝贺你，你已经有一个男孩子了。（广西民族大学留学生作文，"男孩子"指"儿子"）

（34）＊祝贺你们班已经通过考试。（广西民族大学留学生作文）

以上例句中，根据语境，"有一个男孩子""通过考试"是说话时刻才发生的新情况，因此应该用"了$_2$"，但不能用"已经"。

2.3.2　动作/情况是否具有后续影响或效应

马真先生（2003）指出，"已经"强调句子所说的事情、情况在某个时间之前就成为事实，其影响与效应具有延续性和有效性。例：

（35）塔里木的石油产量去年已经达到 160 万吨，前景越来越看好。（北大 CCL 语料库）

（36）他昨天已经带着外孙来这里玩过一次，今天他又领来了孙子。（北大 CCL 语料库）

以上例句中，都有后续分句表示动作或情况的影响与效应延续下去，如例（35）中"前景越来越看好"，例（36）中"今天他又领来了孙子"。

没有后续分句的也都有这种隐含的言外之意：

（37）鼓励学生走出国门，到外国企业实习，同时也开始增加外国留学生的名额，去年已经招了 30 人。（北大 CCL 语料库）

例（37）中，"去年已经招了 30 人"，隐含言外之意，今年将继续扩招。如果去掉"已经"，就不能体现出这种后续影响和效应了。

"了$_2$"表示在参照时间点之时，动作、情况发生、实现，其影响和效应不具有延续性。试比较：

（38）昨天，在高速公路上发生交通事故了。（客观陈述昨天发生的事情，没有体现后续影响与效应）

昨天，在高速公路上已经发生交通事故了。（言外之意，今天可能还会发生事故，大家要注意安全，不要再发生这类事故）

（39）这片水域有暗流，去年淹死人了。（客观陈述去年发生的事情，没有体现后续影响与效应）

这片水域有暗流，去年已经淹死人了。（言外之意，今年可能还会淹死人，大家要注意安全，不要再发生这类事故）

（40）我去年毕业了。（客观陈述去年毕业的事情，没有体现后续影响与效应）

我去年已经毕业了。（言外之意，毕业的结果仍然有效，今年不需要继续学习了）

由于不理解"已经"的这种"后续影响和效应"，留学生出现了一些偏误，如前文出现的例句：

（1）＊我也没想到那次我已经考砸了。（广西民族大学留学生作文语料）

（3）＊昨天晚上，宿舍里已经发生一件偷钱的事。很多警察过来调查但还没找到小偷。［留学生作文，引自周小兵，何黎金英（2010）］

以上例句中，"考砸""发生偷钱的事"都是客观叙述过去发生的事情，没有体现出其后续影响和效应，因此不能用"已经"。如果将病句（1）、（3）稍加改动，通过后续小句体现其后续效应，则句子也可以成立：

（1′）上次我已经考砸了，希望这次能顺利通过。

（3′）昨天晚上，宿舍里已经发生盗窃事件，大家要提高警惕，保管好自己的财物。

3　句法比较

3.1　与动词、形容词共现

3.1.1　对光杆动词、形容词音节的限制

"已经"与光杆动词、形容词共现时，要求必须是双音节动词或形容词。例：

（41）＊他已经到　　　他已经到达

　　　＊他已经死　　　他已经死亡

　　　＊他已经走　　　他已经离开

　　　＊照片已经黄　　照片已经泛黄

　　　＊脸已经红　　　脸已经通红

"了"与光杆动词、形容词共现，单、双音节都可以。例：

（42） 他到了　　　　 他到达了

　　　 他死了　　　　 他死亡了

　　　 他走了　　　　 他离开了

　　　 照片黄了　　　 照片泛黄了

　　　 脸红了　　　　 脸通红了

3.1.2　与各动词情状类型的结合

参照以往研究成果（戴耀晶，1997），汉语动词按情状类型可以分为三类：

静态动词：是、有、像、知道、相信、爱、觉得、明白、认识、站、坐、住。

动作动词：看、吃、叫、跑、走、玩、学习、游泳、散步。

结果动词：到、死、赢、忘记、看见、发现、开始、打破、认出、学会、说完、走进。

我们初步考察了"已经""了₂"与动词情状类型的结合，发现有些差异。

（43）我已经知道原因。/他已经相信。/我已经有进步。/我已经是老师。/ ＊我已经喜欢他。/ ＊我已经站。/ ＊我已经坐。

我知道原因了。/他相信了。/我有进步了。/我是老师了。/ ＊我喜欢他了。/ ＊我站了。/ ＊我坐了。

在与静态动词结合方面，"已经"和"了₂"表现一致。都可以和"知道、相信、有、是"等部分静态动词共现，只是语义稍有差别。"我已经知道原因"，强调在说话时间之前，"知道原因"的情况早就实现；而"我知道原因了"，表示在说话时刻，"知道原因"的情况发生、实现。

"已经""了₂"与"喜欢、站、坐"等部分静态动词共现受到限制，如不能说"我已经喜欢他""我喜欢他了"。需要添加时量补语或结果补语才可成立："我已经喜欢他很久了""我喜欢他很久了""我已经站好""我站好了"。

（44）＊我已经游泳。/ ＊我已经吃饭。/ ＊我已经打球。/ ＊我已经做作业。/ ＊我已经买衣服。

我游泳了。/我吃饭了。/我打球了。/我做作业了。/我买衣服了。

"已经"和"了₂"在与动作动词共现方面差异较大。"已经"与动作

241

动词共现受到限制，一般不能与动作动词自由共现，如不能说"我已经游泳""我已经吃饭"。需要添加结果补语，如"我已经游完泳""我已经吃完饭"；或者在句末添加"了$_2$"，如"我已经游泳了""我已经吃饭了"，句子才能成立。

"了$_2$"与动作动词结合较自由，如"我游泳了""我吃饭了"，表示在说话时刻，"游泳""吃饭"的动作已经发生、实现。

（45）他已经到学校。/我已经说完。/他已经学会。/他已经忘记。/他已经发现我。/我已经看见他。

他到学校了。/我说完了。/他学会了。/他忘记了。/他发现我了。/我看见他了。

与结果动词结合方面，"已经""了$_2$"也表现一致，都可以与结果动词自由共现，只是语义稍有差异。"他已经到学校"，强调在说话时间之前，"到学校"的情况早就实现；"他到学校了"，表示在说话时刻，"到学校"的情况已实现。

3.2 与数量词语共现

"已经""了$_2$"与数量词语共现时，都可以表示说话人认为数量多、时间晚等主观态度。例：

（46）a. 我已经三十岁。/ b. 我三十岁了。

　　　a. 现在已经十点。/ b. 现在十点了。

以上例句中，a 句用"已经"，b 句用"了$_2$"，都可以体现出说话人的主观态度，认为"三十岁"年龄大，"十点"时间晚。

3.3 与副词共现

3.3.1 与"仅""只"共现

一般情况下，"已经"和"了$_2$"都不能与"仅""只"共现。例：

（47）他上身只穿了一个外套。

　　　*他上身已经只穿了一个外套。

　　　*他上身只穿了一个外套了。

（48）我们只来了四个人。

　　　*我们已经只来了四个人。

　　　*我们只来了四个人了。

（49）政府仅动用了 10%的资源救灾。

　　　＊政府已经仅动用了 10%的资源救灾。

　　　＊政府仅动用了 10%的资源救灾了。

"只""仅"表示限制与动作有关的事物的数量，而"已经""了₂"与数量词语同现时可以表示主观大量，二者语义相悖。因此"只""仅"不能与"已经""了₂"共现。

当动词表示"剩余"意义，此时数量词语表示"余量"（参见李文山，2011），"已经""了₂"又可以与"只、仅"共现。例：

（50）已经只有五秒钟了。

（51）我们只剩下 3000 多人了。

3.3.2　与"才""就"共现

"已经""了₂"都能与表示事情发生早的"就"共现，不能与表示事情发生晚的"才"共现。例：

（52）他去年就已经毕业。

　　　＊他去年才已经毕业。

（53）他昨天就买衣服了。

　　　＊他昨天才买衣服了。

3.3.3　与"终于"共现

"已经"不能和"终于"共现，"了₂"可以。

（54）终于又见到你了！

　　　＊终于又已经见到你了！

（55）你终于赶到了！

　　　＊你终于已经赶到了！

"终于"表示经过较长过程最后出现某种结果，一般是直到说话时刻才出现期望的新情况，因此能与"了₂"共现。而"已经"表示在参照时间之前，一般是说话时间之前，动作、情况早就发生、实现，与"终于"的语义相悖，因此不能共现。由于不明白"已经"的这一用法限制，留学生出现了一些偏误：

（56）＊终于我已经考上了医科大学。（北语 HSK 动态作文语料库）

（57）＊前年我的学校组织给学生学汉语专业，我很喜欢到中国学习，终于我的希望已经得到了。（广西民族大学留学生作文）

4 语用比较

4.1 "已经"具有"否定"的语用功能，"了₂"没有

在一定的上下文语境中，"已经"具有"否定"的语用功能，许诺（2015）称之为反预期语用功能。"已经"实现的反预期主要体现在语用层面，多表现为否定某一预期，即使语句表层没有否定标记，但从篇章表达功能角度看，其语用交际意图通常具有或弱或强的否定性（许诺，2015）。

试比较以下例句：

（58）——A：你快去做作业。

　　　——B：我做完作业了。（陈述客观情况）

　　　　　B：我已经做完作业了。（言外之意，做完作业的结果仍然有效，我不需要再做作业了）

（59）——A：你为什么关空调？

　　　——B：我感冒了。（陈述客观原因）

　　　　　B：我已经感冒了。（言外之意，感冒的状态还存在，不能继续开空调了）

（60）——A：你什么时候去学校？

　　　——B：我毕业了。（陈述客观情况）

　　　——B：我已经毕业了。（言外之意，毕业的结果仍然有效，不需要再去学校了）

（61）——A：我希望成为富人。

　　　——B：你是富人了。（陈述客观情况）

　　　——B：你已经是富人了。（言外之意，是富人的结果仍然有效，不需要再希望了）

（62）——A：这次比赛，马防守太差了。

　　　——B：这次的防守不错了。（陈述个人观点）

　　　——B：这次的防守已经不错了。（言外之意，大家不要再批评指责马防守了）

以上例句中，很明显，用"已经"的第二种回答都更能凸显出"否定"的语用功能，其交际意图都带有或强或弱的否定性。而仅用"了₂"

的第一种回答则体现不出这种语用功能。

4.2 在宣告句和祈使句中的运用

"了₂"可以用于宣告句、祈使句，"已经"没有这一用法。例：

（63）吃饭了！（妈妈刚做好饭菜，喊大家吃饭）　＊已经吃饭了！

　　　休息了！（老师催促大家休息）　　　　　＊已经休息了！

　　　我走了！再见了！（当面向人告别）　　　＊我已经走了！已经再
　　　　　　　　　　　　　　　　　　　　　　　见了！

　　　别去了！（劝告）　　　　　　　　　　　＊已经别去了！

　　　帮帮我了！（提出请求）　　　　　　　　＊已经帮帮我了！

　　　对不起了！（当面道歉）　　　　　　　　＊已经对不起了！

以上例句中，"吃饭""休息""走""别去""帮帮我"等动作行为显然都是在说话时间之前尚未发生的动作行为，因此都不能用"已经"。但都可以用"了"，表示动作、行为即将发生、实现，从而达到说话人宣告、告别、劝阻、请求、道歉等语用交际意图。

我们再看一组相关的例句：

（64）该吃饭了！　　　　　　　已经该吃饭了！

　　　可以休息了！　　　　　　已经可以休息了！

　　　我要走了！　　　　　　　我已经要走了！

以上例句中，动词前面都有表示情态的助动词"该""可以""要"等，句子表示这些情态已经实现/变化，从不该吃饭到该吃饭，从不能休息到可以休息，从不要走到要走。因此，这些例句中都可以用"已经"，也可以用"了₂"。但其中的"了₂"跟以上例（63）中的"了₂"表示的意义有所不同，其表示的不是即将实现，而是一般意义上的已然、实现。

从（63）与（64）能否添加"已经"的句法表现，可见这两类句子还是存在着差异。彭利贞（2009）认为例（63）中的"了₂"同（64）一样，是对情态敏感的情态指示成分，表示情态的出现或变化，我们认为这一说法还有待商榷。（64）中的"了₂"可以说表示情态的出现或变化。但（63）中的"了₂"应该说表示动作、行为即将发生、实现，在某种程度上可以说具有将来时意义，陈前瑞（2005）称之为"将来时间用法"。

参考文献

[1] 陈前瑞. 句尾"了"将来时间用法的发展 [J]. 语言教学与研究，2005 (1).

[2] 戴耀晶. 现代汉语时体系统研究 [M]. 杭州：浙江教育出版社，1997.

[3] 房玉清. 动态助词"着""了""过"的语义特征及其用法比较 [J]. 汉语学习，1992 (1).

[4] 金立鑫. 现代汉语"了"研究中"语义第一动力"的局限 [J]. 汉语学习，1999 (5).

[5] 李文山. 焦点敏感副词与"了$_2$"同现的语义条件 [J]. 语言教学与研究，2011 (5).

[6] 李晓琪. 汉语"了"字教学研究 [J]. 华东师范大学学报（哲学社会科学版），1999 (4).

[7] 刘勋宁. 现代汉语词尾"了"的语法意义 [J]. 中国语文，1988 (5).

[8] 刘月华. 实用现代汉语语法 [M]. 北京：商务印书馆，2001.

[9] 陆丙甫. "已经"同"曾经"的区别究竟在哪里 [J]. 语言教学与研究，1988 (1).

[10] 吕叔湘. 现代汉语八百词 [M]. 北京：商务印书馆，1999.

[11] 马真. "已经"和"曾经"的语法意义 [J]. 语言科学，2003 (1).

[12] 彭利贞. 论一种对情态敏感的"了$_2$" [J]. 中国语文，2009 (6).

[13] 齐沪扬. 语气词"的""了"的虚化机制及历时分析 [J]. 忻州师范学院学报，2003 (2).

[14] 屈承熹. 汉语篇章语法 [M]. 北京：北京语言大学出版社，2006.

[15] 邵洪亮. "已经"的体标记功能羡余研究 [J]. 汉语学习，2013 (6).

[16] 石毓智. 论现代汉语的"体"范畴 [J]. 中国社会科学，1992 (6).

[18] 夏群. 试析"已经"的语法意义 [J]. 宁波大学学报（人文科学版），2011 (2).

[19] 肖治野，沈家煊. "了$_2$"的行、知、言三域 [J]. 中国语文：2009 (6).

[20] 许诺. 谈"已经"的反预期语用功能 [J]. 汉语学习，2015 (1).

[21] 杨素英，黄月圆，孙德金. 汉语作为第二语言的体标记习得 [J]. 中文教师

学会学报，1999（1）.

[22] 杨素英，黄月圆，曹秀玲. 汉语体标记习得过程中的标记不足现象 [J]. 中文教师学会学报，2000（3）.

[23] 何黎金英，周小兵. "已经"和"了₁"的异同及其跟越南语 đã 的对比 [C]. 国际汉语（第三辑），广州：中山大学出版社，2014.

[24] 邹海清. "已经"的语用功能及句法表现 [J]. 云南师范大学学报（对外汉语教学与研究版），2012（5）.

（本文原载于《海外华文教育》2017 年第 4 期）

再论"去+VP"与"VP+去"

张寒冰

提要 连谓式"去+VP"与"VP+去"是现代汉语中使用频率较高的一对近义句式，也是留学生学习汉语的一个难点。本文主要从语义和语用两个方面对两者不能互换的条件进行了考察。从语义上说，"去+VP"是汉语"时间顺序原则"约束下的标准句式，当 VP 为已然事件、抽象事件、或要求突显位移目标位置时，"去+VP"不能换说成"VP+去"。从语用上说，"VP+去"是在口语环境下，为更好地完成指令表达这一语用目的而产生的句式。"去+VP"与"VP+去"两个句式之间的差异，从根本上说还是由功能来驱动，由语义来决定的。

关键词 "去+VP" "VP+去" 语义 语用

1 引言

陆俭明（1985）专门撰文探讨了连谓结构"去+VP"与"VP+去"，陆先生指出，在普通话里，把"（你）去问问"（去+VP）说成"（你）问问去（VP+去）"意思似乎没有什么差别，这就会让很多初通汉语的外国留学生认为这两种说法可以随意互换，以致说出一些不合语法的句子，例如："＊我打了一会儿排球去""？田中，走，去上课!"陆先生分别从内部语义结构关系、句法及语用的角度对"去+VP"与"VP+去"的区别进行了讨论。然而，我们认为，关于连谓结构"去+VP"与"VP+去"的界定及两者之间的区别还可以进一步探讨，比如"先打我这儿拿点儿杂合面去"到底是不是连谓式的"VP+去"？"VP+去"是比"去+VP"更强调施动者的位移而不是从事什么事吗？以下，我们就在陆俭明（1985）的基础上对连谓结构"去+VP"与"VP+去"句式进行再探讨。

2 对连谓式"去+VP"与"VP+去"句式的界定

陆俭明（1985）认为，"语言中两个格式能换着说而意思基本不变，得有个条件，二者内部的语义结构关系得一致"，并认为，"去+VP"的内部语义结构关系很单一，"去"和"VP"之间有一种目的关系，即 VP 表明"去"的目的，无一例外。而"VP+去"的内部语义结构关系则起码可以分为六种情况[①]：

（A）"去"表示 V 的受动者位移的运动趋向，受动者成分有时在 V 后出现，有时在 V 前出现。其中的"去"在口语里通常轻读为［tɕʰy］，例如：

明儿还给他们送喜糖去，气他！/ 先打我这儿拿点儿杂合面去……

（B）VP 和"去"说明同一施动者，"去"表示施动者位移的运动趋向，VP 则表示"去"的方式。其中的"去"仍念本音［tɕʰy⁵¹］，例如：

我们都骑自行车去。

（C）VP 表示事物位移的终点，可以是指 V 的施动者的位移终点，也可以是指 V 的受动者的位移终点。其中的"去"在口语里也轻读为［tɕʰy］，例如：

小花，教员罢课，你住姥姥家去呀？/ 前天我上她们那儿去了。

（D）"去"表示施动者位移的运动趋向，VP 指明施动者位移的时间，强调施动者的位移在另一行为动作完成之后。其中的"去"也仍读本音［tɕʰy⁵¹］，例如：

我想吃了晚饭去。

（E）VP 为述宾结构，其宾语成分是 V 的受动者，是"去"的施动者，这种"VP+去"就是通常所说的递系结构。其中的"去"也念本音［tɕʰy⁵¹］，例如：

最后决定派他去。

（F）VP 和"去"都说明同一施动者，"去"表示施动者位移的运动趋向，VP 表示施动者位移后进行的行为动作。VP 和"去"之间有目的关

---

① 为了行文简洁，我们在引用陆先生的观点时，在不影响原文的基础上进行了适当删减。原文具体请参看：陆俭明. 关于"去+VP"与"VP+去"句式 [J]. 语言教学与研究，1985（4）.

系，即 VP 表示"去"的目的。其中的"去"在口语里轻读为 ［tɕʰy］，例如：

二哥，走！找个地方喝两盅去！

在此，我们先不讨论"VP+去"句式的内部语义关系，而是想借用陆先生的这些分类与例句界定出本文所认定的连谓式的"VP+去"句式。

首先，我们认为，陆先生在（A）／（C）下举的一系列例子并不完全是同一类别的。先来看（A）中的两例：

（1）明儿还给他们送喜糖去，气他！（陈建功《丹凤眼》）

（2）先打我这儿拿点杂合面去……（老舍《全家福》）

如果我们先把这两例中的"去"都看成实义动词，那么（1）中的"给他们送喜糖去"可以变换成"去给他们送喜糖"，而（2）中的"拿点杂合面去"却不能等同于"去拿点杂合面"。由此我们可以看到，"去"在例（1）中是独立表示位移的，"VP"和"去"之间又是目的关系，所以完全可以归入陆先生所说的（F）类；而在例（2）中却是附着于动词仅表示趋向，我们认为这种缺失了施动者位移的"去"就不宜被看作与"VP"构成了连谓关系。如果例（2）的语境是"到厨房拿点杂合面去"的话，那么"VP"和"去"之间的关系就与例（1）相同了。再比如"寄钱去"，也是既可以理解成施动者去某地寄钱这一行为，又可以理解为"寄钱—钱去"。由此可见，要判断"VP+去"是否为连谓式有时候还需要语境支持。

再看（C）中的几例：

（3）小花，教员罢课，你住姥姥家去呀？（老舍《茶馆》）

（4）去年改正了，回文学研究所去了。（陈建功《走向高高的祭台》）

（5）跳江里去算了！（陈建功《飘逝的花头巾》）

例（4）中的"回"和"去"都是趋向动词，二者亦可以结合成复合趋向动词"回去"，那么在"回……去"的表达中，"去"的移动性显然是削弱了，只能表示动作的趋向，与"回"是不能"平起平坐"的，因而该类型的"VP+去"不是典型的连谓式。例（5）中的"跳"是一个含有"方向义"的动词，"去"表示"跳"的趋向，如果不用"去"，说成"跳江里算了"也是可以成立的，但是"打球去"和"打球"却是两个完全不同的意思，可见，例（5）也不是典型的表示施动者位移的连谓式。

而例（3）中的"住"则不同，它本身是不具有移动性的，"我今天住姥姥家"不等于"我今天住姥姥家去"，句中的"去"表示的就是实际的移动。所以我们认为，该句中 V 后的宾语虽然是处所名词，但"去"表示的仍是施动者的位移，也就是说它应当包括在（F）式中。

其次，陆先生所说的（B）"我们都骑自行车去"和（D）"我想吃了晚饭去"，我们认为这两种情况中的 VP 表示的是"去"的方式或条件，而且两个句子都很容易补充成"去+VP"句式，比如"我们都骑自行车去上学""我想吃了晚饭去看电影"。此外，陆俭明（1985）认为，相比于"去+VP"，"VP+去"句式更强调施动者的位移而不是做什么事情，但（B）和（D）显然更强调的是"骑自行车"和"吃了晚饭"，这样就与陆先生的观点产生了矛盾。因此，我们认为（B）和（D）不属于连谓式"VP+去"句式，不在本文的讨论范围内。

最后，（E）式"最后决定派他去"，"去"实际上指向的是其前的施动者"他"，其后的 VP 是省略了的，比如我们可以补充成"最后决定派他去学习"，这也就成了"去+VP"句式，因而也不在本文讨论的"VP+去"的范围内。

基于以上论述，我们把本文要研究的"VP+去"句仅限定为"VP"与"去"为同一施动者，"去"表较独立位移，且"VP"与"去"之间为目的关系的一类句式，其中"去"在口语里通常轻读为［tɕy］，与陆先生所说的（F）式范围大致相同。这样一来，"去+VP"与"VP+去"的内部语义关系就变得较为一致，在这样的前提下对二者进行比较，我们认为会得出更清晰的结论以有利于留学生学习。

3 "去+VP"与"VP+去"句式的制约因素

陆俭明（1985）在脚注 20 中提到，吕叔湘先生和赵元任先生也都曾谈到过"去+VP"和"VP+去"，他们的看法基本一致，认为"去+VP"里的"去"是完备动词，表方向（或说动向）；"VP+去"里的"去"已虚化——吕先生认为已"从实义词变成辅助词"表"先事相"（即"预言动作之将有之"），赵先生认为是个"目的语助词"。而陆先生则认为"'去+VP'意在强调施动者从事什么事，而不在强调施动者的位移，因此有时其中的'去'表运动趋向性的意思已经很弱；'VP+去'则意在强调施动者的位移，其中的'去'表运动趋向性的意思较强"。陆先生和吕、赵两位先生的观点恰好相反。

三位先生的观点对我们很有启发意义，但对大量语料进行考察后我们发现，三位先生的观点恰是各能用到一半。比如一个简单的句子"去看看"，它显然不能等同于"看看"，说话人或听话人要完成这一行为是要经过实际位移的，所以我们不能同意陆先生说"去+VP"中"'去'表运动趋向性的意思已经很弱"；同样的，"看看去"也是这个道理，所以我们也不能同意吕、赵两位先生说"VP+去"中的"去"已经虚化成辅助词。此外，我们在语料中也不难发现这样的例子：

（6）他失去了平日的沉静，也不想去掩饰。（老舍《四世同堂》）

这一例中"去+VP"句式中的"去"就是比较虚化的，我们补充不出"去哪里掩饰"，如果把"去"去掉也是可以成立的；此外，我们不能把上例中的"去掩饰"换说成"掩饰去"，而且在语料中也基本上没有发现此类用例。由此可见，"去+VP"中的"去"除了表实际位移外，还有如陆先生所说趋向义很弱的情况，但"VP+去"反而没有。

我们认为，"去+VP"和"VP+去"里"去"的虚化程度存在差异，但无论是"去+VP"还是"VP+去"，其强调的都是"VP"即行为本身而不是位移。对这两种形式的差别，我们以下将从语义和语用两个方面进行进一步的讨论。

3.1 "去+VP"与"VP+去"的语义制约

本文在对大量语料进行分析的基础上，初步总结出制约"去+VP"与"VP+去"句式的三点语义要求：

（一）当VP表示完结或已然事件时，"去+VP"基本不能换作"VP+去"；

（二）当VP表示抽象事件时，"去+VP"基本不能换作"VP+去"；

（三）当"去"之后强调目的处所时，"去+VP"基本不能换作"VP+去"。

下面我们就对以上三点进行具体讨论。

3.1.1 VP表示完结或已然事件

陆先生认为从句法角度来说，"去+VP"为下列情况之一时，就不能换说为"VP+去"：

Ⅰ. 动词 V 后带有补语 C 的，如：我马上走，去留住尤师傅。

Ⅱ. 动词 V 带上了"了₂"的，如：你去把废报纸卖了！／刚才我去看了场电影。

Ⅲ. VP 本身又是个连谓结构 V₁V₂，而 V₂ 是个趋向动词的，如：你去叫他们出来！

Ⅳ. VP 是个"一+V"的状中偏正结构的，如：你去一说，他准同意借。

Ⅴ. VP 是一个比较长的谓词性结构，特别是中间还有语音停顿的，如：我想去看一个刚刚上映的、描写经济改革的电影。

而表（F）义的"VP+去"则都可以换说成"去+VP"，不受什么句法条件的限制。

我们基本同意陆先生对"去+VP"与表（F）义的"VP+去"（以下简称"VP+去"）是否能进行互换在句法条件上的概括，但对于Ⅱ式，即动词 V 带上"了₂"不能换用"VP+去"的情况，我们有些不同意见。陆先生举了以下几例：

（7）你去把废报纸卖了！

（8）那黑板上的字你去擦了！

（9）我是去投考了电影训练班……

（10）刚才我去看了场电影。

我们知道，普通话中的"了"有两个，"了₁"用在动词后，主要表示动作完成或有了结果，"了₂"用在句末，主要表示新情况的出现，有成句的作用。这样看来，例（9）、（10）中的"了"应为"了₁"而非"了₂"。例（7）、（8）则比较特殊，两例都是非现实性的祈使句，即事件并没有完成。对于此类句末的"了"，有学者认为就是通常所说的"了₂"（吕叔湘，1980/1999；袁毓林，1993；刘勋宁，2002）；有学者认为是"起始体标记"（金立鑫，2003）或"将来时成分"（陈前瑞，2005）或"表情态的出现或变化"（彭利贞，2009）。沈家煊（1999）认为祈使句中"动词后的'了'显然是'了₁'，表示动作的结果，跟加在动词后面的'掉'等词相似"，但沈先生并未对此做出进一步的解释。关于祈使句中 VP 后"了"的性质，本文综合沈家煊（1999）和彭利贞（2009）的观点认为，"了"与动词紧挨共现，但指向句中的情态成分，也就是说"V 了"如果作为一个事件显然是没有完成的，但对于祈使句发出的指令而言，它又是"完成"的，所以其功能相当于"了₁"。

理清了上述问题，我们就可以对陆先生列出的"去+VP"与"VP+去"在句法上不能互换的条件从语义角度做出统一的解释。

先来看陆先生所列的Ⅰ、Ⅱ、Ⅲ类，我们认为"VC""V 了₁"以及"V 趋向词"这三个结构在语义上都表达了"完结义"①，那么其自身或者连同其后的宾语一起便构成了一个已然事件。"去+VP"先描写施动者的位移，再表明位移后要完成的目标事件，这是完全符合汉语"时间顺序"这一总原则的，而如果先完成目标事件，再进行移动，也就是表达成"VP+去"就不符合逻辑关系了。

而对于Ⅳ式，陆先生认为，这种"去+一+V"格式都是黏着的，后面一定跟一个小句或其他谓词性词语。我们认为陆先生所说的"黏着"是很有道理的，但这并不是"去+一+V"而是"一+V"这一格式表现出来的。我们可以看两个例子：

（11）我知道，跟他一说，他明白了，一定饶了我。（老舍《四世同堂》）

（12）我……去厨房冰箱里找酒，发觉空空如也。跑到客厅里一看，那帮人正一人端着一杯我的啤酒。（王朔《浮出海面》）

通过以上两个例子我们可以看到，"一+V"这一格式带有一种肯定性预设，必接有后续小句，并且该小句表明由"V"带来的结果，而"去+一+V"中的"去"只不过是增加了施动者的位移。那么根据我们之前的分析，"去+一+V"不能换说成"一+V+去"也是由移动行为和完成事件的时间先后顺序决定的。

除了以上三种情况，凡是句中有提示表明事情已然发生的，"去+VP"句式都不能换说成"VP+去"，例如：

（13）夏雪：诶，我爸呢？

刘梅：你爸带刘星去取照片去了，就上次去春游那照片。（电视剧

---

① 吕叔湘（2002a：128，2002b：434）曾指出："……表方位之上、下，表向背之出、入、来、去，表效验之了、着、定、成，以及其他诸多限制动态乃至说明宾语之词；凡此种种皆以结束动词之势向为其作用，姑总称之为结动词。""动结式和动趋式短语都带有完成的意思……"这两段话表明吕先生认为动结式与表效验之"了"以及趋向动词，也就是我们本文所说的VC、V 了₁以及V 趋向词具有相似的意义和功能。

《家有儿女》)

通过以上论证我们可以得出条件（一）：当"去+VP"后的VP是具有"完结义"的结构成分，或表已然发生的事件时，依据时间顺序原则，"去+VP"不能换成"VP+去"。

3.1.2　VP表示抽象事件

陆先生在论证"去+VP"的语用条件约束时举了这样几个例子（摘录）：

（14）你呀，小伙子，挺起腰板来，去挣碗干净饭吃，不好吗？（老舍《茶馆》）

（15）先去打通我妈妈的思想吧。（老舍《女店员》）

（16）这年头领导得忙乎多少事，可你……不知深浅，越忙越添乱，为点子屁事去装骚达子！（陈建功《京西有个骚达子》）

以上三例，（14）中的"去"可表实际的位移但没有具体的目的处所，（15）中的"去"既可以理解为有实际位移也可以理解为没有，（16）中的"去"则不存在实际位移。可以说，以上三例中的"去"与典型的表施动者位移的"去"相比，其移动路径虽然是存在的，但却是非常模糊或隐蔽的。我们还可以再举几例：

（17）北平陷落了，瑞宣象个热锅上的蚂蚁，出来进去，不知道做什么好。他失去了平日的沉静，也不想去掩饰。（老舍《四世同堂》）

（18）出来进去，出来进去，他想不出好主意。他的知识告诉他那最高的责任，他的体谅又逼着他去顾虑那最迫切的问题。（老舍《四世同堂》）

（19）她会细心地去找优点，而不是处处挑剔，去观察你的缺点。（王朔《一半是火焰，一半是海水》）

从以上三例我们可以看到，施动者完成VP所表示的事件并不需要进行实际的移动，也就是说句式中的"去"已从表实际的位移虚化成表施动者的心理位移，其后的VP相应的具有［+抽象性］的语义特征；而"VP+去"则不能表达这种抽象事件的心理移动，所以才会让人觉得"去+VP"句式不强调位移趋向。通过以上论证，我们可以得出条件（二）：当VP表示抽象事件时，"去+VP"不能换成"VP+去"。

3.1.3　强调目的处所

当"去+VP"和"VP+去"中的"去"都表示实际位移时，我们认为"去+VP"更加强调目的处所。例如：

（20）郭芙蓉：你上哪儿疯去啦你？

莫小贝：我去西凉河摸鱼了呀。（电视剧《武林外传》）

（21）白展堂：喝口茶能耽误啥工夫，来来来。

邢捕头：好几家铺子重新开张，非得让我去捧场，烦死了。（电视剧《武林外传》）

（22）狄仁杰：元芳，这就是十里长亭，我们去看看。（电视剧《神探狄仁杰》）

例（20）的答句是一个完整的由"去"表达的位移句，句中既有处所，又有经过实际位移到达处所后所要完成的目标事件；例（21）、（22）则是由前一小句提示了"去"的目的处所是"好几家铺子""十里长亭"。通过这三例我们可以看到，当目的处所直接在"去"后出现，或由前句提示后，"去+VP"都不易换成"VP+去"句式。当然，还有一种情况是句中没有具体的提示，但我们可以根据实际语境补出目的处所，例如：

（23）在全城的人都惶惑不安的时节，冠晓荷开始去活动。（老舍《四世同堂》）

该例中的"去活动"指的是冠晓荷为了弄到一官半职而去找路子，这样的"活动"当然是有目的的，虽然句中无法具体指明，但一定存在着相应的目的处所，所以此处的"去活动"就不能换说成"活动去"。

与此相对比的是"VP+去"则不强调目的处所，其处所因说话双方共享而不必指明，或无具体所指，例如：

（24）我说你愣着干啥呢，那么多客人，赶紧蒸馒头去啊。（电视剧《武林外传》）

（25）"你呀？"她把手放下去，一双因惊恐而更黑更亮的眼珠定在了他的脸上，"走一会儿去？"瑞全轻轻的说。（老舍《四世同堂》）

例（24）中的听话人是客栈里的厨子，蒸馒头的地方自然是厨房，无需强调；而例（25）中瑞全只是约招弟散散步，并无明确的目的地。从这两例我们可以看出，"VP+去"并不强调位移的目的处所。

3.2 "去+VP"与"VP+去"的语用制约

从我们搜集到的语料来看，"VP+去"相对于"去+VP"来说是口语中的强势句式。以老舍先生80万字的长篇小说《四世同堂》为例，我们整理得到包含"去+VP"与"VP+去"句式的语料大概46000字，其中

"去+VP"与"VP+去"句式分别占到了叙述内容与会话内容的90%以上，即便是10%内的例子也各有其存在的理由，比如上文我们所说的对目的处所的强调等。而在口语句中，"VP+去"出现的最典型的句类环境就是祈使句，这正是语用中表达指令的最典型的句法形式。

我们认为，"VP+去"句式的实质就是"去+VP"反映在口语中的易位句。按照时间顺序原则，先描写位移，再说明位移后所要完成的目标事件，是表达环境相对从容的叙述语体所适合的，而在表达环境相对紧张的会话语体中，说话人要在最短的时间内把最重要的信息明确传递给听话人才是最重要的。张伯江、方梅（1996）指出："汉语所谓的'连动式'从来都不是一个稳定的结构形式，在比较紧凑的'V_1+V_2'组合中，只能由一个动词作为语义焦点，另一个则必然是辅助成分。"具体到"去+VP"这一连谓句，表位移目的的VP就是语义焦点，那么在会话环境中，VP就自然作为重要信息移位到了"去"之前，形成了"VP+去"句式。同时，为了适应会话环境与表达说话人"指令"这一语用目的，"VP+去"在语义句法环境上也做到了最简，V意义具体，没有时体标记，位移的目标处所也不必出现。此外，因为"VP+去"表达的指令需要经过实际的位移才能完成，所以即便"去"移到了句末也没有虚化成为一个辅助词。

此外，陆俭明（1985）还提到了口语中的"去+VP+去"句式，陆先生认为这一句式的产生还有待探讨，在此我们尝试对其做出简单的解释。

口语中的"去+VP+去"句式是"去+VP"与"VP+去"句式的复合，我们认为要对它们复合的原因进行解释还是要对二者各自的特点做进一步的探讨。如果把"去+VP"与"VP+去"放在更大的语言环境中去考察，除了上文所述的约束外，我们发现："去+VP"句式通常都有后续句，而"VP+去"则一般作为结束句。例如：

（26）佟湘玉：你先再休息一下啊，我去通知一下他们，让他们不要干活了，把活给你留着啊。（电视剧《武林外传》）

（27）佟湘玉：哎，你上哪儿去呀？

郭芙蓉：我去热个身，准备给大小姐捏肩捶腿！

李大嘴：那什么，我给大小姐准备午饭去啊。

佟湘玉：去吧去吧！

白展堂：我给大小姐试吃午饭去。

佟湘玉：不用你吃，跑堂去！（电视剧《武林外传》）

通过以上论述我们认为："VP+去"句在口语中除了优先表明语义焦点外，还有完句的作用，而"去+VP"则通常还会引入下文，所以当说话人自然地按照一般时间顺序用"去+VP"表达事件，但已表述完整没有后续内容时，就会在句末再加上一个"去"以完结整个句子。"去+VP+去"这一表达方式在口语中不胜枚举：

（28）不要再买菜了，去把泔水倒了去。（电视剧《武林外传》）

（29）我的妈呀，我得去买身衣服去。（电视剧《家有儿女》）

（30）你就跟姥姥这屋待着啊，我呀，去找你爸妈商量去。（电视剧《家有儿女》）

4　结语

连谓式"去+VP"与"VP+去"是现代汉语中使用频率较高的一对近义句式，也正如陆俭明先生所说是留学生学习汉语的一个难点。本文主要从语义和语用两个方面对二者不能互换的条件进行了考察。从语义上说，"去+VP"是汉语"时间顺序原则"约束下的标准句式，所以当 VP 为已然事件时，我们不能将其换说成"VP+去"，因此如果留学生说出"我打了一会儿排球去"就是不合格的；其次，"去+VP"中的"去"与"去"单独作谓语时一样，既可以表示具体的实际位移，也可以表示说话人虚化的心理位移，因此，当"去"发生虚化，VP 为抽象事件时，"去+VP"不能换说成"VP+去"；最后，相比于"VP+去"，"去+VP"更要求突显位移目标位置，此时，二者也不宜互换。从语用上说，"VP+去"是在口语环境下，为更好地完成指令表达这一语用目的而产生的句式。语用原因有时候虽然不是强制的，但它在很大程度上反映了一种"自然程度"，所以陆俭明先生会说，如果留学生说出了"田中，走，去打球"这样的句子，虽然不算错，但总觉得不地道。综上所述，我们认为，"去+VP"与"VP+去"两个句式之间的差异，从根本上说还是由功能来驱动，由语义来决定的，认清了这一点，就可以帮助我们更好地解决问题。

参考文献

［1］陈前瑞. 句尾"了"将来时用法的发展［J］. 语言教学与研究，2005（1）.

［2］金立鑫. "S 了"的时体意义及其句法条件［J］. 语言教学与研究，2003（2）.

［3］刘勋宁. 现代汉语句尾"了"的语法意义及其解说［J］. 世界汉语教学，2002（3）.

［4］陆俭明. 关于"去+VP"与"VP+去"句式［J］. 语言教学与研究，1985（4）.

［5］吕叔湘主编. 现代汉语八百词［M］. 北京：商务印书馆，1999.

［6］吕叔湘. 吕叔湘全集（第二卷）［M］. 沈阳：辽宁教育出版社，2002.

［7］吕叔湘. 吕叔湘全集（第三卷）［M］. 沈阳：辽宁教育出版社，2002.

［8］彭利贞. 论一种对情态敏感的"了$_2$"［J］. 中国语文，2009（6）.

［9］沈家煊. 不对称和标记论［M］. 南昌：江西教育出版社，1999.

［10］袁毓林. 现代汉语祈使句研究［M］. 北京：北京大学出版社，1993.

［11］张伯江，方梅. 汉语功能语法研究［M］. 南昌：江西教育出版社，1996.